山中裕編

# 御堂関白記全註釈

長和四年

思文閣出版

# はしがき

『御堂関白記全註釈』は、古代学研究所所長角田文衞氏のご依頼により始められた平安博物館（現、古代学研究所）における集中講義の研究成果をまとめたものである。昭和四十三年から毎夏、八月中旬の一週間にわたり催しているもので、今も継続している。

集中講義は、関西・関東それぞれ三名の研究者が分担発表を行ない、それに対する質疑応答が行われた後、私が総括するという形式において進められる。

講読会の成果は、まず『古代文化』に掲載され、さらに全体的な書式統一・本文校訂を施し、『御堂関白記全註釈』として完成する。

『御堂関白記全註釈』は高科書店より現在までに八冊が刊行されているが、この数年、諸般の事情により、出版することが叶わない状況に置かれていた。今回、このような形で新たに出版を開始出来るようになったのは、偏に思文閣出版の御厚意によるものであり、感謝にたえぬ次第である。

なお古代学研究所の集中講義とともに、京都・東京においても月一度研究会を催すことにより、全十六冊を早急に完成させる所存である。

平成十五年七月

編者　山　中　　裕

# 目次

# 凡例

一、本文は陽明文庫本を底本に用い、新たに読点を付した。
一、原本において抹消符を付されている文字は、すべて省略した。
一、原本において誤字とおもわれるものは正字に改め、左傍に・を付した。また、巻末に校訂表を付した。
一、本行・傍書共に生きている場合、本文はそのままの形を残し、読み下しにおいて適宜一方を採用した。
一、脱字の有るとおもわれる場合は本文を改めず、読み下しの箇所に（　）を用いて補った。
一、漢文体と漢字仮名まじり文にはそれぞれの特性があるため、本文と読み下しの句読点は、かならずしも一致しない。
一、読み下しには、歴史的かなづかいを用いた。
一、校訂、註釈すべてにわたって、『大日本古記録』『大日本史料』を参照した。
一、なお、本書は読み下しと註釈を主眼とするもので、原本の忠実な翻刻を意図したものではない。

# 正月

〔本文〕

**一日**、壬午、辰巳時許雨下、深雨也、參大內、催節會事、不奉仕內弁、權大納言行之、依雨無小朝拜、又停家司拜禮、

**二日**、癸未、上達部兩三被來、三獻後、參皇太后宮幷東宮御方・中宮・大內等、退出、依上﨟春宮大夫絕酒、〻盃不多、今夜雪三寸許積、掃屋上幷庭中、

**三日**、申甲、定賴朝臣勘當被免、

**四日**、乙酉、昨日今日物忌也、仍不他行、此山座主宣命使少納言貞亮山登云〻、

**五日**、丙戌、敍位議如常、右府・內府不參、座主慶來、

**六日**、丁亥、一兩者加敍位、

**七日**、戊子、依物忌不參節會、右大將內弁云〻、

**八日**、己丑、依物忌不參八省、

**九日**、庚寅、出從皇太后、詣雲林院、是吉方也、女方同參、又臨夕詣法性寺、深更還來、女方又同、

**十一日**、壬辰、參大內、候宿、

**十二日**、癸巳、源中納言取冠・笏、是息子析、被定藏人、右衛門尉季範・文章生懷信、皆雜色也、被補雜色、雅樂助平範重・文章生平範國等也、只宿衣承仰、〻右大弁、式部卿宮奉牛、是依召也、

**十三日**、甲午、源中納言子元服所、新中納言到云〻、權大納言・左衛門督等參石山、

**十四日**、乙未、依物忌不參御齋會、仰大外記敦頼、令勘申可政初日、勘申來十六日、又仰云、來十六日有可定申事、可催諸卿、
**十五日**、丙申、參內、
**十六日**、丁酉、着左仗座、定受領功過、獻公文勘受次第、子時事了退出、會修善後加持、心譽律師修之、女方參中宮、此日政初、源中納言着之、
**十七日**、戊戌、參大內、候宿、
**十八日**、己亥、從內出、
**廿三日**、甲辰、從此日惱咳病、
**廿五日**、丙午、從此日可有除目議、而惱咳病不參、仍延引、
**廿八日**、己酉、御國忌、御前頼任朝臣奉仕、

〔註釈〕

**一日**、壬午。辰巳の時ばかりに雨下る、深雨なり。大内[1]に参り、節会[2]の事を催す。内弁[3]を奉仕せず。権大納言[4]、之を行ふ。雨[5]に依りて小朝拝無し。又、家司[6]の拝礼を停む。

**二日**[7]、癸未。上達部[8]両三来らる。三献の後、皇太后宮[9]并びに東宮御方[10]・中宮[11]・大内等に参る。退出す。上臈[12]の春宮大夫、絶酒[13]に依りて、酒盃多からず。今夜、雪三寸ばかり積もる。屋上并びに庭中を掃く。

**三日**、甲申。定頼朝臣[14]、勘当[15]を免ぜらる。
**四日**、乙酉。昨日、今日、物忌なり、仍りて他行せず。此の(日)山座主[16]の宣命使少納言貞亮[17]、山[18]に登る、と云々。
**五日**、丙戌。叙位議[19]、常のごとし。右府[20]・内府[21]参らず、座主[22]、慶びに来たる。
**六日**、丁亥。一両の者[23]を叙位に加ふ。
**七日**、戊子。物忌[24]に依りて、節会[25]に参らず。右大将[26]、内弁、と云々。
**八日**、己丑。物忌に依りて、八省[27]に参らず。
**九日**、庚寅。皇太后[28]より出でて、雲林院[29]に詣づ。是れ吉方[30]なり。女方[31]同じく参る。又、夕に臨みて法性寺[32]に詣づ。深更還り来たる。女方又同じ。
**十一日**、壬辰。大内に参る。候宿す。
**十二日**、癸巳。源中納言[33]に冠[34]・笏を取らす。是れ息子[35]の料なり。蔵人[36]を定めらる。右衛門尉季範[37]・文章生懐信[38]、皆雑色[39]なり。雑色を補せらる。雅楽助平範重[40]・文章生平範国[41]等なり。只宿衣[42][43]にて、仰せを承り、右大弁[44]に仰す。式部卿宮[45]に牛を奉る。是れ召しに依るなり。
**十三日**、甲午[46]。源中納言[47]の子の元服[48]の所に、新中納言[49]到る、と云々。権大納言・左衛門督[50]等、石山[51]に参る。
**十四日**、乙未。物忌に依りて、御斎会[52]に参らず。大外記敦頼[53]に仰せて、政[54]を初むべき日を勘申せしむ。来たる十六日と勘申す。又、仰せて云はく、来たる十六日、定め申すべき事[55]有り。諸卿[56]を催すべし、と。
**十五日**、丙申。内に参る。
**十六日**、丁酉。左仗[57]の座に着し、受領[58]の功過を定む。公文[59]を献じる受(領)[60]の次第を勘ず。子時、事了りて退出す。修善の後加持[61]に会す[62]。心誉律師[63]、之を修す。女方、中宮[64]に参る。此の日、政初め[65]。源中納言、之に着す。

**十七日**、戊戌。大内に参る。候宿す。

**十八日**、己亥。内より出づ。

**二十三日**、甲辰。此の日より咳病[66]に悩む。

**二十五日**、丙午。此の日より除目議有るべし。而るに咳病に悩みて参らず。仍りて延引[67]す。

**二十八日**、己酉。御国忌[68]。御前[69]は頼任朝臣[70]奉仕[71]す。

（1）**大内**　この時の内裏は、枇杷殿。長和三年二月九日に内裏が焼亡し、同年四月九日に枇杷殿に遷御した。『日本紀略』長和三年四月九日条に「天皇自松本遷御枇杷殿」とある。

（2）**節会の事**　元日の節会。

（3）**内弁を奉仕せず。**　内弁とは、「中古、即位・節会などの時、承明門などの内で諸役をつかさどった公卿。多くは第一の大臣、時には納言が臨時に任じられた」（『日本国語大辞典』小学館、昭和五十五年）。『北山抄』巻一、正月元日宴会事に「内弁大臣（大臣不参者、以次人奉仰後着南座、問所司具否、催行雑事、）」とあり、また、『西宮記』巻一、節会に「内弁着兀子、（在宜陽殿間、大臣不参之時、納言依宣旨行内弁事、上卿中間有障、退出之時、依譲次人行之）」とある。左大臣である道長が内弁を奉仕しなかった記事は、『御堂関白記』寛弘二年、同四年、同八年、長和二年、同五年、寛仁元年、同三年の元日条に散見する。

（4）**権大納言**　藤原頼通。正二位春宮権大夫。二十四歳。道長の代わりに内弁を勤めた。

（5）**雨に依りて小朝拝無し**　『江家次第』巻一、小朝拝事に「（里内之儀、雨降或止之、或有之）」とある。小朝拝がなかったのは、内裏が枇杷殿であったためである。

（6）**家司の拝礼を停む**　道長家での拝礼も中止となった。『御堂関白記』寛弘七年正月一日条の「従朝小雨時々降、雨間有拝礼」のように、小雨の時に拝礼のあった例はあるが、同寛仁二年正月一日条の「従丑時許雨（降、午）時許雨止、被摂政来、依雨気無拝礼」のように、雨のため道長家での拝礼が停められる例もあった。

（7）**二日**　二日条の記事は、三つの部分に分かれる。初めから「退出す」までは、この日の行動のあらましを全般的に捉え、まとめて述べたもの。次は「酒盃多からず」まで。この記事については、註(12)で述べる。「今夜」から最後まではこの日の夜のことである。

（8）**上達部両三来らる**　道長第の臨時客のために来た。臨時客は、摂関・大臣家が主に正月二日、公卿等の来客をもてなす宴。大饗に類似するが、請客使の派遣がないなどの違いがある。

（9）**皇太后宮**　藤原彰子。長和元年二月十四日、皇太后。この時二十八歳。居所は頼通の高倉第。『小右記』長和三年三月二十二日条に「黄昏参皇太后枇杷殿、今夜移御権大納言頼通家、枇杷殿良、亥剋遷御」とあり、また、同年四月九日条に「東宮渡給皇太后宮、権大納言頼通家、東〔洞〕院東大路家也」とある。

（10）**東宮**　一条天皇第二皇子、敦成親王。母藤原彰子。寛弘八年六月十三日立坊。この時八歳。居所は道長の上東門第の西対。『日本紀略』長和三年七月二十二日条に「東宮自権大納言(頼通)上東門第(高倉殿)、遷御左大臣上東門第(道長)」とあり、また、『小右記』長和三年十一月十七日条に「今日初皇太子朝覲年七、仍参入彼宮、土御門西対御在所」とある。

（11）**中宮**　藤原妍子。長和元年二月十四日に皇后となり、中宮と称す。居所は枇杷殿。『小右記』長和三年四月九日条に「今日幸枇杷弟〔第〕、中宮同移給」とあり、同四年四月七日条には「今日中宮女親王三才、着袴、問時刻於近習卿相、報云、酉戌剋者、黄昏参入、陣頭無人、取案内、諸卿候中宮者、即参入、后宮御在所、是主上御北対東殿、」とあり、より詳しい場所が知られる。

（12）**上﨟の春宮大夫**　藤原斉信。正二位権大納言。寛弘八年六月十三日春宮大夫。四十九歳。斉信は、『公卿補任』長和四年条の公卿の序列によれば、左大臣藤原道長、右大臣同顕光、内大臣同公季、大納言同道綱、同実資らの次位に位置している。ところで、『大日本史料』のこの日条の綱文に「二宮大饗」とあって『日本紀略』を引いている。しかし、『小記目録』には「同〔長和〕四年正月二日、依御物忌、不被行二宮大饗事」とあり、これによれば、二宮大饗はなかったことになる。そこで『大日本史料』は、「二宮大饗ノ有無詳ナラズト雖モ、姑ク日本紀略ニ依リテ掲書ス」と注記している。もし、二宮大饗が行われたのであれば、『御堂関白記』のこの部分の記事は春宮大饗の場でのことと解され、斉信を上﨟と採るのに何の違和感もない。しかし、二宮大饗の有無を決定する史料としては『日本紀略』の記事のみでは弱いのではないか。『御堂関白記』では二宮大饗があれば、記事として落とすことがないように思われるので、『御堂関白記』で何も触れていないところをみると、この日はやはり二宮大饗はなかったのではないだろうか。とすると、この部分の場は東宮大饗ではなく、上文「上達部両三」云々の道長第での臨時客でのことを再び述べたものと見ざるを得ない。斉信の序列は上述の通りだが、臨時客の「上達部両三」に含めて、春宮大夫を上﨟と見ても差し支えはないと思われる。

(13) **絶酒に依りて…**　『大日本古記録』本文では「絶酒」と読んでいるが、全く問題がないわけでもないので、まず「絶」字について検討を加えておく。『大日本史料』では、この「絶」の字を□とし、その割注に「○コノ字、偏ハ蠹蝕ノ為ニ明カナラズ、旁ハ包ノ字ニ似テ微シク異ナリ、或イハ挹ノ字ノ譌ナランカ」とあり、「絶」とは認めていない。この部分は自筆本が伝わらず、古写本のみだが、古写本には他に「絶」の用字例が見つからない。旁の部分は古写本の寛弘七年十一月二十八日条の「包」字や、長和五年四月二十三日、同五月二十二日、同七月十日条の「色」字に近似する。偏の部分は虫喰いのために判読が困難だが、糸偏の下部の残存と見做してもよいように思われる。確実とは言えないまでも「絶」字の可能性は非常に高いと思われるので、「絶酒」と認めてこの部分を解釈していく。絶酒、すなわち飲酒を絶つこと。恐らく何らかの祈願のために酒を絶っていたのであろう。それが何なのかは不明であるが、可能性のあることとして参考までに触れておく。斉信はこの年の四月二十六日、文字通り万難を排して金峯山に詣でていることが『小右記』四月十二日、二十六日、二十八日、二十九日の各条に見えている。この金峯山詣でのための精進潔斎の「絶酒」ではないかと思うのである。斉信はこの年四十九歳で厄年に当たる。『小右記』長和三年二月九日条によれば、前年の十二月から長斎で蟄居していたのだが、この日内裏が焼亡したため、御嶽精進を破って内裏に参入したのであった。この一度目の企てに心ならずも失敗した後の再挑戦がこの年の四月二十六日の金峯山詣でであったのである。前掲の『小右記』によれば、斉信とは兄弟に当たるはずの阿闍梨守聖が逝去したにも拘わらず、父為光が守聖を子と認めていなかったという理由で御嶽精進を解こうとしなかったり(四月十二日条)、また四月二十六日、村上天皇皇女資子内親王が薨去したが、斉信は内親王の別当であって、葬送のことを執り行うべきであったにも拘わらず金峯山に詣でてしまい、葬事が滞ってしまって「不(似)宮人、世間人所奇驚、太不足言」という非難をうけたりしている(四月二十六日、二十八日、二十九日各条)。この年の斉信の金峯山詣では相当の決意で行われたものと推察される。『小右記』長和四年四月十二日と二十六日条に見える「長斎」がどれほどの期間を指すかは明らかではないが、この日から四月二十六日まで約一一〇日。長すぎる感がしないわけでもないが、「絶酒」はこれと関係するのではないかと思うのである。

(14) **定頼朝臣**　藤原公任男。母村上天皇皇子入道四品昭平親王女。従四位下右中弁・中宮権亮。中古三十六歌仙の一人。

(15) **勘当を免ぜらる**　定頼が勘当された事件の発端は『小右記』長和三年十二月一日条に「式部卿宮〔敦明親王〕雑(人)、右中弁定頼朝臣従者闘乱、其事及奏聞、以使官人被日記云々、或云、事頗猛云々、天気不快云々、定頼所為背理歟如何」とあるように、定頼の従者と敦明親王宮の雑人とが闘乱した。この事件の真相は、同じく『小右記』十二月四日条の道長の言葉に「式部卿宮雑人与定頼従者闘乱、初聞宮人不善之由、後能聞子細、定頼朝臣所為極不善、非尋常、可謂不足言」とあるように、定頼側に非があったようである。その上、敦明親王の雑人の一人が死去してしまった。三条天皇は殊の外の怒りで『小右記』同四条には、また「主上被仰云、定頼已殺害人、不可為春日行事、亦〔近〕召仕極無便云々」とある。

(16) **山座主**　第二十三代の天台座主覚慶が長和三年十一月二十二日入滅。それに代わり、大僧正慶円が同十二月二十六日第二十四代天台座主に任じられた(以上『日本紀略』等)。慶円は、『天台座主記』によれば「播磨守藤尹文男。師主喜慶座主。随円賀大僧正〔都歟〕受法灌頂」とある。が、父親に関しては『尊卑分脈』では藤原連真男、藤原永頼男とも見え、明らかではない。寛仁三年七月二十一日大僧正と座主を辞し(『天台座主記』)、同年九月三日入滅した（『左経記』同日条等）。

(17) **少納言貞亮**　光孝源氏。源国盛男。歌人源為善の兄に当たり、自身も『金葉和歌集』の作者である。

(18) **山に登る**　新たに天台座主が任じられると、その任座主の宣命は少納言によって叡山にもたらされる。宣命使に少納言がなるのは、『西宮記』巻十四、臨時一、任天台座主、裏書に「応和四年三月九日、仰右大将、以大僧都鎮朝可補延暦寺座主也、申云、作宣命、藤原〻〻〔朝臣〕令奏宣命草、申云、以少納言可差使」とあり、また、『柱史抄』下、僧事（補天台座主事）に「天台座主、慈覚・智證大師門徒等所補来也、宣命用例状、但両大師門徒書様各異、清書覆奏之後、賜少納言差遣台山也」とあるのに明らかである。ところで、『御堂関白記』では非常に簡単にしか触れられていない慶円座主の任宣命使の叡山派遣の事情（尤も、『御堂関白記』は長和三年の記事がそっくり落ちているので、もし残っていればそちらで詳しく触れていたかも知れない）が、『小右記』では、長和三年十一月五日、六日、十二月十七日、二十一日、二十六日、二十七日、二十八日、二十九日の各条に非常に詳しく触れている。この日の条に関係するところのみ簡単に見ておくことにする。まず、道長は、長和三年十一月二十三日に入滅した第二十三代天台座主覚慶の後任に権僧正明救、または前僧都院源を推し、慶円については「但大僧正慶円為吾大不遜者也、如讎敵、更不可（挙）者」（十一月六日条）といい、その任天台座主を阻んでいるのである。これは恐らく、慶円が皇后宮娍子に近しいからであろう。十二月十七日には皇后宮娍子の御領所の元華山院が焼亡した。この日この邸では慶円が公家の百日の御修法を行っていたが、他の殿舎は悉く焼亡したにも拘わらず、ただ慶円が御修善を行っていた壇所だけが火災を免れたのであった。人々は「大僧正力也、尤可感者」と感嘆し合ったが、道長一人「不被感歎、有被謗難之詞者、依天台座主事歟」といったさまであった。とはいえ、十二月二十六日には慶円の任天台座主が正式に決定したのであった。しかし、その後の座主宣命の草案作成を内記に命じるに当たっても、また宣命使となる少納言の人選に当たっても、それぞれが不都合を言い立て、決定に困難を極めたのであった。それでもやっと二十八日に宣命草は内記橘為賢が、宣命使には少納言源貞亮が決まったのである。しかし宣命草の方は二十八日に出来上がったが、宣命使となった貞亮の方は二十八日には「従座主許示送云、勅使貞亮来云、宣命者可預置云々、事太奇怪也者、驚仰敦頼朝臣差使部令問遣、帰来申云、貞亮到彼房辺案内云、若有山三綱、可預給件宣命者、答不可然之由、仍罷去了者」という有様であった。この「彼房」というのは二十五日、二十六日の記事に見える「元華山院」の中の慶円の房であろう（因みに房というのは比叡山中の僧房を指すのみでなく、京中の僧の住まいをも指す。例えば、『権記』長保三年正月十七日条に「昨日所奏大僧正辞表、今日依勅差左近少将重家朝臣返遣之、余與少将向彼房、々在左大臣上東門第、因暫立勅使於西門、余先入彼房示案内」とある）。つまり、宣命使は任座主の宣命を延暦寺政所に持参すべきところ、京中の慶円の房に持参し、もしここに叡山の三綱格の僧がいれば、この宣命をあずけたいと尋ねて来たのであるが、いない由を答えると帰っていったというのである。そして翌二十九日条には「昏黒従座主許送文書二枚、一枚延暦寺政所申、宣命使少納言貞亮不登山、以史生垂水為行、擬令上読文、一枚貞亮送三綱所書、本病発動、山中逗留、且差史生送宣命事、件事廻思慮、以中将示達案内、又差為信朝臣、重以示達座主、返事云、往古不聞之事也、尚可令奏聞者、仍召外記孝親、給件二通文書、送頭弁許令奏聞、深更来云、先覧左相府、次奏聞、被仰云、可召問貞亮者、令奏云、史生随身宣命参上、為之如何、猶可罷上之由先可令仰貞亮歟、随又々仰可左右也、孝親帰来云、問不参上之由、自有所申、可奏其由者、是皆左府所被定奏也、即以綸旨仰孝親了、内々頭弁以資平有示送事等、是相府被談事等也、偏是依不好座主有謗難耳、此事予有思慮所示達、而無承引、先座主達相府披露了、後難進止耳、僧中事又々如此」とある。要するに、貞亮は比叡山には登らず、代わりに史生垂水為行が宣命を延暦寺政所に届けたのであった。こういうことは今まで例がなく、やはり貞亮が持参すべきである由がこの日いろいろ詮議されたのであった。このように、前年の十二月二十八日に本来ならば貞亮自身が比叡山に登り宣命を持参すべきであったのであるが、京中の慶円の僧房で事を済まそうとしていたり、代理人に持参させようとしたりしていたのであった。それがこの日になってやっと本来の形式通り少納言が任座主の宣命を比叡山に持って登ったのである。

(19) **叙位議**　毎年正月五日、天皇の御前に大臣以下の公卿が参上し、五位以上の位階を進授するために行った議。

(20) **右府**　藤原顕光。五十歳。

(21) **内府**　藤原公季。五十九歳。

(22) **座主、慶びに来たる**　慶円が道長に、任天台座主の御礼言上にやってきたのである。僧が僧位僧官の上ったこと等に対して道長に御礼言上にやって来る類例として、『御堂関白記』寛弘五年四月二十四日条の「道方朝臣来云、以文慶可任権律師者、即仰可造官府〔符〕由、入夜文慶来云慶由、授大掛」がある。

(23) **一両の者を叙位に加ふ**　前日五日の叙位議で定められた叙人に、一、二人を追加した。『御堂関白記』寛弘八年十月十九日条にも、「漏叙位両三人被加叙」というほぼ同形式の表現があり、「加叙」が特に追加分について用いられる語であることがわかる。また、『権記』及び『御堂関白記』の寛弘元年正月六日条を参照すると、追加は入眼(位記に姓名を書き入れる)以前と考えられる。叙位議以後、入眼以前の叙人追加の例は、他にも『御堂関白記』寛弘三年正月六日条・同五年正月七日条・同七年正月六日条等に見える。即ち年中行事として、五日の叙位、七日の決定の間に行われた加叙の一例である。

(24) **物忌**　戊・己の二日間の物忌。原因は未詳。翌日の御斎会やその結願も、同じく物忌のために欠席している。元日節会で内弁を奉仕しなかったことも含めて、元日節会・白馬節会・御斎会の三行事への道長の参加状況は、長保二年から寛仁元年の間で、本年が最悪である。

(25) **節会**　白馬節会。天皇が紫宸殿に出御し、左右馬寮の牽く白馬をご覧になり、群臣に宴を賜わる儀式。但し『日本紀略』によると、本年は元日節会と同様、出御がなかった。翌月十九日条には三条天皇の紅雪《こうせつ》服用が記されており、眼病悪化がこれらの理由と考えられる。

(26) **右大将**　藤原実資。正二位権大納言・右近衛大将。五十九歳。

(27) **八省**　八省院。朝堂院ともいう。八日から十四日までの七日間、正殿の大極殿において、金光明最勝王経を講ずる御斎会が行われる。

(28) **皇太后**　道長女彰子。母源倫子。故一条天皇中宮。時に二十八歳。皇太后。居所は同母弟頼通の高倉第(東洞院西・土御門南)である(『小右記』長和三年四月九日条)。

(29) **雲林院**　船岡山東麓の、大宮末路西・安居院大路(廬山寺通)北辺りにあった寺院。本尊は千手観音。現在、紫野雲林院町に観音堂が残る。もとは淳和・仁明天皇の離宮紫野院(天長九年四月十一日に雲林亭に改名)で、仁明皇子雲林院宮常康親王の宅になり、貞観十一年二月十六日に皇子から天台宗の寺として管理を任された遍昭の申し出により、仁和二年八月九日、元慶寺別院となった。村上天皇の在位中、特に伽藍形態が整い、その後貴族たちが私堂を作り始めたが、道長が本日以前に三度吉方詣をしたことのある(註(30)参照)慈雲堂も、その一つと考えられる。なお、本寺は花見や蹴鞠など、遊山の場でもあった(『御堂関白記』寛仁二年三月二十九日条・『権記』長保五年三月十二日・同四月二十四日条等)。角田文衞「紫野斎院の所在地」(『古代文化』第二十四巻第八号、昭和四十七年)、杉山信三「雲林院と知足院」(『院家建築の研究』所収、吉川弘文館、昭和五十六年)参照。

(30) **吉方** よきかた・きっぽう・よきほう。現在の恵方に当たる。八卦忌《はっかいみ》による、その年の生気《しょうげ》か養者《ようざ》の方角。衰《すい》日《にち》と同様、年齢によって八通りある。この年、五十歳の道長は生気=北西、養者=北東、二歳上の倫子は生気=南東、養者=北西であった。よって年始に二人揃って、土御門第から北西(厳密には西北西)方向にある雲林院に詣でたのである。『御堂関白記』における吉方詣の記事はここを入れて五例ある。以下、他の四例について略述する。ａ寛弘五年二月十三日、道長(四十三歳、生気=北西)と倫子(四十五歳、養者=北西)とが雲林院慈雲堂に詣でて燈明・諷誦を修した。ｂ同七年閏二月一日、道長(四十五歳、養者=北西)が雲林院慈雲堂に詣でた。倫子(四十七歳、生気=南・養者=北)は詣でず。ｃ同八年三月八日、道長(四十六歳、養者=西)が雲林院慈雲堂に詣でて灯明を奉った。倫子(四十八歳、生気=東・養者=南西)は詣でず。ｄ寛仁二年正月十五日、道長(五十三歳、養者=西)と女の威子(二十歳、養者=北西)と嬉子(十二歳、養者=北西)とが、世尊寺に詣でた。二人の母倫子(五十五歳、生気=北・養者=南)は詣でず。行成(四十七歳、生気=南・養者=北)が案内した。以上の例から言えることをいくつか挙げてみる。①ｃやｄから、雲林院や世尊寺は北西だけでなく西にも通用する。②道長は吉方が西北西に当たる時しか詣でていない。③ｂの閏二月やｃの三月のように、年始とは限らない。④ａやｃから、その他の時も灯明や諷誦を献上したものと見られる。⑤ａｂｃから、ここは雲林院とあるだけだが、慈雲堂に詣でた可能性が高い。なお、『御堂関白記』には生気・養者の語は見られないが、『権記』長保六年二月二十六日条に「為奉生気御明、参詣修学院」、『雲州消息』巻下に「年首尋生気方供燈明者例也。今年吉方幸当法輪寺。貴下已甲子。相共可被参詣歟」とあるので、当時の吉方は八卦忌によるものと確認できる。前者の行成は三十三歳、生気は北東で、修学院の方角である。正月行事の供御薬や卯杖や立春若水、出産関係などにおいても、生気や養者の方角が吉方として用いられた。中島和歌子「平安時代の吉方詣考」(『古代文化』第四十五巻第三号、平成五年)、「八卦法管見」(『文化學年報』第十二号、平成五年)、「院政期の出産・通過儀礼と八卦」(『風俗』第三十二巻第二号、平成五年)参照。

(31) **女方** 道長室源倫子。雅信女。五十二歳。『御堂関白記』寛弘七年三月二十五日条(自筆本)で、倫子を指すのに「女方」と「女房」とが併用されていることからすると、「にょうぼう」と読んだ可能性が高い。

(32) **法性寺** ほっしょうじ。延長年間に藤原忠平が建立した寺院。藤原氏の氏寺の一つ。この法性寺の位置に重なって、東福寺が現存する。天徳二年三月三十日に焼亡。五大尊を安置する五大堂(東堂)の再建は、道長が担当した(『御堂関白記』寛弘二年十二月二十一日条・同三年七月二十七日条・同十月二十五日条。同十二月二十六日条等参照)。道綱や公季も他の堂の造立を担当した(杉山前掲註(29)著書参照)。五大堂は以後、道長一家の加持祈禱所として多用され、本年十二月二十六日の道長五十の賀も行われた。道長は、註(30)のcを除くと、他の吉方詣(abdと本日)の後は必ず法性寺に参拝している。更にabdは、修正会・修二会のための法性寺参詣であったと分かる。うちbは特に「法性寺五大堂依為修二月、入夜詣」と記されており、また寛仁三年正月二十五日条の法性寺修正会も、『小右記』翌日条によって五大堂で行われたことが分かる。以上のことから、ここも道長が詣でたのは特に五大堂であり、そこで修正会が行われていた可能性が考えられるが、寺での滞在期間の短さに難があるか。以上の修正会・修二会に参った用例すべて、道長の帰宅は翌日である。

(33) **源中納言** 源俊賢。高明男。正二位権中納言・皇太后宮大夫・治部卿。五十七歳。

(34) **冠・笏** 元服用である。『御堂関白記』長和元年十二月二十五日条にも、道長が乞われて、公卿の子息達の元服用の冠・笏・朝服等を贈った記事が見える。

(35) **息子** 俊賢男宗国。母藤原忠尹女。十二歳。顕基の弟。『御堂関白記』によると、前年十二月十六日に東宮御給により従五位下になっている。また、寛仁元年九月九日条には「此日良頼・宗国昇殿」とある。寛仁二年に隆国と改名し(『尊卑分脈』)、この名で知られる(『宇治拾遺物語』序、参照)。

(36) **蔵人を定めらる** 叙位議以後、蔵人所の別当が召しにより御前に伺候し、仰せに従って名前を書き、奏覧の後、蔵人頭などに下し、宣旨を書かせた(『西宮記』巻一、補蔵人)。道長は長徳元年七月二十八日、別当に補せられた(『御堂御記抄第一種』)。ここはいずれも正月五日の叙位で従五位下となり、蔵人を辞した平雅康・藤原敦親の欠を補った。

(37) **右衛門尉季範** 自筆本では「季則」とも。光孝源氏。国基男。正六位上。『左経記』長和五年正月一日条に「蔵人季範」とある。その後、検非違使・三条院判官代(『御堂関白記』長和五年四月十四日条)を経て、従五位下相模守(『尊卑分脈』)。

(38) **文章生懐信** 自筆本では「保信」とも。文徳源氏。兼業男。正六位上。八月二十七日に中務丞を兼ねる(『小右記』)。譲位により去り、その後、正五位下摂津守・春宮大進を歴任する。

(39) **雑色** ぞうしき。蔵人所の雑色。所の雑色とも。蔵人所の雑用に当たる職員。定員八人。季範・懐信は長和二年二月二日になっている(『御堂関白記』)。蔵人になるコースの一つで、『枕草子』には、所の雑色出身の蔵人が特に転身ぶりが鮮やかで見違えるとある(「めでたきもの」「身をかへて」の段)。

(40) **雅楽助平範重** 長和五年二月八日に定められた後一条天皇の雑色の中に、範国とともに「教重」の名が見える(『小右記』)。出自は未詳。

(41) **文章生平範国** 平行義男。参議親信孫。長和五年十一月二十五日に後一条天皇の蔵人に(『御堂関白記』)、長元九年四月十七日に右衛門佐はそのままで後朱雀天皇の五位蔵人になり(『職事補任』)、後に伊予守となる。

(42) **只** 「ただ」の語が修飾するのは、「仰せを承り」ではなく、「宿衣にて」と考えられる。即ち、道長は昨晩候宿したために、ただ宿衣を着ただけで御前に参り、蔵人及び雑色補任の仰せを承って、蔵人頭に取次いだのである。雑袍宣旨を受けた道長であっても、本来は正装で臨むべきであり、これが例外的であったからこそ、特に注記したものと考えられる。『御堂関白記』寛弘四年正月二十六日条の、宿所の方より宿衣にて参入し、除目の召仰のために御前に参ったという記事も同様といえよう。

(43) **宿衣**　とのいぎぬ。宿直のための装束。具体的には冠直衣。『雅亮装束抄』には「宿直装束といふはつねの衣冠なり」とあるが、衣冠、即ち冠・位袍・指貫だと、雑袍宣旨を受けた道長の場合、常よりも改まった装束になる。ここは前日条に「候宿」とあることからも、原義通りに取ってよいであろう。

(44) **右大弁**　藤原朝経。朝光男。時に正四位下右大弁・蔵人頭・大蔵卿・近江介。ここは蔵人頭として蔵人所別当道長の仰せをうけたのである。

(45) **式部卿宮**　三条天皇第一皇子敦明親王。母藤原済時女・三条天皇皇后娍子。二十二歳。『権記』寛弘三年十一月十五日条によると、道長が元服の加冠役をつとめた。『御堂関白記』からわかる道長の宮への献牛は、他に二例、献馬も二例見られる。但し四例とも小一条院になってからのことである。

(46) **甲午**　『陰陽雑書』第六、冠帯吉日、『陰陽略書』択日吉凶、冠帯日、『拾芥抄』諸事吉凶部第三十八、加冠帯日に挙げる吉日中の一つ。行成男実経(寛弘六年十二月十四日)・敦康親王(同七年七月十七日)・道長男長家と女尊子(寛仁元年四月二十六日)等、甲午の日の元服・着裳の例は散見する。

(47) **源中納言の子**　註(35)参照。

(48) **元服の所**　俊賢邸か。『御堂関白記』長和二年十一月四日条に焼亡の記事がある。

(49) **新中納言**　道長男頼宗。二十三歳。従二位。長和三年三月二十八日、任権中納言。母が源高明女明子なので、冠者とは従兄弟関係になる。加冠の禄は親昵の公卿が取らせるものなので、その役のために赴いたか。

(50) **左衛門督**　教通。道長男。従二位権中納言・左衛門督・皇太后宮権大夫。二十歳。

(51) **石山に参る**　近江国の石山寺。朝廷・貴族を初め参詣が盛んであった。ここは同母の兄弟同士で吉方詣に行ったとも考えられる。頼通の生気方は東、教通は東南なので、石山寺の方角に相当する。但し、『権記』寛弘三年正月八日条に、行成(三十五歳、生気=西・養者=北)が広隆寺と石山寺とに詣で、次いで修正会のために世尊寺に詣でたという記事がある。広隆寺は西に当たるが、石山寺は方角が合わず、吉方詣とは関係がない。管見の限りでは、吉方詣で石山寺に行った例が少なくとも平安時代にはなく、また、石山寺への風誦・灯明の献上が方角や年始とは関係なく散見することから、本日もむしろ吉方詣でない可能性の方が高いと思われる。

(52) **御斎会** 註(27)参照。この日が最終日にあたる。

(53) **大外記敦頼** 菅野氏。少外記・大外記・阿波権介・筑後守を歴任した後、寛弘七年三月三十日の除目で、大外記滋野善言死去により、再度大外記に任じられた(『御堂関白記』)。

(54) **政を初むべき日を勘申せしむ** その年最初の外記政を行う儀式である政始の日を選ばせた。物忌中に外記と接触し、指図した例は他にもある(『御堂関白記』寛弘七年六月一日条等)。

(55) **定め申すべき事** 十六日の受領功過定を指す。注(59)参照。

(56) **諸卿を催すべし** 公卿達に出席するよう通達せよ、の意。

(57) **左仗の座** 左近衛の陣の座のこと。紫宸殿の東北廊にある公卿の詰所で、定や申文などの政務が行われた。

(58) **受領の功過を定む** 受領功過定。任期の終わった受領について、その在任中の勤務成績を審査し、功過を判断するための公卿の会議。除目の間に天皇の御前で行われるのが一般的であるが、それ以外の時に陣座で行われる場合もあった。

(59) **公文** ここでは受領が功過定を受けるために提出が義務づけられていた帳簿類のこと。調庸・雑米の惣返抄や正税返却帳など。

(60) **次第を勘ず** 功過定の審議の順番を決めるため、受領が公文を提出した先後を調査させたということか。

(61) **修善** 場所や導師名が示されず、また後加持《ごかじ》がなされていることから、法性寺における修正会ではなく、長和五年六月十四日条と同様に、道長土御門第における修善と考えられる。目的は不詳。

(62) **後加持** 修法の後、加持した香水を注いで浄め祈ること。『御堂関白記』長和二年八月二十一日条や、『殿暦』永久三年正月十三日条の例は、ともに五壇法である。

(63) **心誉律師** じんよ。自筆本では「尋誉」。右大臣藤原顕忠孫。右衛門権佐重輔男。長和三年十月二十八日に権律師(『僧綱補任』)。同じ天台僧でも、慶円の場合は道長との間に亀裂が生じたが、心誉はずっとお抱えの密教僧として、主に一家の病気平癒のための修善に奉仕した。

(64) **中宮**　道長女妍子。母倫子。三条天皇中宮。時に二十二歳。居所は枇杷殿。

(65) **政初め**　政治(註(54)参照)。源中納言(後賢)がその上卿を勤めた。

(66) **咳病**　がいびょう・しわぶきやみ。用例を見ると、晩秋から初春にかけて罹り、数日続き、流行することがあり、咳以外にも、気分が悪い・悪寒・頭痛・脱力感等の諸症状がある。即ち感冒に相当する。「風・風病」は別の病気。二十三日以降記事がないのは、風邪で寝込んでいたためか。

(67) **延引す**　予定されていた除目が道長の欠席のためにできず、翌月十六日に延期された。『小記目録』にも、「左大臣依不被参、除目延引」とある。

(68) **御国忌**　天元五年正月二十八日に崩御した冷泉女御・贈皇太后・三条天皇母・藤原兼家女超子の国忌。『小右記』寛弘八年十二月二十七日条によると、花山院母后藤原懐子の国忌を廃して設置した。ここは「云々」がないので、道長は御前の儀に出席したのである。

(69) **御前**　天皇が、父母の国忌日にのみ、清涼殿で呪願・斎食を行う天皇御前の儀。

(70) **頼任朝臣**　藤原時明男。文章生、一条天皇蔵人、内記、中宮権大進などを歴任。時に従五位上右衛門権佐。

(71) **奉仕す**　国忌の天皇御前の儀において、陪膳(御膳の給仕役)に奉仕した、の意であろう。「御前」を「御前の儀」と解した場合は、奉仕の内容が装束と陪膳の二通りを考えなくてはならないが、ここでは一人しか名前が挙がっていないので適当でない。また、『御堂関白記』において「御前」が「御膳」と同義に使われている例は少なくない。蔵人所に関係のない人物が陪膳を勤めた例は他に、『権記』長保三年二月十二日条の円融天皇の国忌における、右兵衛督(従三位非参議)源憲定の奉仕が挙げられる。古瀬奈津子「「国忌」の行事について」(『古代文化』第43巻第5号、平成三年)参照。

# 二月

〔本文〕

四日、乙卯、大原野祭、隆圓僧都死去、不立神馬使、
八日、乙未、不立神馬、近衛府使右近少將經任、依不申下重不送、
十一日、壬戌、着服、參大內、候宿、
十六日、丁卯、除目初、去月惱咳病、又此月立成輕服延引、未時除目、參大內、
十八日、己巳、除目議了、戌時、此程雨下、候宿、
十九日、庚午、主上令　紅雪給、候御前、爲信・忠明等供御藥、
廿二日、癸酉、入夜參大內、候宿、女方同之、
廿三日、甲戌、從內出、從大納言家行宇治、
廿五日、丙子、參大內、殿上・撿非違使宣旨等下、
廿六日、丁丑、終日雨下、入夜女方從內出、晝參同出、
廿七日、戊寅、從昨日在宇治家、可有春日行幸頓宮之仰、仍定其間雜事、
廿九日、庚辰、光榮・吉平等申云、御燈解除、觸穢間非可有、仰云、所申如何、年來公私有由祓、近公家御愼如常、有穢時猶有御祓、所申不當者、公家穢時無御卜、私又如此、

〔註釈〕

四日、乙卯。大原野祭。(1)隆円僧都(2)死去す。神馬使(3)を立てず。

八日、己未。神馬(4)を立てず。近衛府の使は右近少将経任(5)なり。申さざるに依りて下重(6)を送らず。

十一日、壬戌。着服(7)す。大内に参り、候宿す。

十六日、丁卯。除目初め(8)。去ぬる月咳病を悩む。又此の月立(9)に軽服と成りて延引す。未時、除目。大内に参る。

十八日、己巳。除目の議了(10)んぬ。戌時。此の程雨下る。候宿す。

十九日、庚午。主上(11)紅雪を(服)さしめ給ふ。御前に候ず。為信(12)・忠明(13)等御薬を供ず。

二十二日、癸酉。夜に入りて大内に参る。候宿す。女方(14)、之に同じ。

二十三日、甲戌。内より出づ。大納言(15)家より宇治(16)へ行く。

二十五日、丙子。大内に参る。殿上(17)・検非違使の宣旨等を下す。

二十六日、丁丑。終日雨下る。夜に入りて女方、内より出づ。昼参り、同じく出づ。

二十七日、戊寅。昨日より宇治の家に在り。春日行幸の頓宮の仰せ有るべし。仍りてその間(18)の雑事を定む。

二十九日、庚辰。光栄(19)・吉平(20)等申して云はく、御灯(21)の解除、触穢の間(22)有るべきに非ず、と。仰せて(23)云はく、申す所如何。年来公私に由の禊有り。近きは公家の御慎み常のごとし。穢有る時、猶ほ御禊有り。申す所当たらず、てへり。公家穢の時、御卜(20)無し。私も又此のごとし。

(1) **大原野祭** 毎年二月上卯と十一月中子(または下子)に藤原氏の氏神である大原野社(現京都市西京区に鎮座)で行われた祭。

(2) **隆円僧都** 天元三年(九八〇)~長和四年(一〇一五)。藤原道隆男。母高階貴子。伊周・隆家の弟。小松僧都・普賢院僧都と号した。正暦五年(九九四)権少僧都。寛弘

八年(一〇一二)権大僧都(『僧綱補任』)。『尊卑分脈』には「十五歳、一日中先任律師、又任少僧都、一人息任僧綱始也。非法務具綱所也」と見える。十五歳で出家したことは『大鏡』中、道隆伝に「皇后宮と一つ腹の男君、法師にて、十五あまりのほどに僧都になしたてまつりたまへりし。それも三十六にてうせたまひにき」と見えるのをはじめ、『栄花物語』巻三、さまざまのよろこび、巻四、みはてぬゆめにも語られ、巻十二、たまのむらぎくには「あはれにあさましき事は、帥中納言のはらからの僧都の君こそ、はかなく煩ひてうせ給ぬといふめれ」と記されている。その他、巻五浦々の別・巻六かゞやく藤壺・巻七とりべ野、巻八はつはな・巻九いはかげ、また『枕草子』無名といふ琵琶の段にも見える。『御堂関白記』『小右記』『権記』によれば、一条上皇の剃髪に候したほか、臨終、入棺、葬送、収骨、納骨、七七日の法会、周忌の法事に奉仕している。

(3) **神馬使を立てず** 道長は、甥にあたる隆円の死去によって、大原野祭に神馬使を立てなかった。

(4) **神馬を立てず** 翌九日は春日祭であるが、やはり隆円の死去により神馬使を立てなかったのである。

(5) **右近少将経任** 藤原経任。長保二年(一〇〇〇)~治暦二年(一〇六六)。懐平男。母大宰大弐佐理女。十六歳。『小右記』長和三年正月二十五日条に「経任々少将之事、申達右衛門督」と見える。

(6) **申さざるに依りて下重を送らず** 春日祭使となった経任からの要求がなかったので下重を贈らなかった。『御堂関白記』における春日祭の記述を見ると、道長は祭使・舞人に袴や下重を贈っていることが多い。例えば、寛仁元年十一月一日条では、祭使藤原誠任に対して「舞人下重・疋絹廿疋送之。依申馬又送」とあり、この記述から「申スニヨリ」馬を贈ったとわかる。ここでは道長が喪に服していることを慮って何も言ってよこさなかったのであろう。

(7) **着服** 隆円示寂の後八日目に着服した。服喪期間は喪葬令服紀条によれば七日。着服が死の直後からばかりでないことは、『御堂関白記』本年十月四日条に弾正尹藤原時光の薨去が記され、七日条に「以戌時着服」の例があること、また寛弘七年十一月九日条に「内蔵頭頼親卒去」の記事が見え、翌十日条に「自着頼親之服、申時」とあることからも肯ける。

（8）**除目初め**　一月二十五日条に「従此日可有除目議、而悩咳病不参、仍延引」とあり、当初は正月に予定されていた。

（9）**此の月立に…**　月立は朔または月のはじめ頃のことで、ここは後者の意。四日の降円僧都の死去のことをさす。

（10）**除目の議了んぬ…**　『小記目録』にも「除目入眼事」とある。今回の除目では、参議源経房が権中納言に転任、蔵人頭だった藤原朝経が参議となるなど、公卿にも異動があった。

（11）**主上紅雪を（服）さしめ給ふ**　三条天皇が「紅雪」を服用された。『小記目録』第二十によると、天皇は十四日にも服している。『類聚雑要抄』は「紅雪」を「治一切病。随疾和水服之。或和酒服之。但有孕面之時。不得服之。其形以名可知之。譬如砂糖。若如雪之様物也。（下略）」と説明している。成分、効能、製法、服法等は『本草綱目』に詳述されている。ここでは『新註校定國譯本草綱目』石部、第十一巻（春陽堂書店、昭和四年）によって略述する。「紅雪」は朴消（和名「芒硝」含水硫酸マグネシウム）を主成分とし、羚羊角屑、黄芩、升麻、人参、赤芍薬、檳榔、枳殻、生甘草など多数の草木を加え、さらに朱砂、麝香を加えたもの。煩熱、宿食、酒毒等の下熱、解毒、或いは傷寒、狂躁、胃爛、発斑、温瘴、脚気等に効能を発揮するという。名称の由来は「朱砂を混ぜているため紅色を呈し」たのによるという（服部敏良『王朝貴族の病状診断』（吉川弘文館、昭和五十年）。すでに『貞信公記抄』延喜十一年九月二十九日条には忠平が紅雪を、『九暦抄』ⓐ天暦二年六月十七日条、ⓑ同三年三月二十一日条には師輔が紅雪・紫雪を服した記事が見える。師輔はⓑで「寅刻服紫雪二分・紅雪四両三分、六度拾〔捨〕、似快」と記したように、「捨（瀉）薬」として服したと記している。ただ、三条天皇の病は眼病であって、その療法と紅雪との関わりは不明であるといわねばならない。なお、「紅雪」は「紫雪」「碧雪」とともに、唐の時代、臘日（冬至後二度目の戌の日）に天子から群臣に下賜されたことが『謝暦日面脂口脂表』（『劉禹錫集　箋證』〔上〕所収、上海出版局）によって理解できる。紅雪は不老長寿の霊薬であったらしく、日本において貴重視された理由の一つもここにあったと思われる。

（12）**為信**　清原為信。滋秀男。藤原実資の家司か（渡辺直彦『日本古代官位制度の基礎的研究　増訂版』吉川弘文

館、昭和五十三年)。天暦元年(九四七)~長和四年(一〇一五)。前大隅守。六十九歳。『小右記』寛弘二年二月八日条に「為信真人」と初出。同長和二年二月十日条に「大隅守如時朝臣入夜来、為仰前司為信真人事所呼也」と見えるので長和二年以前に大隅守であったことが知られ、以後しばしば「前大隅守」と明記される。また長和四年五月二十二日条に「早朝或云、為信真人去夜卒去云々、乍驚差光頼(佐伯)問遣、帰来云、丑剋許逝去、雖不言依気色昨日令出家了、四五日以来不定者、年六十九、為信後家申雑布、遣信乃布廿端」と卒去に至る間の様子が詳述されている。この記事の「年六十九」から逆算すると天暦元年(九四七)の生誕となる。『御堂関白記』に名前を見るのは当条だけであるが、『小右記』には頻出する。中でも長和三年三月三日条の「為信以中将(資平)令奏可聞食紅雪之由」と三条天皇に紅雪の服用を進言する記事は注目されるが、二日遡った三月一日、さらに十六日、十七日、十八日の各条、同四年四月二十七日条でも天皇の眼病について答申している。

(13) **忠明**　丹波忠明。『医心法』の著者丹波康頼の孫。典薬頭丹波重明男。忠明の名を見るのは『御堂関白記』では当条のみである。『小右記』では寛仁元年九月十二日の「忠明宿祢」が初出である。『尊卑分脈』は「侍医・丹波介・典薬頭・従四位下」と記す。忠明の昇進を『小右記』で追うと、「権医博士」と見えるのが寛仁元年十一月十五日、「侍医」同二年十二月三十日、「医博士」治安二年四月十七日、「典薬頭」長元三年六月二十二日の各条である。なお、『古今著聞集』巻第七、術道、第九、陰陽師晴明早瓜に毒気あるを占ふ事に、解脱寺僧正観修、陰陽師晴明、武士義家とともに登場する。南都から奉られた瓜の中に入っていた蛇の両の目に針をたてたことが「其時忠明に、毒気治すべき由仰られければ、瓜をとりまわし(とりまわし)みて、二ところに針をたててけり。其後うりはたらかず成りにけり。義家に仰て、瓜をわらせられければ、腰刀をぬきてわりたれば、中に小蛇わだかまりてありけり。針は蛇の左右の目に立たりけり。(中略)名をえたる人々の振舞かくのごとし。ゆゝしかりける事なり」と語られている。

(14) **女方**　道長室源倫子。雅信女。五十二歳。

(15) **大納言**　権大納言藤原頼通。二十四歳。長和二年六月二十三日任権大納言。「大納言家」は頼通の邸宅高倉第。

『日本紀略』長和三年三月二十日、同五年九月二十三日の各条に「高倉第」と記されている。『御堂関白記』では寛仁元年二月二十四日条に「高倉大将家」と見える。道長は内裏を出て頼通の高倉第へ赴き、そこから宇治へ行ったと解することができる。

(16) **宇治へ行く** 道長が行楽の季節をはずれた二月に宇治へ行った記事は『御堂関白記』に二度記される(長保元年二月二十九日条、寛弘四年二月二十八日条)。いずれも春日詣のあとである。しかし本条は、二十七日条の記事と考えあわせると、三月二十七日に行われる予定の(『小右記』長和三年十二月十五日条)、三条天皇の春日行幸に先立って、諸事とりきめのための宇治行きであったろう。

(17) **殿上・検非違使の宣旨** 殿上人を定め、検非違使を補する宣旨。なお、『柳原家記録』八十二、廷尉佐拝賀部類に「日野三位殿資業卿、長和四年二月十八日兼左衛門権佐、同日蒙使宣旨、于時蔵人、東宮学士、」とあり、『公卿補任』『職事補任』などは、やはり二月十八日に藤原資平が蔵人頭に補されたことを記しており、除目入眼の日にも検非遣使宣旨等が下されたらしいので、本条はその追加という意味あいのものかもしれない。

(18) **春日行事の…** 三月二十七日は予定されている春日行幸の際、都と春日との中継点ともいうべき宇治にあった道長の別業を、頓宮として用いるという仰せがある可能性を考慮して、ということ。

(19) **光栄** 賀茂保憲男。従四位下右京権大夫。七十七歳。当時の代表的な陰陽家の一人。本年六月七日に没。

(20) **吉平** 安倍晴明男。正五位下陰陽博士・主計頭。光栄とならび当時の代表的な陰陽家。

(21) **御燈の解除** 御燈とは、毎年三月・九月の三日に北辰(北極星)に燈火を捧げる年中行事で、それが何らかの理由で行われない場合、解除(祓)を行い、これを由の祓と称した。

(22) **触穢の間** 『日本紀略』二月十二日条に「内裏有触穢、可及来月六日」とある内裏触穢を指すか。

(23) **仰せて云はく…** 以下は、由の祓は触穢の間には行うべきではないとする光栄・吉平の見解に対する道長の反論。文意の取りがたいところもあるが、本来由の祓が触穢などによって祭祀を行えない時、その理由を神に申して行う祓であることからすれば、解除を行うべきだとする道長の意見は妥当なものである。実際、三月一日に道長は「近来有穢由也」として、解除を行っている。

(24) **御卜** 神祇官での御卜。毎年六月・十二月の晦に天皇の体について占う御体御卜のことが。これは神事そのものであるので、触穢の際には停止されるということを由の祓との対比でつけ加えているのであろう。

# 三月

〔本文〕

一日、辛巳、出東河解除、近來有穢由也、
二日、壬午、從興福寺、鴨一雙居南圓堂等上解文、令光榮・吉平等占、
四日、甲申、良覚云僧母死、着其服、
八日、戊子、定季御讀經僧名并日時、來十七日、
十日、庚寅、除服、
十一日、辛卯、初令申文、并奏官奏、姫宮依御乳母輕服、出〔一〕條給、
十二日、壬辰、賭弓、左勝、度數三、兵衛三度停、射遺遲〻、早可初、入夜事了、姫宮小南度給、
十三日、癸巳、臨時祭試樂、舞人六人候、遺各有障不參、
十四日、甲午、臨時祭如常、使濟政朝臣、姫宮參皇太后宮、御方違、
十五日、乙未、曉姫宮參大内給、
十六日、丙申、到宇治、定行幸間道雜事、雨降、來〔歸〕用馬、入夜歸、待月也、
十七日、丁酉、御讀經初、參入、
十八日、戊戌、例講、僧明快、
廿日、庚子、欲參御讀經結願間、足下有勞不參、以中宮大夫被仰云、如昨今日〻來勞給御目尙重、行幸事不定、爲之如何者、令奏云、是人非可左右申、只可隨仰、又仰云、若得尋常秋可有也云〻、仍仰其由、春

宮御讀經初參入、上達部皆被來、
**廿一日**、辛丑、參大內、候宿、
**廿二日**、壬寅、參大內、
**廿三日**、癸卯、參大內、候宿、
**廿四日**、甲辰、至二條、亭子院作大佛可立堂云〻、而一日別當來間、示無便由、又有小堂、今日致方令破云〻、奇思不少、是別當所仰歟、
**廿五日**、乙巳、着左•仗座、令申所充文、退出、當別レ來云、亭子院事、件堂不可破、只可仰不可立大堂由云〻、召件願主僧、仰家不知由、給米五十石・手作布五十端、
**廿六日**、丙午、中宮季御讀經、以山座主初內御修善、參內、候宿、
**廿七日**、丁未、雨降、此日可有春日行幸、先日留了、而以藏人右少弁資業、被申延引由、告文云、有所勞御延引、得尋常給以秋可有行幸云〻、中宮大夫給之、事了未時許退出、
**廿九日**、己酉、仁王會、御前僧三口云〻、是候上卿不尋行歟、中宮御讀經結願、家讀經初、件讀經去年秋季也、有供養法、世尊寺前大貳七十賀法事云〻、送僧前、

**〔註釈〕**

**一日**、辛巳。東河(1)に出でて解除す。近来穢(2)有る由なり。

**二日**、壬午。[3]興福寺より鴨[4]一雙南円堂等の上に居る解文。[5]光栄・[6]吉平等に占はしむ。

**四日**、甲申。[7]良覚と云ふ僧の母死す。其の服に着す。

**八日**、戊子。[8]季御読経の僧名并びに日時を定む。来たる十七日なり。

**十日**、庚寅。[9]除服す。

**十一日**、辛卯。[10]初めて申文せしめ、并びに官奏を奏す。[11]姫宮、[12]御乳母の[13]軽服に依りて、[14]一条に出で給ふ。

**十二日**、壬辰。[15]賭弓。左勝つ。[16]度数三。[17]兵衛三度で停む。[18]射遺遅々たり、早く初むべし。夜に入りて事了んぬ。姫宮、[19]小南に度り給ふ。

**十三日**、癸巳。[20]臨時祭の試楽。舞人六人候ず。遺りは各障り有りて参らず。

**十四日**、甲午。[21]臨時祭常のごとし。使は[22]済政朝臣なり。姫宮、[23]皇太后宮に参る。[24]御方違へ。

**十五日**、乙未。暁に姫宮、[25]大内に参り給ふ。

**十六日**、丙申。[26]宇治に到る。[27]行幸の間の道の雑事を定む。雨降る。帰り来たる。[28]馬を用ゐる。夜に入りて帰る。[29]月を待つなり。

**十七日**、丁酉。[30]御読経初め。参入す。

**十八日**、戊戌。[31]例講。僧は[32]明快なり。

**二十日**、庚子。[33]御読経結願に参らんと欲する間、[34]足下に労有りて参らず。[35]中宮大夫を以て仰せられて云はく、[36]昨今日のごとく日来労き給ふ御目尚ほ重し。[37]行幸の事定まらず。之を如何せん、てへり。[38]奏せしめて云はく、[39]是れ人の左右を申すべきに非ず。只仰せに随ふべし。[40]又仰せて云はく、若し[41]尋常を得ば秋に有るべきなり、と云々。仍りて[42]其の由を仰す。[43]春宮の御読経初めに参[44]入す。上達部皆来らる。

**二十一日**、辛丑。大内に参る。候宿す。
**二十二日**、壬寅。大内に参る。
**二十三日**、癸卯。大内に参る。候宿す。
**二十四日**、甲辰。[45]二条に至る。[46]亭子院に[47]大仏を立つべき堂を作る、と云々。而るに[48]一日[49]別当来たる間、[50]便無き由を示す。[51]又小堂有り。今日[52]致方、破らしむ、と云々。[53]奇しみ思ふこと少なからず。是れ別当の仰する所か。
**二十五日**、乙巳。[54]左仗の座に着く。[55]所充文を申さしむ。退出す。[56]別当来たりて云はく、亭子院の事、件の堂は破るべからず。只大堂を立つべからざるの由を仰すべし、と云々。[57]件の願主の僧を召す。[58]家知らざる由を仰す。[59]米五十石・手作布五十端を給ふ。
**二十六日**、丙午。[60]中宮の[61]季御読経なり。[62]山座主を以て[63]内の御修善を初む。内に参り、候宿す。
**二十七日**、丁未。雨降る。此の日、[64]春日行幸有るべきに、[65]先日留め了んぬ。而して[66]蔵人右少弁資業を以て、延引の由を申さる。告文に云はく、[67]労き御はす所ありて延引す。尋常を得給ひて秋を以て行幸有るべし、と云々。[68]中宮大夫、之を給ふ。事了りて未時許りに退出す。
**二十九日**、己酉。[69]仁王会、[70]御前の僧三口、と云々。是れ候ずる[71]上卿、[72]尋ね行はざるか。中宮の御読経結願す。[73]家の読経を初む。件の読経、[74]去年秋季なり。[75]供養法有り。[76]世尊寺にて[77]前大弐七十賀の法事、と云々。[78]僧前を送る。

（1）**東河に出でて解除す**　賀茂川で御燈の由の祓（二月条註（21）参照）を行った。

（2）**穢**　『日本紀略』二月十二日条に「内裏有触穢、可及来月六日」とある内裏触穢を指すか。

（3）**興福寺より…**　藤原鎌足、不比等以来の氏寺として関わりを持ち続けているため、その恠異が問題にされているのである。『御堂関白記』の恠異の記述は多武峯に関するものが多い。しかし長徳四年八月十日、同十一月十一日、二十一日の具注暦には「興福寺御塔烏巣恠」が見える。

（4）**鴨一雙南円堂等の上に居る**　南円堂は興福寺境内の西南隅に建つ八角円堂。弘仁四年(八一三)藤原冬嗣が建立。以後、摂関家の開運につながったため、氏寺信仰の中心となった。本尊は不空羂索観音で、四天王を配祀する。当条では「鴨」の恠である。『小右記』によって興福寺の恠の記述を確認すると、Ⓐ寛仁三年七月十五日条「摂政殿以頼祐朝臣被給興福寺鷺占方、集金堂上、氏長者可慎病事、己未年人可慎口舌、恠日以後廿日内及十一月・十二月節癸亥日云々。」、Ⓑ長元四年正月二十七日条「入夜、関白差為弘朝臣、被送興福寺恠占方、寺上司并氏長者、及寅・申・巳・亥年人有病事歟、恠日以後廿五日内、及来四月・七月・十月節中、並丙・丁日也、今月廿三日巳時、興福寺食堂棟上集白鷺恠」の二例がある。Ⓐは鷺が金堂の上に集まった恠であり、その占方は「氏長者可慎病事」以下の割註に示されている。Ⓑは食堂の棟の上に白鷺が集まった恠で、この占方にも「寺上司并氏長者、及寅・申・巳・亥年人」の病が出ている。当条でも「鴨一雙」が南円堂等の上に居たという恠を興福寺から文書で知らせてきたので、陰陽師光栄・吉平に占わせたのである。なお『御堂関白記』で鳥の恠が記されているのは当条と寛弘三年十月十一日条の「御前山鶏入来」のみである。これに対して『小右記』では上記ⒶⒷ以外に鳥の恠だけでも八回の記述がある。二、三例を挙げよう。ⓐ正暦元年八月三日条の「異鳥入南殿恠」の占は「可有御薬・兵革・火事」であったことを記し、ⓑ寛弘二年十月十五日条では前日に起こった「烏入朝干飯方、集御几帳上、通書御座飛去恠」を記し、式部卿宮(為平親王)の弁として村上先帝崩御の時にもこの恠があったことを述べる。ⓒ長和四年七月一日には「鷺集寝殿上恠」を記し、翌二日吉平に占わせたところ「可慎病事」との返事であったと記している。さらに、道長第に起こった恠異について、実資が十回記しているのに対し、道長は一回。また道長の身の上に関する恠についても実資は六回記述しているが道長本人の記述は見られない。「恠異」に対する両者の意識に違いがあることがわかる。なお、本文では「鴨一雙」の上に一字文空白があるが、もと「申」「上」などの文字があったか。

(5) **光栄** 賀茂保憲男。従四位下右京権大夫。七十七歳。当時の代表的陰陽家の一人。本年六月七日没。

(6) **吉平** 安倍晴明男。正五位下陰陽博士・主計頭。光栄とならぶ著名な陰陽家の一人。

(7) **良覚と云ふ僧の母** 僧良覚については詳細なことはわからない。『春記』永承七年七月九日条に「丈六降三世明王」開眼供養に「良覚称障不来」と記され、また同月十五日の涅槃経講説の際「奏題名僧四人」として「行増・暹誉・良覚・慶寿」と名が見える人物であろう。当条は道長が良覚の母の死によって着服したという記事で、道長と良覚の母との関係は詳細は不明だが、十日に除服していることから、道長の従父姉妹であると推定される。

(8) **季御読経** 毎年春秋二季に大般若経を転読させ、国家安泰と天皇の静安を祈願する行事。請僧は通例百人。

(9) **除服** 良覚の母のため服を除いた。

(10) **初めて申文せしめ…** 本年初めて。申文は、左大臣道長が上卿となっているから陣申文のこと。また官奏については、『小記目録』には二月二十七日に「以大納言可候官奏事」とあるが、その頃三条天皇の御目の具合がよろしくなかったので、結局官奏は行われなかったようである。

(11) **姫宮** 禎子内親王。三条天皇と道長次女妍子の間に長和二年七月六日誕生。本年三歳。

(12) **御乳母** 禎子の乳母は五人以上と見られる(吉海直人『平安朝の乳母達―「源氏物語」への階梯―』(世界思想社、一九九五年)が特定できない。

(13) **軽服** 近親でない者の喪のために着る服。石清水臨時祭の潔斎中であり、内裏が穢れることになるので姫宮以下退出したのであろう。

(14) **一条** 故源雅信の一条第で、一条大路の南、高倉小路の東に位置した(『小右記』寛仁元年十一月二十八日条)。当時、禎子にとっては曾祖母に当たる藤原穆子(雅信の未亡人)がいた。『栄花物語』巻十一、つぼみ花に「かゝる程に、三月廿餘日に石清水の臨時祭に、若宮の御乳母、内にえ候まじき事やありけん、俄に出し奉らせ給。(中略)かゝる程に、一条殿の尼上、『大宮の宮達見奉りしに、我命はこよなう延びにたり。今は中宮のひめ宮をだに見奉りてば』となん宣はすればとて、殿の上の御前、さるべきひまをおぼしめしければ、『かうかうこの宮なん、この頃こゝに出でさせ給へる。よき折なり、率て奉らん』と、一条殿に聞えさせ給へれば、『いと嬉しき事なり』とて、俄に御まうけし、急がせ給。(中略)、上の御前も心のどかに御物語聞えさせ給ひて、又の日ぞ帰らせ給ふ」と類似の記事が見える。『栄花物語』の配列に従えば、この記事は、長和三年三月のこととなり、『大日本史料』も、これを長和三年三月二十七日の条に入れている。しかし、おそらく『栄花物語』が、記述を一年誤ったと見るべきであろう。

(15) **賭弓** 毎年正月十八日、内裏の射場で行われた弓射の行事。近衛府・兵衛府の舎人が左右に分かれ、それぞれ十番・七番の勝負を行い、勝方には賭物を賜った。本年の賭弓が三月に行われていることについては、長和二年正月十六日に射礼・賭弓を三月に行う由の宣旨が出されたため(『小右記』同日条、ただし『日本紀略』は射礼の式日を三月十一日とする宣旨を二月二十七日条に係けている)。

(16) **度数三** 前註に記したように、近衛の勝負は十番で行われ、各番三度ずつ射るが、番ごとの勝敗よりも的に当たった度数の方が重視されたらしく、ここでは左近衛府が的中数において三度勝ったということらしい。

(17) **兵衛三度で停む** 本来七番ある兵衛の勝負を三番で止めた。

(18) **射遺** 前日の射礼(『日本紀略』長和四年三月十一日条)で射遺した人々が弓を射る儀。本年は開始が遅れたようである。

(19) **小南** 土御門第の本邸の南の小さい邸宅(角田文衛「土御門殿と紫式部」『紫式部の身辺』所収、古代学協会、昭和四十年)。土御門第には前年東宮が入っており(『日本紀略』長和三年七月二十二日条)、道長等は小南に移っていた。禎子の動静を伺うと、道長よりも倫子と会うことが目的であったのではないかと思われる。

(20) **臨時祭の試楽** 石清水臨時祭の前日に御前で舞を試みること。『江家次第』巻第六に「舞人四位四人　五位四人　六位二人」とあり、計十人の舞人の内、六人が候し、残りの四人は支障により参らなかったことになる。

(21) **臨時祭** 三月の中の午の日に行われる。承平・天慶の乱平定の報賽を機に始まり、天禄二年以後恒例となった。祭の次第は『江家次第』巻第六に詳しい。

(22) **使済政朝臣**　源時中男。倫子の甥。当時、讃岐守。

(23) **皇太后宮**　藤原彰子。道長長女。母源倫子。二十八歳。前年、二月九日の内裏焼亡により、四月九日の枇杷殿遷幸を前に枇杷殿から高倉殿に移っている（『小右記』長和三年三月二十二日条）。

(24) **御方違へ**　皇太后宮のもとに移った理由。翌日の参内に当たり、小南から当時内裏となっていた枇杷殿の方角が塞がるので、一旦高倉殿に移ったか。小南の位置は、枇杷殿内裏のほぼ真東に位置し、高倉殿は枇杷殿内裏の東北に接する。

(25) **大内に…**　十一日の退出以来、四日間内裏から離れていたことになる。乳母の軽服の期間と重なるが、連日の移動は何によるものか不明。結果的に、曾祖母、祖母、伯母と母方の女系の親族を巡ったことになり、著袴（四月七日）を控えての行動かと思われる。

(26) **宇治に到る**　宇治の別荘に赴いた。先月二十三日来数度に及ぶ。

(27) **行幸の間の…**　二月二十七日条を承ける。春日行幸の道途、宇治での中宿りの手配を打ち合わせている。

(28) **馬**　道長の宇治行きは多く記録されているが、舟によるものがほとんどで、馬を用いたのは『御堂関白記』による限りこの一例のみである。雨に降られたにも拘わらず、同日中に帰京したい理由があったためと思われる。『御堂関白記』の翌日条には季御読経が記されているだけで、他の史料もないので詳細は不明である。なお山を越える道は、『蜻蛉日記』上巻安和元年九月条や『源氏物語』浮舟に見られるように、法性寺の横に出る。

(29) **月を待つなり**　前文「入夜帰」を補ったもの。雨の止むのを待ったか。もと「日」字をミセケチにして「月」とする。

(30) **御読経初め**　内裏の季御読経が始まった。『御堂関白記』三月八日条に「定季御読経僧名并日時、来十七日」とあり、三月二十日条に結願のことが見える。

(31) **例講**　道長邸で長和二年から毎月十八日に行われている。『御堂関白記全註釈　長和二年』三月十八日条註(112)に詳しい。

(32) **明快**　『尊卑分脈』『僧綱補任』『天台座主記』等に詳しい。天台宗延暦寺僧。文章生藤原俊宗男。長暦元年五月二十五日、「御持僧労」により権律師に任じられ、長久四年十二月二十八日には「御持僧重朝恩」の功によって権少僧都、永承元年十二月三十日権大僧都を経て、天喜元年十月二十九日に三十二世の天台座主に補せられた。治暦元年九月三十日に大僧正を辞任し、延久二年三月二日「方今齢既過八旬。病動侵五内。智行惟乏。老耄累来。三者相并。一而可堪」(『請罷天台座主職状続文粋』『天台霞標』二編巻之三)の理由で座主職を辞し、同年同月十八日に入滅した。没年は『尊卑分脈』が八十四、『僧綱補任』は八十五、また八十六とする説もあり確定しないが、長和四年は三十歳前後である。『御堂関白記』には本日条一例だけだが、後年法成寺座主(もしくは法成寺別当)を勤め、道長の孫の後朱雀の御持僧になるなど、道長とは極めて深い関係になってゆく。『栄花物語』巻三十八、根合には、後朱雀の薨去を予感してのエピソードや、その死を悼む哀傷歌など、後朱雀との人間的な交流が記されている。

(33) **御読経結願**　十七日に始まった季御読経の結願。

(34) **足下に労有りて**　足元が覚束無くて。前年四月六日に針を踏み立てて参内ができなくなったり(『小右記』)、本年の閏六月十九日に打橋の間に落ちて左足を痛めたり(『御堂関白記』)、疲れが足に出るようになって怪我も増えたか。特に閏六月に打橋から落ちて以来暫く足の状態は極端に悪い(『御堂関白記』閏六月二十日、七月二日、同十五日、八月十二日の各条)。

(35) **中宮大夫**　藤原道綱。正二位大納言。六十一歳。三月二十七日条でも春日行幸に関わって名が見えるが、行幸での役割は不明である。

(36) **昨今日のごとく…**　昨日や今日のように、数日来病んでいる目の具合がやはりよろしくない。『小記目録』の十八日条は「主上、依御目不快、遺召心誉事」とあり、二十一日条には「依御目不快、被始御祈事」とある。春日行幸を前に、紅雪を服して眼疾の回復に努めている(『御堂関白記』二月十九日条)が、事態は深刻である。三条天皇の御目のことは、『大鏡』に種々の話を伝える他、修法の験と関わって、『僧綱補任抄出』や『僧綱補任巻三裏書』の明救の項の全文を占めて記載されている。

(37) **行幸の事…**　春日行幸。長和三年二月一日に春日行幸行事定(大納言藤原公任、参議藤原通任、右大弁藤原朝経、右中弁藤原定頼、史豊原時方、史小槻奉親、外記大江公資)、同四日に行幸日時勘申(三月二十二日寅時)、同八日に行事所始が行われた。しかし、翌日の内裏焼亡により延期を余儀なくされ、また十二月五日には行事弁の交替（定頼→藤原資業、十二月一日の敦明親王家雑人と定頼従者の闘乱による）を経て、漸く十二月十五日に至って行幸日時が明年三月二十七日辰時に決定した。ここは、実質上行幸は無理との判断による下問。

(38) **奏せしめて…** 道長が中宮大夫を通じて奏上した。

(39) **是れ…** 行幸のことは臣下がとやかく申し上げることはできない。道長も実質的には行幸の中止に同意している。

(40) **又…** 道長の行幸中止の同意を受けて、又三条天皇がおっしゃることは、の意。

(41) **尋常** 御目の具合が。

(42) **其の由** 先の天皇の言を受ける。目が良くなれば秋に春日行幸を行うことを中宮大夫通綱に仰せた。

(43) **春宮の御読経初め** 春宮は一条天皇第二皇子敦成親王。母藤原彰子。八歳。当時の御所である土御門第で行われた。

(44) **参入す** 本日、内裏での御読経結願には不参であるにも拘わらず、春宮御所に参内したのは、春宮御所は土御門第にあり、同じ敷地内なので「足下有労」という道長にも参内が可能であったことによる。

(45) **二条** 当時造営中の二条第。後世『拾介抄』では教通の造営した二条殿との混同が生じており、『拾介抄』のいう「二条南東洞院東」ではなく、二条北東洞院西ではないかともいわれる（川本重雄「二条殿」『平安京の邸宅』望稜社、昭和六十二年）。造営の記事は『小右記』長和三年十月十一日条以下、『小右記』『御堂関白記』に見られ、本年一年間だけでも八回に渉って二条に足を運んでいる（七月七日、同二十七日、八月二十日、九月一日、同九日、十一月三日、十二月十七日の各条）が、いずれも「行」「到」「至」であり、「渡」ではない。『御堂関白記』寛仁元年十一月十日条に「亥時初渡二條、新宅儀如常」とあり、野口孝子氏は三女威子の入内を念頭に（入内は寛仁二年三月七日）、里第を必要として造営したとする（「道長の二条第」『古代文化』第二十九巻第三号、古代学協会、昭和五十二年）。

(46) **亭子院** 七条坊門小路の南、西洞院大路の西に位置する。宇多天皇の女御藤原温子の里第であったが、退位後の宇多上皇が後院として使用、上皇の没後は寺院となっていた。管理者や寺院としての機構は未詳で、『中右記』

長治元年二月十一日条に「今夜亭子院本堂并近辺小屋等焼亡」とあるので、堀河天皇の時代まで寺院として存続していたことは確かである。『今昔物語集』巻十七の二十七話は道長の時代の亭子院を伝えている。越中立山に籠っていた僧が、地獄に堕ちて苦しむ女の告白に従って京の七条に行き、女の遺族に会ってその話を伝えた。遺族たちは故人のために三尺の地蔵菩薩を一体造り、法華経三部を書写して、亭子院で法会を設ける。本文は「其ノ日ノ講師、大原ノ浄源供奉ト云フ人也」とする。大原の浄源は伝未評であるが、同じ巻の二十一話の浄源と同一人物とされる。二十一話は但馬前司国挙の出家譚であるが、出家後、六波羅蜜寺での法要の記事が付言され、「其ノ日ノ講師ハ、大原ノ浄源供奉ト云フ人也」とあり、源国挙の出家が長和四年三月と限定できる(『小右記』長和四年四月十八日条「国挙法師……去月出家」)ことから、浄源の生きた時代は、本日条とほぼ重なっていると言える。さらに『今昔物語集』の巻十七の九話に伝えられる「比叡ノ横川ニ僧有ケリ、名ヲバ浄源ト云フ、俗姓ハ紀ノ氏、慶祐阿闍梨ト云フ人ノ入室写瓶ノ弟子也。年来山上ニ住シテ、顕密ノ法文ヲ学ス」の浄源と同一人物であれば、源信等と同じく横川に集った学問僧で、権門貴族とは一線を画した宗教活動をしていたことになり、京の七条に住んでいた女のために亭子院で地蔵法会を行ったことも首肯できる。また、当時の亭子院は皇室領或いは藤原氏の所有によって強く管理されていたのではなく、人々が比較的自由に出入りできる空間であったと言える。このような雰囲気によって、二十四日、二十五日条に見られる事件が発生したと言えよう。

(47) **大仏** 事情は全く不明。

(48) **一日** 本月一日といった特定の日でなく、「先日」とか「過日」くらいの意味である。

(49) **別当** 各役所や寺院の長官で、『御堂関白記』にも東大寺、興福寺以下多くの寺社の別当が見える。しかし、亭子院については註(46)で示したように管理の機構が明確でなく、他史料にも特に「別当」の名が見えないことから、この別当は亭子院別当ではなく、堂の建立や取り壊しに関係する検非違使の長官と解しておく。この時の検非違使別当は藤原実成で、正三位参議・左兵衛督。四十一歳。寛弘七年一月十六日別当(『御堂関白記』同日条)。本事件のあとの六月十三日に一旦別当職の辞任を願い出ている(同上)が、十一月四日付で「使別當如元」(『公卿補任』長和四年)とあり、辞任の願いを出したものの、結局元の通り別当職に留まっていたことが分かる。実成の別当辞任の意向と今回の亭子院の事件との関係は不明である。

(50) **便無き由**　不都合である旨。

(51) **又**　前出の「大佛可立堂」とは別に。

(52) **致方**　平氏。検非違使。『御堂関白記』には一例のみである。『小右記』の記事から人物の輪郭がわかる。長和二年八月十七日条に「検非違使右衛門尉平致方」が放免を打ったことにより召し籠められたとある。やや下って長元三年六月二十三日条には「武蔵守致方」、『小記目録』第十七、長元五年八月一日条に「検非違使圍前武蔵守致方事依切女手也」とあり、東国と関わりがあり、やゝ粗暴な一面があったことが知られる。『栄花物語』によれば、母は三条天皇皇后娍子の乳母式部の宣旨であり(巻二十五、みねの月)、左大臣藤原顕光の薨去後、延子所生の小一条院の皇子たちを自邸に迎えていること(巻十六、もとのしづく)から、道長と親しい間柄ではなかったようである。この事件について『小記目録』巻九は三月二十七日に「令壊亭子院堂舎事」とし、情報がやや遅れている。

(53) **奇しみ…**　道長は自分が認めていない小堂破壊がなされたことを不審に思い、別当が勝手に小堂を破壊させたかと推測している。

(54) **左仗の座に着く**　左近衛陣内にある公卿の座についた。本年初出。

(55) **所充文**　所充とは諸司・諸所・諸寺の別当を定める行事で、殿上所充・宮所充・院宮所充などがあった。ここは陣座で所充文(所充の結果を記した書類)が申されているので、太政官の弁・史を別当に補する官所充のこと。

(56) **別当…**　以下、昨日の道長の不審に検非違使別当実成が答えたもの。亭子院のことについて、小堂の方は取り壊すべきではなかった。自分はただ、大堂を建てるべきではないとの主旨を願主に言っただけで、検非違使庁の者に現在建っている小堂を認めないと言ったのではないとする。

(57) **件の願主の僧**　大仏を建てる堂を発願した僧。名は不明。道長は先の実成の言を聞いて致方の早合点によって堂を破壊されたことを気の毒に思い、自らの釈明をすべく僧を召した。

(58) **家**　未詳。

(59) **米五十石・手作布五十端**　小堂を壊された僧を気の毒がって施物として与えた。手作布は、『御堂関白記』ではしばしば僧への布施として使われる。堂の復興にどの程度寄与するかは不明であるが、両方を合わせて決して少なくはない施物である。なお、再建についても、堀河天皇の代に焼失した「亭子院本堂」との関係も未詳である。

(60) **中宮**　藤原妍子。三条天皇中宮。道長女。母源倫子。二十二歳。長和三年二月九日内裏焼亡により太政官朝所・松本曹司を経て、四月九日枇杷殿に遷御した(『小右記』)。

(61) **季御読経**　春季。二十九日結願。

(62) **山座主**　天台座主慶円。藤原南家巨勢麻呂流尹文男。大僧正。七十歳。長和元年七月にも三条天皇御悩のために御修法を命じられている(『小右記』十七日条)。

(63) **内の御修善**　禁中(枇杷殿)で行われた三条天皇眼病平癒祈願の御修善で、『小記目録』によれば二十七日に慶円の加持祈禱で霊験があり、二十八日には「快見」したことが知られる。また、『小記目録』二月二十五日条(仁海占申)、三月十八日条(心誉祈禱)、同二十一・二十三日条にも眼疾平癒祈願が行われている。特に二十三日には「以水可沃御首」と祈禱所作の一部が知られる。三条天皇の眼病は一時的に回復したが、その後再び悪化して四月十三日には官奏が停められ、同三十日に「紅雪」を服用し、五月一日には内裏にて慶円が七仏薬師法、心誉が不動調伏法を修し、長谷寺では観音経の不断御読経が行われている。その間の事情は『小右記』に詳しく、眼疾は冷泉天皇・賀静の邪気が原因と述べる。

(64) **春日行幸**　註(37)参照。

(65) **先日留め了んぬ**　三月二十日条参照。下文の春日社への告文に「得尋常給以秋可有行幸」とあるが、結局、春日行幸は実現しなかった。

(66) **蔵人右少弁資業**　藤原資業。北家真夏流有国男。母橘仲遠女・典侍従三位徳子(橘三位)。従五位上東宮学士・左衛門権佐・検非違使・備中介。二十八歳。資業が使者となったのは行事弁による。春日社に奉告し、併せて奉幣も行っている(『日本紀略』)。

(67) **労き御はす**　三条天皇の眼疾。『日本紀略』は「御障」

とする。

(68) **中宮大夫**　藤原道綱。註(35)参照。六十一歳。道綱が資業に告文を給したのは日上だったからであろう。

(69) **仁王会**　臨時の仁王会。大極殿・御前・南殿で仁王経が転読された。『小記目録』によれば三月二十三日に仁王会定が催され、前日の二十八日には大祓が行われている。伝聞として御前・大極殿における様子を記しており、道長自身は南殿にいたか。もしくは不参であったか。

(70) **御前の僧三口、と云々**　『小右記』四月一日条に「御前・南殿各々二人闕」とあり、請僧は五名であったと思われる。また、大極殿では百高座のうち十余人闕けており、僧らが着座した後に闕請するなど、検校藤原頼宗、行事弁定頼の不手際が目立つ。

(71) **上卿**　藤原頼宗。従二位権中納言。二十三歳。

(72) **尋ね行はざるか**　闕請は本来予め行うべきものなのに、上卿頼宗は当日に、それも僧らが高座に登り終えてから闕請をしており、儀式次第を心得ず行ったからであると道長は非難している。『小右記』四月一日条に、「不熟公事之人等也、仍有如此之事歟云々」と参加者の言葉を記すが、『樗嚢抄』年中行事大祓に「長和四三十〔廿〕八仁王会上卿不参」とあり、仁王会に先立つ二十八日の大祓にも上卿頼宗は不参であった。

(73) **家の読経を初む**　道長第の季読経。四月三日に結願。

(74) **去年秋季なり**　昨年秋に行うはずの秋季の読経を年が明けてから行っているわけだが、当初の日時や延引理由などは未詳。因みに『御堂関白記』長和元年八月十六日条に「去年初春季読経、行香人々被来」、同十九日条に「読去年秋季読経、供養法」とあり、何らかの事由で延引して年を越すことは少なくなったようである。

(75) **供養法有り**　供養法とは密教において、仏・菩薩・天部等への供養のために行われる行法。ところで、『大日本史料』第二編之八は「供養法」を平親信の七十賀に懸けるが、『御堂関白記』長和元年八月十九日条(註(74)参照)では秋季の読経に伴って行われており、道長第の季読経において行われたものであろう。

(76) **世尊寺**　一条北、大宮西、本小路東、無路南(『拾芥抄』)に所在。長保三年に藤原行成が外祖父源保光の旧宅(桃園第)を寺とし、堂内には大日如来・十一面観音を安置。寛弘三年には金色阿弥陀仏を造顕。同年四月には中宮御修法が行われている。但し、世尊寺と親信の関係については不詳。因みに親信六十賀は『権記』寛弘元年九月二十八日条に「到修理大夫家、六十賀法事也」とあり、親信邸で行われている。

(77) **前大弐**　平親信。高棟流直材男。母藤原定高(尚)女。散位従二位。七十一歳。十月二十八日任参議。

(78) **僧前を送る**　僧前とは法事などに奉仕した僧侶に供養のため供する食膳。またはそれを供すること。道長は親信六十賀の折にも僧前を送っている。

# 四月

〔本文〕

**一日**、庚戌、參大内、退出、

**二日**、辛亥、雨下、

**三日**、壬子、終日深雨下、申時許讀經結願、其間藏人懷信來云、仰事、式部卿親王令奏云、右衞門志宣明隨身放免等、入堀相加遣之、院内、令捕人云々、令奏云、召宣明被問、自所申侍歟、召宣明被問、申不知由、仍彼親王家宣明懷信令問案内給、非宣明所行、宣明令候盗人出從獄逃去、看督長・人守等追入云々、看督長・人守等爲宮人被能打云々、

**四日**、癸丑、別當家式部卿宮人來有濫行云々、從内被問無殊定、是不便事、如此亂只在此宮、右府不覺不申留、主上無勘當、爲奇々々、戌時許從中宮被仰云、御乳母典侍中務只今從内出間、鷹司小路與高倉許爲人被取、可尋者、仰左衞門尉宗相・右衞門志宣明・隨身等所差々分可尋宣明尋得之之由、隨身、前遠江守惟貞朝臣并典侍來、宣明・宗相・隨身左近府生是國給疋絹、如只今者、女同心、仍各免遣、惟貞立門前間、家道俗數十見之、甚糸惜見事無極、仰惟貞云、極無便人也、先日入件典侍家、成行、又此度於陣下乘車所強奸、甚以不當、非家可定、明日公家自被定歟、可隨後召、

**六日**、乙卯、以宰相中將、令申式部宮、明日姫宮御着袴、若參給哉、是陣中事、參給尤有事便者、右府又示、宮可參由、有御返事、

**七日**、丙辰、天晴、此日姫宮御着袴、午時許參大内、申時立御帳、是吉時也、取去本御帳立之、薄物蘇芳

末濃帷、懸鏡等皆小作、御厨子一雙・御櫛筥一雙・菓子筥　雙・香壺筥一雙・硯筥・火取等也、皆蒔繪螺鈿、脇息・御座等小、三尺五寸屛風二雙・三尺・二尺五寸御几帳等也、戌時着御、公卿參入、此間主上渡御、式部卿親王參入、右府同參、時尅着御袴、主上御坐結御腰給、其後供御前物、侍從中納言取打敷、對（依）面東二間授女方、御臺四本左大弁・源宰相・藤宰相・右大弁等、菓子御臺二本・御盤等殿上四位取之、女方陪膳中宮御匣殿、（正光卿女子）〻、（奉召入）式部卿宮、奉令見姫宮、退出、奏案內、卷南面庇御簾、垂母屋御簾、取小御茵、敷大御茵、簀子敷圓座、御出、召人、王卿着座後賜衝重、次供御前物、立酒臺、件物權大納言奉仕也、作沉山栽木、其上盛物六本、酒　作蓬萊山、居瑠璃壺・盃等、其後一兩巡後、召伶人於階下、殿上上達部等相加、數曲後各給祿、親王女裝束、加織物褂、又綾褂、大臣女裝（束）、加綾褂、納言女裝束、參議綾褂・袴、殿上人如常、入御後、（着）東面本座、一兩巡後、親王奉釼、各分散、從皇太后宮有御裝束、亮兼綱朝臣御使、權大夫取授綾褂、中宮御前物左衞門督奉仕、殿上・女方屯物如常、女方入大破子、相加絹二　疋、又所候女方典侍女裝束、掌侍綾褂・袴、命婦白褂・袴、藏人白褂一重、

**八日**、丁巳、從內退出、

**九日**、戊午、物忌籠居、

**十日**、己未、依物忌籠、藏規朝臣所獻孔雀未辨雄雌、酉時東池邊生卵子、近邊食置草葉藏之、見附者云、至于此晝不侍、今間如鷄拂土、其後又見之有之、作如巢物入卵子、置塒上、孔雀見（之）啄物、（爲）又如藏、見御覽孔雀部云、爲鳥不必匹合、正以音影相交、便有孕云〻、以此知自然孕也、文書有信、

十一日、庚申、度一條、而爲職從他所觸穢來着此家、無爲職間我上、人〻相定無爲職身間上者、非可爲穢者、此家已丙也者、參候東宮、

十二日、辛酉、梅宮奉幣、神馬如常、使木工助橘俊通、後參大內、退出、候東宮、孔雀又生子、

十三日、壬戌、着左仗座、定禊日前駈、奏位祿國充、退出、儲官奏文、而今日所惱給御目殊暗云〻、仍不奉仕、子時許西南方申有火由、興見之、左衞門督住所云〻、行向彼所、不取出一物云〻、歸來次參兩一品宮等、

十四日、癸亥、左衞督許送絹百十疋・縑五疋・米百《一》石・油石・綿廿屯、二階一雙・櫛筥一雙相加、是爲女方也、茶垸小〻、晚景參大內、候宿、

十五日、甲子、終日雨降、從內退出、立神馬《吉田》使《通惟》、

廿一日、庚午、人《送遣》〻申馬、奉齋院御車・牛、參大內、退出、渡狹敷見物、帥中納言罷申參大內云〻、召御前、賜御衣幷御馬云〻、又被加一階、權大納言仰之、候御前上達部權大納言・源中納言・左右大弁云〻、參中宮御方云〻、給女裝、來家、上達部十許人來、五六巡後和哥、馬三疋、一疋置鞍、白裝束、銀水角、〻〻入砂金五十兩、又參東宮・皇太后宮、東宮大褂、皇太后宮　衣・扇等賜之云〻、

廿三日、壬申、詣賀茂、東遊如常、馬神永奉、是又年來例也、從下御社出間雨降、還來程深雨、此間斐甲前守能通富小路宅燒亡、

廿四日、癸酉、度狹敷見物、遣人〻申馬、近衞府使道雅許《舞人》下重幷褂一重送之、皇太后宮使兼綱、中宮雅通、

春宮資業、是等從他使頗宜、可然物具等借用家、酉時許事了、
**廿六日**、乙亥、先一品宮未時許薨給、春宮大夫參金峯山、
**廿七日**、丙子、參大內、候宿、
**廿八日**、丁丑、定御修法幷可然御祈事、又侍從中納言奏四角・四界御祭日時、即下給、申時許雨降、政職來、問一品宮案內、申云、待春宮大夫還來、可有御葬送云〻、仰、件事無便事也、先申案內〻府、早可奉仕者也、彼大夫還來事可及來月十日云〻、
**廿九日**、戊寅、通夜雨降、巳時許有晴氣、

〔**註釈**〕

**一日**、庚戌。大内(1)に参り、退出す。
**二日**、辛亥。雨下る。
**三日**、壬子。終日深雨下る。申時ばかりに読経結願(2)す。其の間、蔵人懐信(3)来たりて云はく、仰事(4)、式部卿親王(5)奏せしめて云はく、右衛門志宣明(6)、放免(7)等を随身し堀(8)(河)院の内に入りて人を捕へしむ、と云々。奏せしめて云はく、宣明を召して問はるるに、自ら申すところ侍るか、と。宣明を召して問はるるに、知らざる由を申す。仍りて彼の親王家に宣明に懐信を相加へて之を遣はす。案内を問はしめ給ふに、宣明(9)の行ふ所に非ず。宣明、候(10)ぜしむる盗人の獄より出でて逃去せるを、看督長(11)・人守(12)等追ひ入る(13)、と云々。看督長(14)・人守等、宮の人

のために能く打たる、と云々。

**四日**、癸丑。別当[15]家に式部卿宮[16]の人来たりて濫行有り、と云々。内[17]より問はるるに殊なる定め無し。是れ不便の事なり。此くのごとき乱、只、此の宮に在り。右府[18]、不覚[19]にして留め申さず。主上、勘当[20]無し。奇たり、奇たり。戌時ばかりに中宮より仰せられて云はく、御乳母典侍中務[21]、只今、内[22]より出づる間、鷹司[23]小路と高倉ばかりとにて人のために取らる、尋ぬべし、てへり。左衛門尉宗相[24]・右衛門志宣明・随身等を所々に差し分けて尋ぬべき由を仰す。宣明、之を尋ね得て、前遠江守[25]惟貞朝臣并びに典侍を随身[26]して来たる。宣明・宗相・随身[27]左近府生是国に疋絹[28]を給ふ。只今のごとくんば、女[29]同心なり。仍りて各々免し遣はす。惟貞、門前に立つ間、家[30]の道俗数十之を見る。甚だ糸惜[31]しく見ゆる事、極まり無し。惟貞に仰せて云はく、極めて便無き人なり。先日、件の典侍家[32]に入りて（濫）行を成す。又、此の度陣下[33]に於いて乗車のところ強姧す。甚だ以て不当なり。家[34]の定むべきに非ず。明日、公家[35]自ら定めらるるか。後の召しに随ふべし、と。

**六日**、乙卯。宰相中将[36]を以て式部宮[37]に申[38]さしむ。明日姫宮[39]の御着袴[40]、若しくは参り給ふや。是れ陣中[41]の事にて、参り給はば尤[42]も事の便有り、てへり。右府[43]も又示す。宮参るべき由、御返事有り。

**七日**、丙辰。天晴る。此の日姫宮の御着袴。午時[44]ばかりに大内[45]に参る。申時[46]に御帳を立つ。是れ吉時[47]なり。本[48]の御帳を取り去りて之を立つ。薄物[49]の蘇芳の末濃の帷、懸鏡[50]等皆小さく作る。御厨子[51]一双・御櫛筥一双・菓子筥[52]□双・香壺筥一双・硯筥・火取等なり。皆、蒔絵螺鈿なり。脇息・御座等小さし。三尺[53]五寸の屛風二双・三尺・二尺五寸の御几帳等なり。戌時に着御[54]す、公卿[55]参入す。此の間主上[56]、渡御す、式部卿親王[57]参入す。右府[58]も同じく参る。時尅[59]に御袴を着す。主上御坐[60]して御腰を結び給ふ。其の後御前物[61]を供す。侍従中納言[62]、打敷を取り、対の□面[63]の東の二間より女方に授[64]く。御台[65]四本は左大弁[66]・源宰相[67]・藤宰相[68]・右大弁[69]等、菓子の御台二本・御盤等は殿上[70]の四位、之を取る。女方[71]の陪膳は中宮の御匣殿、正光卿の女子、式部卿宮[72]を召し入れ奉り、姫宮を見せしめ奉る。退出し[73]、案内を奏す。南面[74]の庇の御簾を巻き、母屋の御簾を垂る。小さき御茵[75]を取り、大きなる御茵を敷き、簀子敷[76]に円座を敷く。御出す[77]。人を召す[78]。王卿着座の後、衝重を賜ふ。次に御前物[79]を供し、酒の台を立つ。件の物は権大納言[80]の奉仕なり。沈の山[81]を作りて木を栽ゑ、其の上に盛物六本。酒の□[82]は蓬萊山を作り、瑠璃の壺・盃等を居う。其の後一両巡の後、伶人[83]を階下に召す。殿上・上達部[84]等も相加へ、数曲[85]の後各々に禄を給ふ。親王には女装束に織物褂、又綾褂を加ふ。大臣には女装束に綾褂を加ふ。納言には女装束、参議には綾褂・袴、殿上人には常のごとし。入御[86]の後、東面[87]の本座に着す。一両巡[88]の後、親王に釼を奉る。各々分散す[89]。皇太后宮[90]より御装束有り。亮兼綱朝臣[91]、御使ひ。権大夫[92]、取りて綾褂を授く。中宮の御前物は左衛門督[93]の奉仕なり。殿上[94]・女方の屯物は常のごとし。女方には大破子[95]に入れ、絹二□疋[96]を相加ふ。又候ずる[97]ところの女方には、典侍には女装束、掌侍には綾褂・袴、命婦には白褂・袴、蔵人には白褂一重。

**八日**、丁巳。内[98]より退出す。

**九日**、戊午。物忌[99]により籠居す。

**十日**、己未。物忌に依りて籠る。蔵規朝臣[100]献ずるところの孔雀[101]、未だ雄雌を弁ぜざるも、酉の時に東の池[102]の辺りに卵子を生む。近辺に食ひ置く草葉に之を蔵す。見付くる者云はく、此の昼に至るも侍らず。今の間鶏のごとく土を払ふ。其の後又之を見るに之有り。巣のごとき物を作りて卵子を入る。塒[103]の上に置く。孔雀之を見て物を啄み、又蔵するがごときを為す、と。御覧[104]の孔雀部を見るに云はく、鳥たるや必ずしも匹合せずして、正に音影を以て相交り、便り孕むこと有り、と云々。此を以て自然に孕むを知るなり。文書信有り。

**十一日**、庚申。一条[105]に度る。而るに為職[106]、他所より穢に触れて此の家に来たりて着す。為職無きの間我れ上る。

人々相定むるに為職の身無きの間上る者、穢と為すべきに非ず、てへり。此[107]の家已に丙たり、てへり。東宮[108]に参り候ず。

孔雀又子を生む。

**十二日**、辛酉。梅宮[109]の奉幣。神馬、常のごとし。使は木工助橘俊通[110]。後に大内に参る。退出す。東宮に候ず。

**十三日**、壬戌。左仗の座に着す。禊日[111]の前駈を定む。位禄[112]の国充を奏す。退出す。官奏[113]の文を儲く。而るに今日悩ませ給ふところの御目殊に暗し、と云々。仍りて奉仕せず。子時ばかり西南[114]の方に火有るの由を申す。興きて之を見る。左衛門督の住所、と云々。彼の所に行き向ふ。一物すらを取り出でず、と云々。帰り来たる次いでに両[115]一品の宮等に参る。

**十四日**、癸亥。左衛門督の許に絹百十疋・嫌五疋・米百石・油一石・綿二十屯を送る。二階一双・櫛筥一双を相加ふ。是れ女方[116]の為なり。茶垸[117]少々。晩景に大内に参る。候宿す。

**十五日**、甲子。終日雨降る。内より退出す。吉田[118]神馬の使通惟[119]を立つ。

**二十一日**、庚午。人々の申す馬を送り遣はす。斎院[120]に御車・牛を奉る。大内に参る。退出す。狭敷[121]に渡りて見物す。帥[122]中納言、罷り申しに大内に参る、と云々。御前に召す。御衣并びに御馬を賜ふ、と云々。又一階を加へらる。権大納言之を仰す。御前に候ずる上達部は、権大納言・源中納言[123]・左右大弁、と云々。中宮の御方に参る、と云々。女装束を給ふ。家に来たる。上達部十人ばかり来たる。五六巡の後和歌あり。馬[124]三疋。一疋に鞍を置く。白き装束。銀の水角。水角には砂金五十両を入る。又東宮・皇太后宮に参る。東宮は大褂。皇太后宮は（御）衣・扇等、之を賜ふ、と云々。

**二十三日**、壬申。賀茂に詣づ。東遊常のごとし。神馬永く奉る。是れ又年来の例なり。下の御社より出づる間雨降る。還り来たる程深雨なり。此の間甲斐前守能通[125]の富小路の宅焼亡す。

**二十四日**、癸酉。桟敷[126]に度り見物す。人々[127]の申す馬を遣はす。近衛府使[128]道雅の許に舞人の下重并びに袙一重之を送る。皇太后宮使[129]兼綱、中宮[130]雅通、春宮[131]資業、是れ等他使[132]より頗宜し。然るべき物具等、家より借用す。酉時ばかりに事了んぬ。

**二十六日**、乙亥。先一品宮[133]、未時ばかりに夢じ給ふ。春宮大夫[134]、金峯山に参る。

**二十七日**、丙子。大内に参る。候宿す。

**二十八日**、丁丑。御修法[135]并びに然るべき御祈の事を定む。又、侍従中納言[136]、四角・四界御祭[137]の日時を奏す。即ち下し給ふ。申時ばかりに雨降る。政職[138]来たり、一品宮[139]の案内を問ふ。申して云はく、春宮大夫還り来たるを待ちて御葬送有るべきか、と云々。仰す、件の事便無き事なり。先に案内を内府[140]に申し、早く奉仕すべき、てへり。彼大夫還り来たる事、来月十日に及ぶべし、と云々。

**二十九日**、戊寅。夜を通して雨降る。巳時ばかりに晴気有り。

(1) **大内に参り** 孟夏旬の儀に参ったか。ただし『日本紀略』同日条に「平座」とあり、三条天皇は眼疾のためか出御しなかった。

(2) **読経結願す** 道長第長和三年秋季の読経。三月二十九日発願。

(3) **蔵人懐信** 源懐信。文徳源氏兼業男。正六位上文章生。

(4) **仰事** 敦明親王が三条天皇に奏上(「人を捕へしむ」まで)したことについて、三条天皇が道長に諮問したことを指すか。諮問に対して道長は右衛門志宣明を召喚して陳述させることを奏上した。ところが、宣明は預り知らないと述べたので、再び使者(蔵人懐信か)が参り、敦明親王家に案内を問うべきことを道長は奏上したのであろう。そして、結果報告が齎されて道長が日記に記したと解しておく。

（5）**式部卿親王**　敦明親王。三条天皇第一皇子。母藤原済時女皇后娍子所生。二十二歳。

（6）**右衛門志宣明**　紀宣明。宣時男。検非違使。長和元年十二月十六日に検非違使宣旨（『小右記』）。

（7）**放免**　検非違使庁の下部で、刑期を終えて出獄した旧罪人。犯人捜索・逮捕・囚禁・流人護送の下働きなどに当たった。

（8）**堀（河）院**　二条南・堀河東（『拾芥抄』）に所在し、南北二町を占める。昭宣公基経・忠義公兼通を経て、その嫡子顕光に伝領された。顕光は敦明親王を娘の延子の婿とし、堀河院に住まわせていた。

（9）**宣明の行ふ所に非ず**　『小右記』四月五日条に「一昨候獄之者逃脱、入式部卿宮、堀河院、看督長并放免三人追到」とあり、宣明自身が堀河院に入ったとは記されていない。

（10）**候ぜしむる盗人…**　『小右記』四月五日条に「件犯人者彼宮下部、而右衛門志信〔宣カ〕明所禁固也、宮曰、無所犯者也、信〔宣カ〕明所行濫吹者」とあり、宣明が禁固していた盗人は敦明親王家の下部で、敦明は、その者は何ら罪を犯していない、宣明の「濫吹」であると主張したが、実資は「事実は知り難い」と記している。

（11）**看督長**　検非違使庁の下級職員。本来は左右衛門府の火長で、『弘仁式』に左右衛門府には京中の非違の検察に各二名の看督長が従う規定がある。主な任務は獄直にあったが、検非違使の武力の中心として犯人逮捕、荘園・邸宅の検封・捜索等に幅広く活躍した。

（12）**人守**　ひとやもり。註（9）に掲げた『小右記』を勘案すると、ここは放免を指すか。

（13）**追ひ入る、と云々**　註（9）に掲げた『小右記』によると、堀河院に入ったのは看督長・放免の三人。

（14）**看督長・人守等、宮の人のために能く打たる**　『小右記』によれば、看督長は「打陵」、放免は「付縄打調」された。『小右記』四月二十日条によると、陵轢事件に対する裁定がないために看督長等が公事を怠るという事態に至っている。

（15）**別当**　藤原実成。正三位参議・左兵衛督・検非違使別当。四十一歳。邸宅所在地は未詳。

（16）**式部卿宮の人来たりて濫行有り**　『小右記』にこの記事はなく、具体的なことは未詳。この前後、敦明親王家の雑人の濫行は目に余るものがあり、長和三年十二月一日に右中弁藤原定頼の従者と闘乱し、同四年閏六月十四日に家人安倍真弘が令旨と偽称して物を詐取している（ともに『小右記』）。

(17) **内**　三条天皇。冷泉天皇皇子。母藤原兼家女・女御超子。四十歳。

(18) **右府**　藤原顕光。正二位右大臣兼東宮傅。七十二歳。

(19) **不覚にして留め申さず**　道長は、敦明親王の実成邸襲撃を思い止まらせることができなかった顕光に対して、非難の気持ちを「不覚」と記したか。

(20) **勘当**　勘気を蒙ること。勘事ともいう。天皇の勘気を蒙ることを勅勘と称し、通常参内を停められる。

(21) **御乳母典侍中務**　藤原惟風（惟貞兄）妻。中宮妍子乳母。『御堂関白記』索引は寛仁元年十二月八日条「中宮御乳母中務」とは別人扱いだが、『御堂関白記全註釈 寛仁元年』（昭和六十年、二四五～二四六頁）は同一人物の可能性を示唆する。『左経記』寛仁元年十一月十一日条「頃之源大納言被参。依召也。令下給典侍藤原灑子辞職状。仰云、件灑子辞退替、以藤原美子可任典侍職者」に見える典侍藤原灑子の辞職は、『御堂関白記』の中宮御乳母中務が尾張国下向のために辞職する記事に対応するならば、その蓋然性は高い。ところで、角田文衞『中務典侍』（古代学協会、昭和三十九年、一三～一五頁）は、『小右記』長和元年四年二十七日条に「后乳母藤原高子加階云々」とあり、また女房名を持つ妍子の乳母は史料上「中務典侍」のみであることから高子が、「中務典侍」と呼ばれたことは疑いないと述べる。一方、『小右記』長和元年四年五日条に「中宮御乳母中務典侍故惟風妻」とあることから中務典侍＝惟風妻となり、また『尊卑分脈』によれば、惟風男惟経の母は従四位下藤原儷子典侍なので、高子はある時期（惟貞と再婚した頃と推測される）に改名したのではないかと推測する。しかし、高子＝中務典侍と見做す根拠は極めて薄弱であり、改名という説明も説得力に乏しいと言わざるを得ない。因みに藤原惟風は敦成親王家別当・備中守を歴任し、妍子立后により中宮亮に任じられるなど、道長に近い受領である。

(22) **内**　枇杷殿。近衛大路北、東洞院大路西に所在する。前年四月九日、三条天皇は松本曹司から遷御し、内裏としている。

(23) **鷹司小路と高倉ばかり**　鷹司小路と高倉小路の交差する辺り。枇杷殿の東方にあたる。

(24) **左衛門尉宗相** 藤原宗相。北家魚名流貞材男。使庁官人としてしばしば『御堂関白記』などに見える。長和五年三月九日に宗相が犯人追捕を理由に修理進内有孝らの牛飼童や小舎人を搦めて狩衣を破る狼藉を働き、さらに有孝らに種々の嫌がらせをしたために、その報復として三月二十日に宗相の妻・少将命婦(皇太后彰子女房)が内裏から退出しようとした時に車の簾を引き落とされ、陪従の女子や子童が傷つけられる事件が起こり(『御堂関白記』『小右記』)、また寛仁元年七月十三日には強引な捜査が原因で蔵人所にて安倍守親と口論している(『御堂関白記』)。このように宗相は有能かもしれないが、権力を嵩にきる傾向があったようである。

(25) **前遠江守惟貞** 藤原惟貞。北家長良流文信男。散位従四位上か。『権記』長保五年四月二十六日条に諸国申請雑事を行っており、これが新任国司の免除申請であるならば、長保五年から余り遡らない時に惟貞は遠江守に任じられたか。因みに『尊卑分脈』には「遠江権守」とある。

(26) **随身して来たる** 『小右記』に「使宮〔官カ〕人及彼殿人々随身典侍及惟貞等別車」とあり、両人は別車にて土御門第に連行された。

(27) **随身左近府生是国** 雀部是国。『小右記』四月五日条に「家人等」「彼殿人々」とあることから道長の随身であろう。『御堂関白記』寛仁元年九月二十三日条の石清水競馬、同二年十月二十二日条の土御門第行幸の競馬に乗り手として参加している。

(28) **疋絹** 一疋(二反)ずつ巻いてある絹。『小右記』四月五日条によれば、道長・妍子が各々与えている。

(29) **女同心なり** 『小右記』四月五日条に見える惟貞の陳述「非強奸」、典侍中務の陳述「得意由」、さらに「或云、件事如已得意、而不知案内者啓中宮」を勘案するならば、どうやら二人は示し合わせていたようであり、事情を知らない者が中宮に啓したために大騒ぎになったのであろう。

(30) **家の道俗数十之を見る** 『小右記』四月五日条に「此間成市見咲者衆、相府戒家人云、如此之者上下可見、仍上下毎手秉燭見惟貞……相府所被行太以不静耳」とあり、どうやら道長が両人を晒し者にしたらしい。なお、「家」とは道長家を指すか。

(31) **甚だ糸惜しく見ゆる事、極まり無し** 「いとおしく」

は一般に「かわいそう」の意であるが、道長が両人を晒し者にしたことを勘案するならば、「極めて惨めな様子であった」ということか。

(32) **典侍家** 『小右記』四月五日条に典侍中務の宅は「北〔小カ〕南之小宅、彼乳母領宅云々」とある。また、『御堂関白記』長和四年七月二日条に典侍中務宅に壓物を置いた女(藤原保昌の「本妾」)を捕えた記事が見え、「此西宅也」とある。

(33) **陣下** 上記には「鷹司小路与高倉許」とあり矛盾する。角田文衛氏は「陣」を東門(左衛門陣)と解し、惟貞は陣脇で女車に乗り込み、鷹司小路と高倉小路辺りで行き先を変更したのではないかと述べている(註(21)前掲書)。

(34) **家の定むべきに非ず** この場合の「家」は道長自身を指すか。

(35) **公家自ら定めらるるか…** 朝廷でどのような処置がとられたかは未詳。

(36) **宰相中将** 藤原兼隆。道兼男。母藤原遠量女。正三位参議・右近衛権中将・伊予権守。三十一歳。

(37) **式部宮** 敦明親王。註(5)参照。

(38) **申さしむ** 道長が兼隆を使いに立てて敦明親王に申し上げた。「明日……事の便有り」は道長が敦明親王に申し上げた言葉。

(39) **姫宮** 禎子内親王。三条天皇皇女。母中宮姸子(道長女)。長和二年七月六日誕生。三歳。

(40) **着袴** ちゃくこ。はかまぎ。幼児が初めて袴を着けて少年少女となる儀礼。三歳から七歳頃までに行われ、以後は日常袴を着すのを例とする。

(41) **陣中の事** 陣中は内裏の内部。ここでは禎子内親王の着袴を公の儀式として行うことを意味する。

(42) **尤も事の便有り** 公の儀式であるので、臨席を賜われば、この上なく威儀も整い、敦明親王の将来のためにも何かと好都合である、の意か。

(43) **右府も又示す** 右府は藤原顕光。正二位右大臣・東宮傅。七十二歳。何としても敦明親王に出席してもらいたい道長は、顕光にも手をまわして説得に当たらせたようである。

(44) **午時ばかり** 道長が土御門第から参内した時刻。かなり早い参内と思われる。

(45) **大内** 枇杷殿内裏。註(22)参照。

(46) **申時** 吉時と勘申されたため、この時刻を選んで御帳台を組立てた。

(47) **吉時なり**　着袴、着裳、加冠、婚礼などの祝儀には、陰陽師に吉日を勘申させ、準備段階より吉時を選んで事を行うことが重んじられた。それには決まった時刻までにそれぞれの用意が整っていなければならず、道長が早くに参内したのは、この間の用意を確かめるためでもあったと考えられる。

(48) **本の御帳を取り去りて之を立つ**　『小右記』同日条によれば、着袴の儀は中宮妍子の御在所(北対の東殿)で行われた。既にある中宮常用の御帳台を取り片付けて禎子内親王の着袴の儀用の小さな御帳台を設えた。

(49) **薄物の蘇芳の末濃の帷**　帷子《かたびら》は几帳・御帳・壁代などに用いて、へだてとする垂れ布。ここでは次の懸鏡とともに御帳台の装束について説明している部分なので、御帳台のそれである。薄い絹織物(夏用)で、やや紫がかった紅色に、それも下の方になるにつれ次第に濃くなるように染められていた。

(50) **懸鏡等皆小さく作る**　懸鏡は御帳台の後方左右の柱の内側上方に懸ける鏡。前方左右の柱には鏡でなく犀角の懸角を懸ける。懸守等とともに帳台の装飾付属品。御帳台だけでなく、これらの装飾具もすべて小さく作った、の意。

(51) **御厨子一双…**　以下は室内の調度。『栄花物語』巻第十二、たまのむらきくには「今より造物所《つくもどころ》などに、小さき御具どもいみじうせさせ給ふ」とあり、宮中の調度を作る造物所に早くから小型調度類を調整させていたようである。厨子《ずし》は厨子棚。棚の一部に両開きの扉をつけたもので、調度、書画、食物などを載せる。一双《ひとよろひ》は一具の意で、必ずしも複数ではない。

(52) **葉子筥□双**　葉子《ようし》は冊子本のこと。策子・草子(草紙)と同じ。「年中行事葉子一帖」(『小右記』長和四年四月十三日条)、「書葉子六帖」(『権記』長保二年八月二十五日条)等、用例は記録類に散見する。但し、『御堂関白記』長和四年十二月四日条の敦良親王御読書始の記事中に「点葉子」とあり、この場合に用いられる点図が多く一枚物であることから、綴じていないものにもこの呼称を用いた可能性がある。いずれにせよ、草子(造紙)筥には草紙(＝冊子本)だけでなく料紙を入れる例も多く見られるから、調度としての葉子筥は草子筥と同様と見做してよい。

(53) **三尺五寸の屏風二双・三尺・二尺五寸の御几帳等なり** 寸法は高さを示す。屏風・御几帳ともにひとまわり小さく作られていることがわかる。

(54) **着御** 禎子内親王が小さな御茵(註(75)参照)にお座りになった、の意。

(55) **公卿参入す** 『小右記』同日条によれば、この日参入した公卿は次の通りである。左大臣藤原道長、右大臣藤原顕光、大納言藤原道綱・同実資、権大納言藤原頼通、権中納言源俊賢・藤原行成、中納言藤原時光、権中納言藤原教通・同頼宗・源経房、参議藤原兼隆・同実成・源道方・藤原通任・源頼定・藤原公信・同朝経、非参議従三位源憲定・藤原能信。但し、顕光は敦明親王と同時に後から参入したとあり、また『小右記』には実資が黄昏に参内した時には「陣頭無人、取案内、諸卿候中宮者」とあって遅れて参入しているから、この時点では少なくとも両名は公卿の列に加わっていないことがわかる。

(56) **主上、渡御す** 三条天皇が儀式の会場である中宮の御在所へ渡っておいでになった、の意。『小右記』同日条の割註に「后宮御在所、是主上御北対東殿也」とあるので、三条天皇は北対屋を、中宮はその東殿を御在所とされていたと知れるが、枇杷殿におけるそれらの位置関係や結構については諸説あり、確定できない。

(57) **式部卿親王** 敦明親王。註(5)参照。

(58) **右府** 藤原顕光。註(43)参照。

(59) **時剋に御袴を着す** 定められた時刻、即ち吉時に禎子内親王に袴をお着せした。『小右記』には「戌刻主上令結袴腰」とあり、戌刻に行われた。

(60) **御坐して御腰を結び給ふ** 三条天皇はお座りになって袴の腰を結ばれた。「御坐」を「御手」の誤記とし、「御手づから」とする説もある。着袴の儀では親戚中の尊貴の者が着袴親《はかまぎのおや》として袴の腰を結ぶ。親王・内親王の着袴の場合は父である天皇が着袴親を勤めるのが普通であった。『小右記』同日条の割註には「御物忌如何、事依無已渡御歟」とあり、三条天皇は着袴親を勤めるために物忌を破って渡御されたことがわかる。

(61) **御前物を供す** 『小右記』には「其後進親王前物」とあり、割註に「沈香台六本、二本菓子、有螺鈿風流云々、不能覧而已」とあって、結腰の済んだ禎子内親王の前に菓子などを載せた台が運ばれ並べられた。台に施された螺鈿は見事なものとの噂であるが、実資達の席からはよく見えなかったようである。この時の実資達の席は北対東殿の東面（註(87)参照）に設けられたらしい。

(62) **侍従中納言**　藤原行成。正二位権中納言・太皇太后宮権大夫・侍従。四十四歳。

(63) **対の□面**　「依東二間」とあるので北面か南面かのいずれかだが、北面へまわることは考えられないので、南面と考えられる。南庇に禎子内親王の茵が敷かれていた（註(75)参照）ので、その前に御前物を並べたのであろう。

(64) **女方に授く**　御簾の内側へは限られた者しか入れない。行成等は御簾の際まで運んできて、簾中に奉仕する女房たちに手渡した。

(65) **御台四本**　沈香台六本のうち、菓子の御台二本を除いた残り四本。

(66) **左大弁**　源道方。正三位参議・勘解由長官・美作守。四十八歳。

(67) **源宰相**　源頼定。正四位下参議。三十九歳。

(68) **藤宰相**　藤原公信。正四位下参議・美作権守。三十九歳。

(69) **右大弁**　藤原朝経。正四位下参議・大蔵卿。四十三歳。

(70) **殿上の四位**　公卿以外の殿上人のうちで四位の者。

(71) **女方の陪膳は中宮の御匣殿**　女房のうちで陪膳の役目を受持つ者。中宮の御匣殿は、『御堂関白記』の割註によれば前年に五十八歳で薨じた参議従三位大蔵卿藤原正光女。『尊卑分脈』の註記には「三条院皇太后宮女房。(藤原)公信卿室。左京大夫実康母。号土御門御匣。哥人。娟子皇后御匣也」とある。『御堂関白記』長和二年十月二十日条の禎子内親王百日の儀にも「女陪膳御匣殿、正光女子」とあり、陪膳役を勤めている。なお『御堂関白記』長和二年九月十六日条の叙位の記事中に「従五位下光子御匣殿」とある御匣殿と同一人物らしい。

(72) **式部卿宮を召し入れ奉り、姫宮を見せしめ奉る**　『小右記』四月八日条に「去夜中宮被呼入式部卿親王于簾中、被奉見着袴之親王」とあり、中宮妍子が敦明親王を簾中に呼び入れて禎子内親王と対面させた。古写本に「加共」とあるのは姫宮の誤写と思われる。

(73) **退出し、案内を奏す**　敬語表現でないので道長自身の行動と考えられるが、どこからどこへ退出したのか不明。

(74) **南面の庇の御簾を巻き、母屋の御簾を垂る**　儀式が済んで宴に移り、天皇が南庇に出御されるための準備についての記述。

(75)　**小さき御茵を取り、大きなる御茵を敷き**　禎子内親王用の御茵を取り片付け、三条天皇用の御茵を敷く。儀式の間は母屋と庇の両空間が使われ、禎子内親王も南庇に着御されていたか。

(76)　**簀子敷に円座を敷く**　簀子敷《すのこじき》は、簀子(角材)を並べて造った建物の外側の濡れ縁。『小右記』同日条に「南簀子」とあるので、ここでは南面の簀子敷。円座は蒲の葉・菅・藁・藺などで過巻形に平たく編んで作った円形の敷物。公卿等の座に用いた。

(77)　**御出**　三条天皇が南庇にお出ましになった。但し、御出直前に天皇がどこに居られたのかは不明。

(78)　**人を召す…**　『小右記』同日条に、天皇出御の後、「次召王卿、次第着御前座」とあるのに相当する。

(79)　**次に御前物を供し、酒の台を立つ**　『小右記』同日条には「大納言道綱陪膳、執打敷、次大納言頼通已下執御膳、稱警蹕、次定頼・朝任舁御酒具、先蔵人頭兼綱敷打敷、其上立之」と、この間の様子が詳しい。

(80)　**権大納言**　藤原頼通。正二位春宮権大夫。二十四歳。天皇の御前物は、頼通が賄い用意させた、の意味。

(81)　**沈の山を作りて木を栽ゑ、其の上に盛物六本**　御膳の趣向。沈は沈香。『小右記』同日条の割註には「洲浜上立石植木、其上有盛御膳之器、風流之体不具記、大納言頼通奉仕云々」とある。

(82)　**酒の□は蓬莱山を作り、瑠璃の壺・盃等を居う**　『小右記』同日条の割註には「御酒具造蓬莱山、々上居瑠璃壺、其傍有御盃具等、件山居如机之物」とある。酒字下の欠字は『御堂関白記』中の用例から推して「具」とあるべきところ。蓬莱山は、祝儀の際、調度の蒔絵に描かれたり、洲浜飾りに造られたりと好んで用いられたようで、『栄花物語』巻第八、初花の敦成親王九夜の御産養の記事中にも「蓬莱なども例の事なれど」とある。大亀の背に岩山を据え、入江に鶴亀の遊ぶ構図のようであるが、具体例に乏しく実態は不明である。

(83)　**伶人を階下に召す**　伶人《れいじん》は地下《じげ》の楽人。盃酒の事があった後、地下の楽人を南庭の階下に呼び寄せた。『小右記』同日条には「有酒事、次敷伶人座於庭辺、応喚大膳大夫遠理已下着座」とある。『小右記』にはまた「一両曲後賜伶人衝重」ともあり、地下の楽人にも食事が用意された。

(84)　**殿上・上達部も相加へ**　『小右記』同日条には「又管

絃卿相・殿上人等近令祗候、雲上・地下竹肉合音」とあり、歌笛相交えて合奏された。更に『小右記』には道長が平行義(親信男。従四位下武蔵守)の横笛を召し取って敦明親王に吹かせ、それを聞いた顕光と道綱が感涙を拭った話が続いている。南簀子に移る以前から朗詠を歌い(『小右記』)、本座に戻ってからも卿相を集めて管絃の遊びをし、敦明親王を引き止めて三条天皇の希望に従い笛を吹かせるなど、この日は盛んに楽に打ち興じた。

(85) **数曲の後各々に禄を給ふ** 『小右記』同日条には「御遊漸闌、至尊入御、其後王卿已下給禄有差、左大臣殊命自下臈令給禄」とあり、割註に「伶人・殿上人・王卿等耳」とある。道長の命により、身分の低い順に伶人の方から禄を給った。

(86) **入御の後** 『小右記』同日条によれば、天皇は御遊の途中で入御され、その後に賜禄が行われた。

(87) **東面の本座に着す** 『小右記』同日条には「禄了王卿起御前座、暫候初饗座辺」とあり、王卿は御前座即ち南面の簀子敷から儀式の始めに参入着座した所(本座)に戻った。『御堂関白記』のこの記事により、本座が東殿の東面であったことがわかる。

(88) **一両巡の後、親王に釼を奉る** 『小右記』同日条には「於此座有盃酒、其後志釼、納袋、若野釼歟、大納言頼通執之置親王前、左大臣示右大臣令執釼、右大臣取之授修理大夫通任」とある。道長が来臨の礼として敦明親王に贈ったもの。

(89) **各々分散す** 『小右記』同日条には「諸卿退出、漸及暁更、帰家」とあり、解散は明け方近くであった。

(90) **皇太后宮より御装束有り** 皇太后宮は藤原彰子。道長長女。母源倫子。二十六歳。長和三年三月二十二日に枇杷殿より頼通の高倉殿に移御し(『小右記』)、この時期も同所を御所とする。『小右記』同日条には「皇太后宮使亮侍従兼綱被奉裹物、若児御衣歟」の記事が、結腰の済んだ禎子内親王に御前物を運んだ記事と敦明親王ならびに顕光が参入した記事の間にあり、時間的にはその頃に行われたと考えられる。『御堂関白記』の記述はここから追記の形をとる。

(91) **兼綱朝臣** 藤原兼綱。道兼男。皇太后宮権亮。

(92) **権大夫、取りて綾褂を授く** 中宮権大夫源経房が御装束を受取り、兼綱に禄の綾褂を与え、兼綱は受取って拝舞をした(『小右記』同日条)。

(93) **左衛門**　藤原教通。従二位権中納言・皇太后宮権大夫。二十歳。

(94) **殿上・女方の屯物は常のごとし**　殿上人と女方にはいつもの通り屯食《とんじき》が配られた。

(95) **大破子**　破子《わりご》は、檜の白木で作った、中に仕切りのある弁当箱。

(96) **絹二□疋を相加ふ**　『御堂関白記』長和四年九月二十日条、内裏還御の賜禄の記事に「女方絹二百疋如破子入物」とある。欠字は「百」か。

(97) **候ずるところの女方**　簾中に祗候した女房。以下に続く典侍・掌侍・命婦・蔵人を指す。

(98) **内より退出す**　『小右記』七日条に「漸及暁更帰家、沐浴之間鶏鳴」とあるから、道長は更に遅く、恐らくは夜が明けてから退出したのであろう。『小右記』八日条には「今日左相府使権大納言被聞昨日被参入之悦」とあり、道長は帰宅早々に頼通を使いに立てて、実資に前日の着袴の儀への参加の礼を述べている。

(99) **物忌により籠居す**　『御堂関白記』にはこれしか記述がないが、『小右記』九日・十日条によれば、実資の命で右中弁藤原定頼が道長邸に赴いたが、物忌のため門の外から用件を伝え、道長からは各件につき一々指示があったという。但し、定頼が道長邸を訪れたのが九日か十日かは決定し難い。

(100) **蔵規朝臣**　『日本紀略』長和四年二月十二日条に「今日大宰大監藤原蔵規、進鵞二翼・孔雀一翼」とあり、大宰大監である。早く、『御堂関白記』寛弘元年二月九日に「従帥(平惟仲)中納言許、付重忠(菅野)朝臣有消息、付蔵規朝臣返事耳、有雑物」と見え、道長の返事を持って都から大宰府へ出向いている。『小右記』長和二年七月二十五日条では「大宰使府生若倭部亮範申刻許随身相撲人四人参来、召前給瓜、蔵規朝臣付亮範進唐物」とあって、大宰府にいる。また同長和三年六月二十五日条には「高田牧司蔵規朝臣」とあり、小野宮家領筑前高田牧の牧司であった。さらに、『小右記』治安二年四月三日条には、「対馬守数遠不赴任、可改任他人、帥源朝臣令申云、彼嶋住人数少、亡弊殊甚、敵国之危朝夕怖、被任武芸者、令禦(敵)国之兵、帥、知彼嶋案内之者在管内、被任彼等尤可佳者、蔵規・致行・明範等内可定申者、僉議令申云、三人内、蔵規初為帯刀、被任左兵衛尉、出仕官庭已経年序、以蔵規被任可宜歟、即仰云、上達部定尤叶其理、以蔵規可任者」とあって、対馬の事情をよく知っている大宰府管内にある人物として対馬守に任じられている。前述したように、大宰大監であったことなどからも、九州に本貫を持ついわゆる府官層の一人であろう。

(101) **孔雀** 『日本紀略』長和四年二月十二日条の「今日大宰大監藤原蔵規、進鵞二翼・孔雀一翼」、同閏六月二十五日条の「大宋国商客周文徳(裔カ)所献孔雀、天覧之後、於左大臣北南第(小南第)作其巣養之、去四月晦日以後、生卵十一丸、異域之鳥忽生卵、時人奇之、或人云、此鳥聞雷声孕、出因縁自然論云々、但経百余日未化雛、延喜之御時如此之事云々」などによれば、この孔雀は、宋の商人周文裔が大宰府に持ち来たり、大宰大監であった藤原蔵規が都に持参、天覧の後、道長に下賜されたもので、道長は小南第に巣を用意して育てていた。その孔雀が卵を生んだのである。『日本紀略』は、「去四月晦日以後、生卵十一丸」としている。『御堂関白記』での産卵の記事の初出は、この四月十日である。さらに、十二日条に「孔雀又生子」、八月二十九日条に「孔雀抱子、従四月廿日許今月及廿日、後不抱、無還事、先年外記日記同之」、『小右記』長和四年四月十一日条に「昨、孔雀於北南第(小南第)生子卵自鶏頗大、無雄生卵可奇、政職朝臣所談」、同十六日条に「相有(相府)孔雀隔日生卵云々、無雄生子、希有事也、或云、聞雷声生子、又臨水見影生子云々、見書記云々、可尋本文」、同五月一日条に「孔雀卵子生七云々」などとあるのを併せ見れば、その後も卵を次々に生んだこと、番いではない一羽だけの雌が卵を生んだことが不思議がられたこと、無精卵ゆえに当然ではあるが、卵は孵化しなかったことなどを窺うことができる。

(102) **東の池の辺り** 孔雀は、前項註の『小右記』長和四年四月十一日条および『日本紀略』閏六月二十五日条によって、道長の土御門第の敷地内にある小南第で飼育されていたことが明らかである。したがって、この「東の池の辺り」も小南第の池の東辺りである。

(103) **塒** ねぐら。

(104) **御覧の孔雀部…** 御覧は『修文殿御覧』。北斉の祖孝徴等の撰で、宋代の『太平御覧』の祖本。『太平御覧』は、『山槐記』の治承三年二月十三日に「算博士行衡来云。入道大相国、可被献唐書於内云々。其名太平御覧云。二百六十帖也。入道相国書留之。可被献摺本於内裏云々。此書未被渡本朝也」とあることから平安末期になってから渡来したことが分かる(この記事の所在については藤原克己氏のご教示を受けた)。したがって、『御堂関白記』においては『御覧』は、『修文殿御覧』ということになる。道長が『修文殿御覧』を蔵していたことは、『御堂関白記』寛弘七年八月二十九日条の「作棚厨子二双、立傍、置文書、三史・八代史・文選・文集・御覧・道々書・日本記(紀)具書等、令・律・式等具、并二千余巻」によって明らかである。なお、『太平御覧』九百二十四巻、孔雀部、六オに「南越志曰、義寧県杜山多孔雀、為鳥不必疋合、止以音影相接、便有孕」とあり、用字の多少の違いはあるが、道長は『修文殿御覧』を正確に引用していると見做し得る。

(105) **一条** 一条南、高倉東に所在。当時、道長室源倫子の母である藤原穆子が居住していた。

(106) **為職** 菅原理詮男。道真曾孫。『御堂関白記』寛仁二年二月三日条に「公則・為職・師範・資頼等家司四人」とあって、道長家の家司であることが分かる。

(107) **此の家已に丙たり、てへり** この家は一条第。『延喜式』巻三、臨時祭によれば、穢の伝染については「凡甲処有穢、乙入其処〈謂着座下亦同〉、乙及同処人皆為穢、丙入乙処、只丙一身為穢、同処人不為穢、乙入丙処、人皆為穢、丁入丙処不為穢」と規定している。今は、為職を乙と見做し、一条第を丙と見た。つまり、甲の穢に触れた乙である為職が、丙処である一条第で着座してしまった。したがって、『延喜式』は「乙入丙処、人皆為穢」ということであるので、一条第にいる人は皆穢れることになる。しかし、道長は、為職のいない時に一条第で着座した。それは、「人皆為穢」の人の中には道長は含まれないということで、「丁入丙処不為穢」というところの丁に道長が該当すると見做し、穢には触れないと側近で判断したのである。

(108) **東宮に参り候ず** 東宮は敦成親王。長和三年二月九日の内裏焼亡によって、頼通第に移ったが、同七年二十二日以後は、頼通第より道長の土御門第に遷御していた(『日本紀略』『小右記』)。『小右記』長和三年十一月十七日の「今日初皇太子朝覲〈年、七〉仍参入彼宮〈土御門西対御在所〉」によれば、土御門第の西の対が在所であった。長和四年九月二十日に、新造内裏に還御した(『御堂関白記』『小右記』)。

(109) **梅宮の奉幣** 梅宮社は、橘諸兄の母県犬養橘三千代の創祀(『伊呂波字類抄』諸社)で、橘氏の氏神。橘氏の五位一人が勅使となる。また橘氏の是定である藤原氏の氏長者が、幣帛・神馬を奉じた。四月・十一月の上酉日が祭日である(『九条年中行事』『小野宮年中行事』)。

(110) **木工助橘俊通** 系譜未詳。『小右記』万寿四年二月四日条に「検非違使左衛門尉橘俊通非蔵人」と、検非違使補任の記事が見え、同長元三年九月十日条に「俊通叙位従四位上」とある。なお、『更級日記』の作者と結婚した人物も橘俊通であるが、この俊通は、『更級日記勘物』によれば、長元五年正月七日に叙爵しており、本条の俊通とは別人である。

(111) **禊日の前駈** 二十一日の斎院御禊のための前駈。

(112) **位禄の国充** 位禄定ともいう。四位・五位の官人に支給される位禄は、兼国のある者は、その国の正税が充てられるが、兼国のない者には、『延喜式』民部省下に規定する二十五か国の年料別納租穀から支給される。この国々の割当が位禄国充である。

(113) **官奏** 太政官が、諸国の国政に関する重要文書を天皇に奏上し、その勅裁を受ける政務。この年は、三月十一日に行われて(『御堂関白記』同日条)からは、約半年の間官奏はなかった(『御堂関白記』九月十七日条「奏官奏如常、但不御覧、只返給、是依労給事也、如形也、然三月以後無件奏、依有人愁所奉仕也」)。こうした天皇の眼病のための官奏・除目等の政務の滞りが、十月二十七日に、准摂政の宣旨が道長に下される原因となった(山本信吉「平安中期の内覧について」〈坂本太郎博士古稀記念会編『続日本古代史論集』下巻所収、吉川弘文館、昭和四十七年〉参照)。

(114) **西南の方に火有るの由…** 道長男教通第の焼亡である。『小右記』同日条に「件焼亡処左大臣家従東(洞)院東大路者西辺、従三条坊門南辺」とあり、所有者は道長であるが、同じく『小右記』によれば、教通は舅の藤原公任とここに同居していた。土御門第からは、西へ約四五〇メートル、南へ約一〇〇〇メートルの位置である。つまり西南に当たる。

(115) **両一品の宮** 当時の一品宮は、脩子内親王(一条天皇女、母藤原道隆女定子、二十歳)、敦康親王(脩子内親王同母弟、十七歳)の二人。脩子内親王のいた場所は二条南・高倉西もしくは押小路南・富小路南と推定される(『角川地名辞典』)。敦康親王も、道長の二条第(二条北・東洞院西)にいた可能性がある(『小右記』寛弘八年八月十一日条)ので、二人とも焼亡の場所に近い。

(116) **女方**　教通の北の方。藤原公任女。

(117) **茶垸**　『御堂関白記』などの日記史料その他では、陶磁器の総称。しかも、舶来の上物を指している。その用例としては『御堂関白記』寛弘三年十月二十日条「参内、着左仗座、唐人令文所及蘇木・茶垸等持来、五臣注文選・文集等持来」、長和二年十月八日条「従内奉茶垸・蘇芳等、各有差」、同十日条「従尚侍許賜茶垸等」、『権記』寛弘八年七月二十日条「取出桶、更以奉納御骨壺入件桶白瓷壺、以茶垸器為蓋其以白革袋裹之」、『小右記』万寿二年八月七日条「高田牧進年貢絹五十疋・米七十石、牧司妙忠進長絹五疋・綿小百両・白米十石・青瑠璃瓶二口・茶垸壺三口・贄等」、『今昔物語集』巻二十四第八「今は冷やすことをばとどめて、茶垸のうつはものに、いかなる薬にてかあらむ、摺り入れぬる物を、鳥の羽をもちて日に五六たび付くばかりなり」などがある。

(118) **吉田**　吉田祭。吉田神社は、貞観年中、中納言藤原山陰の勧請(『伊呂波字類抄』『公事根源』)になる。春日・大原野と並んで藤原氏の氏神。祭日は四月中子と十一月中申の日(『小野宮年中行事』『江家次第』)。近衛の将監が勅使となる(『江家次第』)。

(119) **惟通**　藤原為時男。紫式部の異母弟。『権記』寛弘六年正月十日条に「同(藤原)惟通為時男補雑色」、『御堂関白記』長和元年閏十月二十七日条に「五位」、長和二年十一月九日条に「立梅宮神馬使□(右)兵衛尉惟道」、『小右記』長和三年四月十五日条に「右兵衛尉藤原惟通」、寛仁三年四月五日条に「又去月晦比雨夜四条小人宅焼亡、常陸介惟通旧妻宅群盗付火惟通女被焼殺」、七月十三日条に「直物次有叙位・除書等、敦頼・惟通四品、敦頼造宮賞、惟通任常陸者、未被定功過、叙一階若然歟」、『小記目録』寛仁四年七月三日条に「常陸介惟通妻子、為維幹息、被取事於任国卒去時」、『左経記』寛仁四年閏十二月二十六日条に「故常陸守惟通朝臣妻、強姦彼国住人散位従五位下平朝臣為幹、縁惟通母愁被召」とある。寛仁四年中に、任国であった常陸で没している。

(120) **斎院**　選子内親王。村上天皇皇女。母藤原師輔女安子。天延三年、斎院に卜定。五十二歳。

(121) **狭敷に渡りて見物す**　道長が、当日の賀茂祭の斎院御禊の行列を、一条大路に設けていた狭敷屋で見物した。道長の狭敷については、朧谷寿「賀茂祭の桟敷」(『角田文衛博士古稀記念 古代学叢論』所収、昭和五十八年)に詳しい。

(122) **帥中納言**　藤原隆家。従二位中納言。三十七歳。長和三年十一月七日、任大宰権帥。長く眼病に苦しみ、平癒を願って熊野詣でなども試みたが効果なく、大宰府に来航する唐人の医師による治療を期待して、大宰帥の職を望んだ。『小右記』長和二年正月十二日条に「夜深按察納言来談云、目未減平、十四日可上辞皇后宮大夫・按察使之表者」、八月十三日条に「更闌北隣納言来談、多愁目恙猶遂不瘉、為之如何者、有遠任之案」、九月八日条に「入夜権中納言(隆家)来談云、所労目十分之七八減者、深有鎮西之興」、長和三年正月二十日条に「按察納言示送云、従昨日精進、二十九日可参熊野、帰洛期可及三月者、或云、目猶無減云々」、二月九日条に「今夜不参公卿二人(中納言隆家依目病参熊野、中納言時光不聞其障)」、二月十四日条に「大弐〔平親信〕辞書送侍従中納言之許、即覧左府、取返云々、納言有所望云々、先随案内可奏達云々、仍取返歟云々」、三月六日条に「夜深按察使納言着布衣来、談参熊野之事、亦目頗雖減、不可出仕、都督望尤深、此間所陳甚多、天気好、相府妨等事也」、五月七日条に「入夜按察納言来談、多是鎮西事也、天気無動、但左府猶有遏絶者」、十一月七日条に「還御後於陣有除目、中納言隆家任大宰帥、大弐親信辞退替」、『栄花物語』巻第十二、たまのむらぎくに「かかるほどに、大貳辞書というもの、おほやけに奉りたりければ、(中略)この中納言『さはれ、これや申してなりまし』と思したちて、さるべき人々に言ひあはせなどしたまへるに、『唐の人はいみじう目をなんつくろひはべる。さておはしましてつくろはせたまへ』と、さるべき人々も聞こえさせければ、内にも奉せさせたまひ、中宮にも申させたまひければ、いと心苦しきことに帝も思されけるに、大殿も『まことに思されば、異人にあるべきことならず』とて、なりたまひぬ」とある。

(123) **源中納言**　権中納言源経房。従二位中宮権大夫。四十七歳。

(124) **馬三疋…**　ここから水角まで、隆家に対する道長の餞別。「銀の水角」は原文「劔水角」。『小右記』四月二十二日条に「皇太后宮藝(褻)装束・扇二十枚、置大明浜(洲)、中宮如装束、左相府藝(褻)装束・砂金五十両、納銀水角、馬三疋、一疋置螺鈿鞍」とするのに従った。但し、銀水角は不明。『高野御幸記』天治元年十月二十一日条にも「又摂政左丞相被献銀水角(其中以銀作橘各納香薬具)」とあり、香薬具が納められている。「白き装束」も、原文は「自装束」。『御堂関白記』寛弘七年四月二十四日条に「雑色六十人、長四人白装束」と用例が見える。白装束は、夏の装束の「しらがさね(白襲)」のことか。『枕草子』ころはの段に「四月、祭のころいとをかし。上達部・殿上人も、うへのきぬ濃きばかりのけぢめにて、白襲ども同じさまに、涼しげにをかし」、『雅亮装束抄』に「四月一日、しらがさねとて白き薄物を、半臂・下襲に着る。白き張りひとへ、白き汗取を着るなり。上達部・殿上人・五位・六位・外記・史着るなり。衛府はきず」などとある。

(125) **能通の富小路の宅**　能通は、藤原永頼男。『御堂関白記』では、寛弘五年十月十七日条に「内蔵権頭藤原朝臣能通(中略)、右可為件等人々別当(敦成親王家)」、長和元年閏十月二十七日条に「四位」と見える。『小右記』同日条に「戌剋許太皇太后宮亮能通宅(山井西云々)焼亡」とあり、能通の家は、山井第の西、つまり押小路南・富小路西であることがわかる。

(126) **桟敷に度り見物す**　賀茂祭の当日に当たる。摂関家の桟敷は一条・西洞院に構えられた。この日を迎えるまでに、賀茂上下の雑舎の玉垣や斎院の垣塀などの破損が問題となっている(『小右記』長和四年四月九日条、四月十一日条)。

(127) **人々の申す…**　賀茂祭に参列する人々の要望により馬を与えた。

(128) **近衛府使道雅**　左近衛中将藤原道雅。伊周男で、祖父道隆にも可愛いがられており、「故関白鐘愛孫」と称されている(『御堂関白記』寛弘四年正月十三日条)。また、万寿四年七月十九日には高階明順と博戯の末の喧騒を起こしている(『小右記』同日条)。

(129) **皇太后宮使兼綱**　註(91)参照。

(130) **中宮雅通**　中宮妍子の亮、源雅通。雅通は道長の義父である源雅信の孫に当たる。

(131) **春宮資業**　藤原有国男。『公卿補任』寛徳二年の資業の項に寛弘八年六月十三日に東宮(敦成親王)学士に任じられたことが記載されている。

(132) **他使より…**　「頗る宜し」については、衣装がよかったとも、また態度がよかったとも考えられるが、『小右記』に「今般過差なし」と記されているから、とかく過差が問題となる賀茂祭にあって、彼らが衣装などの点においても過差に走らず分を弁えていたと解したい。

(133) **先一品宮**　村上天皇皇女資子内親王。六十一歳。母は藤原師輔女安子で、大斎院選子とは姉妹に当たる。天禄三年三月二十五日に一品に叙され、寛和二年正月十三日に落飾している(『日本紀略』)。『小右記』によれば、死去に際し、邸宅を売却し仏事に充てることなどを遺言されたことが記されている(『小右記』長和四年四月二十八日条)。一品宮の三条邸は、資子内親王が故源泰清の妻から購入したもの(『権記』長保二年八月十七日・同長保四年三月二十六日条)で、宮の死後は藤原定輔が購入、さらに定輔から後院として献上され、三条上皇の居所である三条院となっている(『小右記』長和四年八月二十七日条)。

(134) **春宮大夫…**　春宮大夫は藤原斉信。正二位権大納言・資子内親王家別当。四十九歳。『小右記』長和四年四月二十六日条には「終焉之事委付斉信卿、而忘却其事如不聞遠行」とあり、宮の葬儀など事後のことを沙汰すべき立場にありながら、金峯山へ行ってしまったことがわかる。斉信は兄弟に当たる守聖阿闍梨が死去した際にも金峯山精進を解かず世間の噂となっている(『小右記』長和四年四月十二日条)。

(135) **御修法…**　三条天皇の眼病のための御修法と御祈りの日取りや僧名の定めがあった。安倍吉平が五月一日に行うべきことを勘申している(『小右記』四月二十七日条)。実際に五月一日から十日まで、内裏で新写の薬師如来の絵を掲げ、七仏薬師法が行われている(『御堂関白記』『小右記』『日本紀略』)。

(136) **侍従中納言**　藤原行成。註(62)参照。

(137) **四角・四界御祭**　他所より疾病・邪気の侵入を防ぐための祭で、御所であれば北東・南東・南西・北西を祭る。長和三年二月二十九日、寛仁四年十二月三日にも疾病の流行により行われている(『小右記』)。

(138) **政職**　源清敏男。下文の内容から、二十六日に薨じた資子内親王家の家司だったか。

(139) **一品宮の案内を問ふ…**　別当の斉信が金峯山に参籠したままなので、資子内親王の葬儀は彼の還りを待って行うべきか否かを政職が道長の元に聞きに来ている。道長は斉信の還りは来月の十日前後になる可能性があるから、内大臣藤原公季をして行うべき旨を命じている。葬送は五月五日に行われ、六月十一日には円融寺で七七の法会が、長和五年三月二十九日には資子内親王が寺内に一堂を建立していた朝寿寺にて一周忌の法会が行われている。

(140) **内府** 藤原公季。正二位内大臣・左近衛大将。五十九歳。

# 五月

〔本文〕

**一日**、庚辰、大内新寫藥師佛七躰、被修御修法、慶圓・明救・慶命・文慶・蓮海・心譽・證空等也、三十講初如常、

**五日**、甲申、國學法師送僧如非時物、施之、

**六日**、乙酉、右大將定仁王會僧名、即大將行之、

**十日**、己丑、七壇御修善結願、僧等賜度者、勞給尚無減氣、

**十三日**、壬辰、卅講五巻日也、依東宮御、無持廻事、只置小廊、

**十五日**、甲午、心譽律師奉仕大内御修善、是所勞給御目依逐日重也、此日仁王會、右大將行之、

**十九日**、戊戌、濟政朝臣非時、今夜皇太后渡給堂、

**廿二日**、辛丑、朝間、大風所破壞、大木顚倒、午後風止、賴光朝臣非時、入夜宮還御坐、今風文章博士義〔宣〕朝臣住宅顚倒、宣義籠其内、掘出云〻、

**廿三日**、壬寅、講以前參大内、濟家朝臣獻如僧非時物、引之、候御前間、被仰云、尚有勞御事、依之行大赦者、奏聞、大赦是大事也、依御藥重被行、有何事、前〻依大事被行、只在御心、

**廿四日**、癸卯、講二座了參大内、退出、

**廿五日**、甲辰、卅講結願、布施等如常、此次丹後守惟〔任〕朝臣獻僧料牛廿頭、事了後引出之、任次第施僧等、事了還小南、詣法性寺、還來、僧都儲小食、

廿六日、乙巳、資業朝臣來云、今日可被行大赦、如何者、奏聞、何有事、只可隨仰、資業參後思之、今日重日、然召上卿云〻、•右衛門《権》佐頼任來云、侍從中納言仰可行大赦者、《仰》早可行由、資業持來詔書草、文云、日來霧露相侵內、世間時行多聞《者、》大赦天下、今日可有着鈦•政云〻、而依可有赦事、暫止、

廿七日、丙午、入夜參大內、籠御物忌、女方同之、

廿八日、丁未、候大內、道雅朝臣持來刀帶手番、道雅行之、地振太大也、巳時、卽吉昌持來勘奏、加封返給、

廿九日、戊申、從內出、終日雨降、心譽律師修法結願、女方從《出》大內、家門修鬼氣祭、

〔註釈〕

**一日**、庚辰。大内にて薬師仏[1]七体を新写し、御修法を修せらる。慶円[2]・明救[3]・慶命[4]・文慶[5]・蓮海[6]・心誉[7]・証空[8]等なり。三十講[9]初常のごとし。

**五日**、甲申。国挙[10]法師僧の非時[11]のごとき物を送る。之を施す。

**六日**、乙酉。右大将[12]仁王会の僧名を定む。即ち大将之を行ふ。

**十日**、己丑。七壇[13]御修善結願、僧等に度者[14]を賜はる。労き給ふ[15]、尚ほ減じる気無し。

**十三日**、壬辰。三十講五巻の日[16]なり。東宮[17]御しますに依りて、持ち廻りの事無し。只小廊に置く。

**十五日**、甲午。心誉[18]律師大内の御修善[19]を奉仕す。是れ労き給ふ所の御目、日を逐ひて重きに依りてなり。此の日仁王会[20]なり。右大将[21]之を行ふ。

**十九日**、戊戌。済政[22]朝臣非時[23]す。今夜、皇太后[24]堂に渡り給ふ。

**二十二日**、辛丑。朝の間、大風所(々)を破壊し大木を顚倒す。午後、風止む。頼光[25]朝臣非時す。夜に入りて宮[26]還り御坐します。今風、文章博士[27]宣義朝臣の住宅を顚倒す。宣義其の内に籠るを、掘り出す、と云々。

**二十三日**、壬寅。講以前に大内に参る。済家[28]朝臣、僧に非時のごとき物を献ず。之を引く。御前に候ずる間、仰せられて云はく、尚ほ労の御事有り。之に依りて大赦[29]を行へ、てへり。奏聞す、大赦是れ大事なり、御薬重きに依り行はる、何事か有らむ。前々は大事に依りて行はる。只だ御心に在り。

**二十四日**、癸卯。講二座了りて、大内に参る。退出す。

**二十五日**、甲辰。三十講[30]結願す。布施等常のごとし。此の次いでに丹後守惟任[31]朝臣、僧の料、牛二十頭を献ず。事了る後、之を引き出づ。次第に任せ僧等に施す。事了りて小南[32]に還る。法性寺[33]に詣で、還り来たる。僧都[34]、小食[35]を儲く。

**二十六日**、乙巳。資業[36]朝臣来りて云はく、今日大赦行はるべきこと如何、てへれば、奏聞す、何事か有らむ、只だ仰せに随ふべし、と。資業参りて後、之を思ふに、今日重日なり。然るに上卿を召す、と云々。右衛門権佐頼任[37]来りて云はく、侍従中納言[38]、大赦を行ふべきことを仰す、てへれば、早く行ふべき由を仰す。資業詔書の草を持ち来たる。文に云はく、日来霧露[39]内を相ひ侵し、世間の時行多聞すれば、天下大赦せよ、と。今日着鈦[40]の政有るべし、と云々。而るに赦の事有るべきに依りて、暫く止む。

**二十七日**、丙午。夜に入りて大内に参る。御物忌に籠る。女方之に同じ。

**二十八日**、丁未。大内に候ず。道雅[41]朝臣刀帯手番[42]を持ち来たる。道雅之を行ふ。地振ふこと太だ大也。巳時[43]なり。即ち吉昌[44]勘奏[45]を持ち来たる。封[46]を加へて返し給ふ。

**二十九日、**戊申。内より出づ。終日雨降る。心誉律師御修法結願す。[47]女方大内より出づ。家の門にて鬼気祭を修す。[48]

(1) **薬師仏七体** 三条天皇の眼病平癒のための七仏薬師法が行われた。眼病は冷泉院や藤原元方の邪気によるという霊託もあったという(『小右記』五月四日・七日条)。七仏薬師とは善名称吉祥如来、宝月智厳光音自在王如来、金色宝光妙行成就如来、無憂最勝吉祥如来、法海雷音如来、法海勝慧遊戯神通如来、薬師瑠璃光如来を言い、薬師法とはこれらを本尊として増益・息災を祈る修法。台密系の秘法とされ、良源が初めて修したとも言われている。これより以後も、天皇の病気平癒のため、丈六五大尊の造仏や御修法のことなどが道長に仰せられたが、道長は積極的ではなかった(『小右記』五月十九日条)。三条天皇と道長の複雑な関係が窺われる。

(2) **慶円** 天台宗、延暦寺の僧。藤原連実男(尹文男とも)。長和二年十二月二十六日に大僧正に任ぜられ、同三年十二月二十六日には天台座主となった。七十二歳。寛弘八年の一条天皇不豫、長和五年の後一条天皇不豫、寛仁二年の敦良親王病悩などの時に病気平癒を祈っている。

(3) **明救** 天台宗、延暦寺の僧。有明親王男。長和二年十二月二十六日、任権僧正。七十歳。『今昔物語集』には天狗の化身という逸話が載せられている。

(4) **慶命** 天台宗、延暦寺の僧。藤原孝友男。長和三年十月二十八日、任権大僧都。五十一歳。

(5) **文慶** 天台宗、延暦寺の僧。藤原助雅男。長和三年十月二十八日、任権少僧都。四十九歳。

(6) **蓮海** 天台宗、延暦寺の僧。源信孝男。長和三年十月二十八日、任権律師。七十八歳。

(7) **心誉** 天台宗、延暦寺・園城寺の僧。藤原重輔男。長和三年十月二十八日、任権律師。四十五歳。

(8) **証空** 園城寺の僧。阿闍梨。系譜、生没年不詳。

(9) **三十講…** 道長家の法華三十講の初日。法華経八巻二十八品と無量義経・観普賢経を講じる法会。道長が法華経への信仰が厚かったのは有名で、『栄花物語』の中でも述べられているが、法華三十講も寛弘二年七・八月、長和二年五月など『御堂関白記』に出てくるだけでも一〇回以上を数える。道長としては公家の御祈を妨害する気持はなかったであろうが、公家より道長の三十講に参じる僧侶が多かったようである(『小右記』五月五日条)。

(10) **国挙** 源通理男。美濃守・但馬守などを歴任している。娘が藤原資頼の妻となっている。道長の元へ故伊行の文四百巻を持参した記事(『御堂関白記』寛弘七年十月三日条)、中堂で千部法華経を供養しようとしたところ火災に遭い、経論、仏像など悉く焼失してしまった記事(『小右記』寛仁元年五月十三日条)、また、子息国経が文章生になっている(『御堂関白記』寛弘五年三月二十二日条)ことなどから、学問にも熱心な家であったことが窺える。

(11) **非時…** 非時食のことで、僧侶の午前の食事である斎に対して午後の食事をいうが、食事そのものの時もあるが、その料として絹などの場合もある。ここは国挙がその料を届け、道長から三十講に参列している僧に配られたのであろう。

(12) **右大将** 藤原実資。斉敏男。母は藤原尹文女。正二位、大納言、右近衛大将。五十九歳。十五日に行われる疾病祈禱のための臨時仁王会の僧名定。本来は藤原教通や源経房が上卿を勤めるところであったが、触穢や仮のために、道長の命令で実資が引き受けることになった(『小右記』五日条)。

(13) **七壇御修善結願** 五月一日より行われていた御修法の最終日。八日に結願のはずであったが、二日延長されてこの日に結願となった。しかし、「御目猶不快」であったとあり、三条天皇の眼はあまり良くならなかったようである(『小右記』五月十日条)。御修法のために設けられた壇については「山座主壇西対二対、慶命・文慶・證空三壇西対、明救・蓮海二壇御堂、心誉西中門南廊」と見える(『小右記』五月二日条)。

(14) **度者** 得度したもので、法事等の時に賜わることがあった。

(15) **労き給ふ…** 労は所労の意味で、天皇の病気が良くなっていないことを言っている。註(10)参照。

(16) **五巻の日** 法華三十講の中でも五巻の提婆品を講じる日は特別な日で、捧物の日ともいわれ盛大な儀式が行われる。『栄花物語』はつはなの巻にも「五月五日にぞ五巻の日に当たりければ、ことさらめきおかしうて、捧物の用意かねてより心ことなるべし」とその様子が記されている。殿上人が花を散花する中、僧、次いで薪を持つ者、袈裟などの捧げ物を持つ者が仏前を三回廻り行道を行うのが行事の中心で、講説・論議なども行われた。

(17) **東宮御します…** 『小右記』にも「作法如例、但不廻、依青宮御前歟」と記載されており、この日は東宮(敦成親王)の御前ということで持ち回りすなわち行道が行われなかったことはわかるが、その理由については東宮が幼少であるからであろうか。

(18) **心誉律師** 心誉の効験が特に優れていたことは、「皇太后宮悩給由云々、参入、日来御歯悩給、大腫也、召阿闍梨尋譽(心)奉仕加持間、勿(忽)以平復、厳徳(験得)無極、未見如此事」(『御堂関白記』長和元年四月二十八日条)や、『小右記』長和五年閏六月二十六日条などから窺える。

(19) **御修善を奉仕す** 心誉が不動調伏法を奉仕するに至ったのは以下の経緯による。⑴天皇の眼疾により七仏薬師法を行う(『御堂関白記』五月一日・『小右記』五月二日条)。⑵七僧中、心誉の加持する女房(寄り坐し)に霊が憑依し、賀静の所為と告げたため、心誉が不動調伏法を奉仕することに決定(『小右記』五月七日条)。⑶十五日より、開始し(「又云、御目従昨日弥不御覧、御心地不宜、従去夜以律師心誉被行不動調伏法、日中令図等身不動尊所被行也」(『小右記』五月十六日条))、賀静、高階成忠、聖天等の霊が出現(『小右記』五月二十日・二十二日・二十七日条)したが、⑷平復せず、結願(『小右記』五月二十九日条)。不動調伏法とは、不動明王を本尊として、敵を調伏して安らかに生活できるようにと祈禱する御摩法。主に疫癘、延寿に用いられた。三条天皇の眼病は長和三年三月(『小右記』三月一日条)より度々記録されているが、翌四年になってから特に悪化した。

(20) **仁王会** 鎮護国家のため百高座を設けて仁王経を講讃し、災難を祓う法会。春秋二季の仁王会と、攘災のための臨時仁王会とがある。ここは後者(「長和四年五月十五日、甲午、臨時如法仁王会、依天下疫疾也」(『日本紀略』))。この年の疫癘は三月頃より流行し、六月を頂点に七月中旬、終息に向かった(「三月廿七日、丁未、天下咳病、又疫癘屢発、死者多矣」(『日本紀略』)、「四月廿九日、戊辰、近日京中死人極多、出置路頭、疫癘方発、宣畿外国病死者多云々、漸及五品、歎息々々」(『小右記』)、「六月十一日、己未、近日疫死者不可計尽、路頭

死骸連々不絶、五位已上及十余人、亦病輩多有其聞、自賤及貴歟」(『小右記』)、「七月十四日、辛酉、人々云、近日時疫漸以無音、希有悩者、不過三日五日、得平愈云々、路頭不見死骸云々」(『小右記』)など)。

(21) **右大将** 藤原実資。実資が上卿として指揮したこの仁王会が、いかに厳格かつ仏説通りに行われて好評を博したかは、『小右記』五月十五日・十六日・二十日条に詳述されている。例えば、「殿中甚閑、尤有威儀、就中今日仏事時刻不違、一日二時之講已如仏説、天下疫癘之殃定無流行歟、此般会事能行之由諸卿感歎」(『小右記』五月十五日条)など。また、六月二十五日の仁王会は頼通が上卿を担当している。道長が特に「仁王会、権大納言行之、時剋不相違吉行云々」(『御堂関白記』六月二十三日条)と記したのは、この時の実資の評判を意識してのものである。

(22) **済政** 源済政。時中男。母参議藤原安親女。長和三年から寛仁三年まで讃岐守(『小右記』長和三年三月五日条、『御堂関白記』寛仁元年三月十五日条)。他に信濃、近江、丹波守等を歴任。道長の法華三十講に、しばしば非時役を奉仕している(『御堂関白記』寛弘元年七月十八日、当該例、長和五年五月十六日、寛仁元年五月三日、同二年五月二十二日条)。

(23) **非時** 『御堂関白記』中に「非時誰々」とある時は法華三十講の非時に従事している場合が殆どである。全五一例中、長和元年(三月十六日条)と同二年(八月十六日条)の二例を除く四九例が法華三十講の非時である。道長が三十講及びその非時に大きな関心を寄せていたことがわかる。なお、『御堂関白記』を見る限り、一回の三十講で非時を奉仕するのは、およそ一〇名程度(長和六年七月三日〜三十日、寛弘三年五月二十五日、同五年四月二十三日〜五月二十二日、寛仁二年五月二十五日条)である。

(24) **皇太后** 藤原彰子。道長女。二十八歳。長和元年二月皇太后。この日土御門第の堂を訪れたのは、院源の釈経(道長家の経供養)を聞くためであった(「皇太后度御相府堂、可聞食院源釈経、是例講、非卅講云々」(『小右記』五月十八日条)という。例講は道長家月例の経供養で、土御門第内にある堂で行われる(『御堂関白記』長和二年三月十八日・同四年九月三十日条参照)。

(25) **頼光** 源頼光。清和源氏。満仲男、母は源俊女。正四

位下、内蔵頭・美濃守。六十二歳。摂津守・伊予守などを歴任。頼光も道長家の法華三十講で、度々非時を行っている(『御堂関白記』寛弘七年五月十二日、寛仁元年五月二十四日、同二年五月二十二日条)。土御門第焼亡に際しては、任国美濃より火事見舞いに訪れ(『御堂関白記』長和五年八月二日条)、再建時には家具調度を献上(『小右記』寛仁二年六月二日条)するなど、道長に近侍していた。非時もその一環である。

(26) **宮還り御坐します**　彰子の居所は同母弟頼通の高倉第(「東宮渡給皇太后宮 権大納言頼通家東院東大路家也」(『小右記』長和三年四月九日条))。

(27) **宣義**　菅原宣義。道真流。文時孫。惟熙男。三条院東宮学士。右少弁(『弁官補任』寛弘七年二月任)。文章博士。『御堂関白記』には度々登場。元号「寛仁」の典拠を見つけ出せなかったこと(『御堂関白記全註釈 長和元年』十二月二十五日条参照)や、彼の作った大仁王会の呪願文が「極殊様」(長和二年七月一日条)であったことなど、道長の宣義評は芳しくはなかったようである。『小右記』には、実資の災害見舞に対する宣義の返事が記されている(「文章博士宣義一日大風住屋顚倒、被打圧、自他児童七人同被打圧、皆無疵存命云々、是大学頭如正所談也、希有事也、以状書訪之、報書曰、請恩問御教書事、右宣義謹奉恩教、俯地競戦、古屋之遇大風、顚倒之理可然、数児之圧其底、存平之旨希有者也、今有恩問、各称万歳、況於宣義、万死々々、望窺従容、被上啓者、幸甚々々、宣義一生之恥者、圧臥顚倒之屋底、宣義一生之幸者、侍得厳信之貴、以之消恥、生而不恨、宣義誠恐謹啓、年月日――上啓」(『小右記』五月二十五日条))。

(28) **済家**　藤原済家。魚名流。清通男。敦成親王家別当。現在は散位(前陸奥守『小右記』長和三年十月二十二日条、『御堂関白記』寛仁元年九月十八日条)。『御堂関白記』によれば、済家は度々道長に馬を贈っている。長保元年九月五日条「馬二疋」、寛弘七年十一月二十七日条「馬二十疋」、長和元年閏十月十二日条「馬二疋」、同二年十二月二十八日条「馬五疋」、本年七月十五日条「母馬二十疋」、寛仁元年九月十八日条「馬二疋」など。特に陸奥守在任(寛弘六年~長和二年?)及びそれ以降の散位時に献馬や「如非時物」などが重なっているのは、猟官運動との関わりが考えられよう。なお「如僧非時物」は非時を担当しているわけではないが、それに類するものを贈ったの意であろう。「国平朝臣僧等送折櫃物」(寛弘七年五月十八日条)や「国学法師送僧如非時物」(長和四年五月五日条)なども同様の表現である。

(29) **大赦** 主権者が恩恵の表れとして、既存の犯罪について、その刑罰権の一部または全部を放棄する行為。赦は、原則としては常赦・大赦・非常赦の三つに分けられる。常赦は律条に常赦に免ぜずとある犯罪、並びに八虐・故殺人などの重犯を赦の対象から除外するもの、大赦は常赦に免ぜずとある犯罪のみを除外するもの、非常赦は除外例を認めず、すべての罪を赦すものである(『二中歴』第八、刑法歴、『拾芥抄』赦令部、第十八)。但し、大赦は赦令を広く天下に及ぼしめる意でも用いられ、表現上は大赦で内実は非常赦などの場合があって紛らわしい。ここも大赦とあるが、実際に施行されたのは非常赦であった(註(38)参照)。実資の勧め(「天下死亡者衆、又御目事尤可恐念食、令行非常赦給、太可貴事也、密々可奏由相示了」〈『小右記』五月二十三日条〉)によって非常赦を望んだ三条天皇に対し、道長は必ずしも賛同していない。理由は「先例が大事の時に限られているから」というが、どうであろうか。病による先例を検討してみると、冷泉上皇(寛弘八年十月二十四日→同日崩)、一条天皇(寛弘八年五月二十八日→六月二十二日崩)、皇太后詮子(永祚元年六月二十四日、長徳三年三月二十五日、長保三年閏十二月十五日→同日崩)、円融法皇(正暦二年二月十二日→同日崩)、前関白兼家(正暦元年五月十二日→七月二日崩)、醍醐天皇(延長八年九月二十九日→同日崩)のように、確かに詮子を除けば、非常赦と崩御とが隣接しており、危篤状態でそれが発布されていることがわかる。道長の発言に一理あることが納得されよう。しかし、詮子の場合、非常赦・大赦合わせて計六度(永祚元年六月二十四日、長徳二年三月二十八日、同三年三月二十五日、同四年七月二日、長保二年五月十八日、同三年閏十二月十五日)発令されており、就中、長徳二年～長保三年の六年間には五回も発令するという異常さである。その詮子を先例とすれば、今回の非常赦も道理のないところではない。要は、どちらに依拠するかの問題ということになろうか。但し、最後に発令された寛弘八年から遡って、過去一〇年間に延べ一三回、五〇年間に二四回もの大赦・非常赦等が行われている実状からすれば、少なくとも為政者である限り道長ならずとも二の足を踏むことであろう。

(30) 卅講　五月一日より始められた。道長家の法華三十講は、例年四・五月に二〇日から一か月程度行われる。

(31) 惟任　藤原惟任。真作流。寧親男。丹後守。母安芸守貞忠女。因幡・丹後守、信濃・周防権守等を歴任。長和元年(『御堂関白記』十一月二日条)に丹後守と見えるので、間もなく任期の終わる頃であろう。三十講に引出の馬が与えられているのは、当該例を含めて四例(寛弘三年五月二十五日、同五年五月二十二日、寛仁二年五月二十二日条)ある。二十疋の馬の分配については『小右記』寛仁二年五月十五日条が参考になる。

(32) 小南　道長の邸宅小南第。「土御門殿の敷地の南部にある、本邸の南に設けられた小さい邸宅か」(角田文衞「土御門殿と紫式部」〔『紫式部の身辺』所収〕)と言われている。

(33) 法性寺　延長三年藤原忠平が建立した藤原氏の氏寺。寛弘三年、道長は五大堂造立、丈六の五大尊像を安置し家の加持祈禱所として度々使用。長和四年、五十賀法会を修めた。

(34) 僧都　慶命。法性寺座主。道長男・顕信の出家を報告する(『御堂関白記』長和元年正月十六日条)など道長との関わりは極めて深い。

(35) 小食　時食の前に摂る軽食で、主として軽い粥。顕信出家の際にも、比叡山に登った道長に食事を供している(『御堂関白記』長和元年四月五日、五月二十三日条)。

(36) 資業　藤原資業。内麿流。有国男。二十八歳。五位蔵人(長和三年)、兼左衛門権佐(長和四年二月)。

(37) 頼任　藤原頼任。魚名流。時明男。母右兵衛督忠君女。右衛門権佐(『小右記』長和四年四月二十一日条)、検非違使(『小右記』長和三年六月十八日条)。丹波守美濃守、右中弁などを歴任。

(38) 侍従中納言　藤原行成。伊尹孫、義孝男。母中納言源保光女。四十四歳。正二位、権中納言、太皇太后宮権大夫、侍従。この時の行事の上卿が行成、使官人が右衛門佐頼任、赦令の文案を作成したのが資業であろう。赦発令の儀は『柱史抄』下、帝王部、赦令事に詳しい。非常赦の発令に対して、道長は当初反対していたが、二十五日になって突然賛成したことが『小右記』から知られる(「可被行非常赦之事先日密々以資平所令奏聞、即被仰左相府、不承従由云々、而昨日俄奏可被行之由云々、件事以廿五日可被行、昨日、重日奏行不得其意」〔五月二十六日条〕)。翻意の理由については不明。

(39) **日来霧露内を相ひ侵す**　霧露は疾病、内は天皇のこと。この赦令の全文は『小右記』二十七日裏書に次のように記載されている。「詔朕旬日以来、霧露相侵、枕席無聊、依仰護持於三宝、威神之力猶遅、訪救療於十全、越人之術未験、矧時疫流行、間到夭折、衷襟不予、雖責眇身於性団、人俗宜済、欲導黔首於寿城、刑罰者理乱之輿筞也、雖不可空緩徳化者興平之津梁也、猶不可暫忘、宜施飄風仁、将期翌日之瘳、可大赦天下自長和四年五月廿六日未時以前、大辟以下罪無軽重、已発覚・未発覚・已結正・未結正・繋囚・見徒・私鋳銭・八虐・強竊二盗・常赦所未免者、咸赦除之、恵沢攸霑、不融遐迩、陽光攸及、無別尊卑、仍須未得由之徒、不論僧俗、同皆赦除、庶添恩波於四海之中、以攘瘴気於一天之下、普告中外、明俾聞知、主者施行　長和四年五月廿六日(右少弁資業作、大内記義忠不参賦)」。上記傍線部は非常赦の条文(「大辟以下八虐・故殺人・私鋳銭・常赦所不免者、皆赦除。是非常赦。」〔『拾芥抄』赦令部十八〕)に一致する。

(40) **着鈦の政**　徒罪の未決囚に刑具である鈦をつけ、服役せしめる儀式。毎年、五月・十二月に日を選んで行われ、使庁の佐以下が出席し、看督長《かどのおさ》に命じて囚に鈦をつけしめる。

(41) **道雅朝臣**　藤原道雅。伊周男。母源重光女。従四位上左中将兼春宮権亮。二十四歳。ここでは春宮権亮として帯刀手番を持参した。

(42) **刀帯手番**　東宮帯刀の手結。手番(結)は正月の射礼や五月の騎射の行事において、射手二人を一番《ひとつがい》として競技させること。またその組み合わせを記した名簿のこと。『御堂関白記』長和二年三月九日条(正月の射礼が三月に延期)でも、春宮亮の藤原知章が道長の元にその日行われた「刀帯手結」を持参し、結果報告している。「道雅行之」とは道雅がこの日の帯刀手結を差配したということ。ここでは五月の騎射に伴なう東宮帯刀手結が何等かの理由で延期されたと見るべきか。この年は五月三日に左近衛府荒手結が、四日に右近衛府荒手結、六日には右近衛府真手結がそれぞれ式日通りに行われているのが知られる(『小右記』)。

(43) **巳時なり**　地震の起きた時刻。『小右記』同日条によれば巳の始めの刻。

(44) **吉昌**　安倍吉昌。清明男。正五位下天文博士。

(45) **勘奏**　地震勘奏。『御堂関白記』寛弘四年十二月二十二日条では、吉昌と県奉平とが地震奏を道長の元に持参しており、両者の勘申に食い違いがあったことが見える。『安倍泰親朝臣記』には十二世紀の地震勘奏が載るが、『天文録』や『天地瑞祥志』などの漢籍を引用して地震の意味する吉凶を答申している。

(46) **封を加へて返し給ふ**　地震勘奏を含むいわゆる天文密奏は、養老雑令八条で陰陽寮が奏すると規定され、『延喜陰陽寮式』では天文博士と陰陽頭とが勘知し密封奏聞するとあり、本来陰陽寮官人と天皇のみがその内容を知り得たのであるが、『西宮記』巻十五、依転変上密奏事によると、「天文道、被宣旨之者注奏事、密封奉覧第一上卿、上卿見畢、如本加封返給、即至蔵人所進奏一大臣必兼陰陽寮別当、仍加封之……」とあり、摂関期には奏聞の前に一上(陰陽寮別当を兼任)が覧て封をすることになっていた。

(47) **心誉律師御修法結願す**　三条天皇の眼疾平癒のため五月十五日から二十七日間行われていた不動調伏法の結願。『小右記』同日条には、「但御目尚無平復」とある。

(48) **家の門にて鬼気祭を修す**　鬼気祭は陰陽道の祭で、四角四堺鬼気祭ともいい、実態はよくわからないが、公家(朝廷)の場合は宮城・京城四角或いは羅城門で、貴族個人の私の場合は家の門で、陰陽師に祭を行わせ、疫鬼を追い払わせた。『御堂関白記』では本条の他に寛弘元年六月八日条に見えるだけだが、『小右記』など摂関期の記録には頻出し、季ごとの鬼気祭もあったらしい(『小右記』治安三年十二月二日条など)。この年は三月・四月から疫癘が流行し、公家(朝廷)が主催して五月六日に四角祭、九日に四堺祭が行われている(『小右記』)。六月にはいっても「天下疫癘流行、夭折之輩、京畿外国其聞無隙」(『小右記』六月一日条)という状況であり、また道長自身翌日から体調を崩していることが知られるので、そうした鬼気を解除するため行ったものであろう。

# 六月

〔本文〕

**一日**、己酉、日蝕、時剋如曆、於安養院、家侍人〻修八講云〻、

**二日**、庚戌、從昨日風病發動、吉昌持來昨日日蝕勘奏、加封返給、廣業朝臣持來唐書返牒、仰所〻可改由、返給、

**三日**、辛亥、參大內、卽退出、

**四日**、壬子、從內有召、而依有惱事不參、御覽左右御馬云〻、所勞給御目宜歟、爲奇〻〻、

**五日**、癸丑、從夜雨降、

**七日**、乙卯、夜半許人申南方有火由、以人令見、申輔公朝臣家燒亡由、依一品宮近、欲參、心神不例、仍令申不參由了、

**十四日**、壬戌、日來惱後、參大內、明救令奏大內云、依奉仕公家御祈、左大臣不宜思侍、因玆世間乃無用、此御目御修法不奉仕思給云〻、以右衞門典侍令申云〻、聞是事經日來由被仰、令奏事由等、其後造宮難出合十九日云〻、行向見之、奏案內彼所行向、不參內、以頭中將令奏云、南殿・淸涼殿如只今者、造出事甚以可難、雖然至于淸涼殿者、彼日必可候遷宮事者、可奉仕侍、但他殿〻・四面廊僅及半作、爲之如何、資平還來仰云、遷宮可延也云〻、

**十九日**、丁卯、未時許資業朝臣來云、只今可參大內、御心地不例云〻、仍馳參、似御惱重、御身有熱氣、暫止加持、故律師賀靜贈僧正、入夜奏宣命草、又淸書、使少納言庶政、件贈位是從冷泉院御時邪氣也、當

時雖無指事、依有事恐贈之、

**廿二日**、庚午、《參》圓教寺御八講、從此日帥宮被行講、

**廿三日**、辛未、參大內、候宿、女方同參、仁王會、權大納言行之、時剋不相違吉行云〻、我候內、不參八省、

**廿四日**、壬申、帥宮被修講、詣向聞講、

**廿五日**、癸酉、參圓教寺御八講結願、入夜公成朝臣《持來》左兵衛督辭別當狀、卽示可持參內之由、其後資平朝臣持來辭狀、示可奏由、女方從內參皇太后宮、從圓教寺參大內、退出、此日被初大般若不斷御讀經、

**廿六日**、甲戌、物忌籠居、

**廿七日**、乙亥、大外記文義申、晦日大秡事未其一定有、閏六月時日記不候外記、爲之如何、仰云、可有來月歟、此事雖不知案內、閏十二月時大秡・追儺等非可在前月、以彼思之、可在來月也、

**廿八日**、丙子、大內有犬死穢、

**廿九日**、丁丑、參大內、退出、仰云、故冷泉院御氣出來、爲彼御可然亻《修》善事者、隨仰令奉仕、四條大納言來月故母法事也、仍送絹百疋、

**〔註釈〕**

**一日**、己酉。日蝕(1)、時剋暦のごとし。安養院(2)に於いて、家(3)に侍ふ人々八講を修す、と云々。

**二日**、庚戌。昨日より風病[4]発動す。吉昌昨日の日蝕勘奏[5]を持ち来たる。封を加へて返し給ふ。広業朝臣[6]唐書[7]返牒を持ち来たる。所々改むべき由を仰せて返し給ふ。

**三日**、辛亥。大内に参る。即ち退出す。

**四日**、壬子。内[8]より召し有り。而るに悩事有るに依りて参らず。左右御馬[9]を御覧ず、と云々。労き給ふ所の御目宜しきか。奇なり奇なり。

**五日**、癸丑。夜より雨降る。

**七日**、乙卯。夜半ばかり、人南方に火有る由を申す。人を以て見しむ。輔公朝臣[10][11]の家焼亡の由を申す。一品宮[12]に近きに依りて、参らむと欲す。心神不例[13]。仍りて不参の由を申さしめ了んぬ。

**十四日**、壬戌。日来悩む後、大内に参る。明救[14]大内に奏せしめて云はく、公家御祈[15]に奉仕するに依りて、左大臣宜しからず思ひ侍る、茲に因りて世間乃ち無用、此れ御目の御修法奉仕せずと思ひ給ふ、と云々。右衛門典侍[16]を以て申さしむ、と云々。是の事[17]を聞きて日来経る由仰せらる。事の由等[18]を奏せしむ。其の後[19]、造宮十九日に出で会ひ難し、と云々。行き向ひて[20]之を見、案内を奏せよ、てへり。仍りて彼の所に行き向ふ。内に参らず[21]、頭中将[22]を以て奏せしめて云はく、南殿[23]・清涼殿、只今のごとくんば、造り出だす事甚だ以て難かるべし、然りと雖も清涼殿に至りては、彼の日[24]必ず遷宮の事に候ずべし、てへれば、奉仕し侍るべし、但し他の殿々[25]・四面廊は僅かに半作に及ぶ、之を如何せむ、と。資平還り来たりて仰せて云はく、遷宮延ばす[26]べきなり、と云々。

**十九日**、丁卯。未時ばかり、資業朝臣[27]来たりて云はく。只今大内に参る[28]べし。御心地不例[29]、と云々。仍ち馳せ参る。御悩[30]重きに似る。御身熱気有り。暫く加持[31]を止む。故律師賀静[32]に僧正[33]を贈る。夜に入りて[34]宣命の草を奏す。又、清書を奏す。使は少納言庶政。件の[35]贈位是れ冷泉院の御時よりの邪気なり。当時[36][37]指したる事無しと雖も、事[38]の恐れ有るに依りて之を贈る。
**二十二日**、庚午。円[39]教寺御[40]八講に参る。此の日より師[41]の宮講[42]を行はる。
**二十三日**、辛未。大内に参り、候宿す。女[43]方同じく参る。仁[44]王会、権[45]大納言之[46]を行ふ。時剋相違せず、吉[47]く行ふ、と云々。我[48]は内に候し、八省に参らず。
**二十四日**、壬申。帥の宮講[49]を修せらる。詣で向ひて講を聞く。
**二十五日**、癸酉。円教寺御八講結願に参る。夜に入りて公[50]成朝臣、左[51]兵衛督別当[52]を辞する状を持ち来たる。即ち内に持参すべきの由を示す。其の後、資平朝臣辞[53]状を持ち来たる。奏すべき由を示す。女方内より皇[54]太后宮に参る。円[55]教寺より大内に参り、退出す。此の日、大般若不断御[56]読経を初めらる。
**二十六日**、甲戌。物忌、籠居す。
**二十七日**、乙亥。大外記文[57]義申す、晦[58]日大祓の事未だ其れ一定有らず。閏六月の時の日[59]記外記に候せず。これを如何せん、と。仰[60]せて云はく、来月に有るべきか。此の事案内を知らずと雖も、閏十二月の時、大祓・追儺等前月に在るべきに非ず。彼を以て之を思ふに、来月に在るべきなり。
**二十八日**、丙子。大内、犬死の穢有り。
**二十九日**、丁丑。大内に参り、退出す。仰[61]せて云はく、故[62]冷泉院の御気出で来たる。彼の御ために、然るべき修[63]善の事を修せ、てへり。仰[64]せに随ひ奉仕せしむ。四[65]条大納言来月故母の法事なり。仍りて絹百疋を送る。

（1）**日蝕、時剋暦のごとし**　具注暦には食分のほかに「虧初」「加時」「復末」の計算上の時刻が記されており、今回の日蝕はその通りであった。『小右記』にも「日蝕、虧復時〔叶〕暦」と見える。因みにこの日の日蝕は『本朝統暦』

によると食分は十二分弱、午四刻から申二刻にかけて起きた。

(2) **安養院** 『小右記』万寿元年四月十七日条に「小女(千古)詣安養院奉拝仏舎利、近日京中男女挙首参拝云々、事依功徳所令参也、今日万人見物祭帰、以〔依カ〕憶寺辺閑寂令参拝耳」とあり、当時人々の信仰を集めていたことが知られる。また万寿四年正月三日の左京大火(中御門富小路から出火、三条大路南に至る)の折の焼亡所として法興院(『拾芥抄』によれば「二条北、京極東」)と並んで挙げられており、おおよその所在地が推察できる。

(3) **家に侍ふ人々** 下位の家司を指すか。『御堂関白記』寛弘二年六月十八日条に、「侍ふ人々」が感神院で百講を修した例がある。

(4) **風病** 風の毒に犯されて起こる病気。様々な病状を伴う。『医心方』巻三、風病証候に「風者百病之長也。至其変化為他病也。無常方」とある。道長は翌三日に参内した後、十四日まで体調を崩して参内していない(四日・七日・十四日条)。『小右記』六月二日条によれば、「頭打煩悩」という状態であった。

(5) **日蝕勘奏** 五月二十八日条の地震勘奏と手続きは同じ。『朝野群載』巻十五、天文道に「日月蝕奏」の文例(月蝕)がある。なお『小右記』六月四日条に、この日蝕勘奏について、三条天皇から実資に問い合わせがあったことが記されている。吉昌は五月条註(44)参照。

(6) **広業朝臣** 藤原広業。有国男。母周防守藤原義友女。正四位下式部大輔。三十九歳。

(7) **唐書返牒** 入宋僧念救に託す宋天台山への返牒。念救は長保五年八月に寂照らとともに入宋し(『扶桑略記』など)、一時帰朝して長和二年に入京していた(『小右記』『御堂関白記』)。その際、宋天台山より牒状と智者大師影像などを延暦寺宛てに齎して、天台山大慈寺再建の助成を依頼していたことが知られる(『御堂関白記』長和二年九月十四日条、『平安遺文』補二六五号、『小右記』長和四年七月二十一日条)。七月十五日条には道長が求めに応じて天台山に作物料を贈ったことが記されており、また唐僧より贈られた『文集(白氏文集か)』の返物として貂裘一領を贈り、返事は広業に作らせたとある。『小右記』長和四年七月二十一日条に、「牒状事触式部大輔広業、々々云、件宋人等返牒依太〔左〕相府命二通作之」とあるのが、本条にいう道長が広業に作成させた唐書返牒であろう。延暦寺から天台山への返牒は文章博士大江通直に草案させることになっている。道長が天台山和尚に宛てた長和四年六月日付の書状の石摺り(墨本)が残り(『平安遺文』補二六五号)、牒の書式ではなく状であるが、これが本条の唐書返牒を指す可能性もあると思われる。道長は同時に寂照宛ての書状も送っている(『平安遺文』補二六四号)。念救が再度の入宋に進発したのは、この年七月である(『日本紀略』長和四年七月十七日・二十日条)。

(8) **内より召し有り…** 『小右記』五日条に「早旦頭来云、昨日為勅使参入左府、可御馬御覧、参入可見給之事也、被奏風発病動之由、不被参入」とある。

(9) **左右御馬を御覧ず** 臨時の左右馬寮御馬御覧。三条天皇はしばしば臨時の御馬御覧を行っており、この年は二月二十九日にも御馬御覧があった(『小記目録』)。『小右記』五月二十三日条によれば、この日天皇は目の具合が非常に良く、南殿の戸の釘まで見えるほどで、御馬御覧を行うことにしたのである。しかし『小右記』四日条に「御馬御覧、但御目尚不快」と見え、五日条には「御目快不覧、雖有御覧御馬之名、実是似不慥覧」とあり、御馬御覧と言いながら、実際には三条天皇の目は快復しておらず、当日はほとんど見えていなかったようである。にも拘わらず御馬御覧を強行したわけで、道長は「奇なり奇なり」と記したのである。

(10) **輔公朝臣** 藤原輔公。清通男。正五位下右衛門佐。道長の家司。『小右記』七日条に「去夜右衛門佐輔公・長門守有家宅焼亡」とあるから、実際に火事があったのは六日夜か。

(11) **輔公朝臣の家** 長和二年正月十六日に東三条第が焼亡した折、中宮は「忽其南輔公之家渡給」とあり、『小右記』同日条には、「中宮渡給右衛門佐輔公朝臣宅号高松」と見えて、東三条第に南接し、高松と呼ばれる邸宅であったことが知られる。これは『拾芥抄』や『二中歴』にいう姉小路北・三条坊門南・西洞院東の源高明の邸宅であった「高松殿」の位置に等しい。高明の女で道長の室の明子が「高松殿」と呼ばれたことは、『栄花物語』や『小右記』『権記』『左経記』などから知られるが、『御堂関白記』には「高松殿」の呼称は見えない。明子及びその居所のことは常に「近衛御門」と記している(寛弘二年八月二十日・二十六日条の「堀河辺」を除く)。また

『小右記』長和元年六月二十日条には「高松殿左府妾妻、陽明門」と見え、明子の邸宅が近衛御門(陽明門)大路に面して存在したことは確かである。一方『権記』寛弘三年十月五日条に「南院焼亡、火延但馬守高松宅同焼亡」とあるが、この但馬守は盛明親王の男、源則忠である。明子は安和の変で父高明が失脚した後、叔父である盛明親王の養女となっていたが、高明の「高松殿」はこの頃高明の弟盛明親王の男の源則忠が所有していたと思われる。恐らく邸宅としての「高松殿」は高明から盛明親王に譲られたものであろう。明子の「高松殿」の呼称は生家或いは養家に因んだものと思われ、明子は『拾芥抄』の「高松殿」には居住せず、近衛御門に住んでいたのである。なお「堀河辺」は『日本紀略』長保二年七月二十三日条に見える源則忠の「堀川宅」と関わるであろう。そして明子の近衛御門の居所は、後に明子の女寛子の夫小一条院に譲られ、それが『拾芥抄』の「小一条院近衛南・東洞院西」であると思われる。則忠の高松宅(『拾芥抄』の所謂「高松殿」)は寛弘三年の焼亡の後長和二年までに輔公の所有になったと考えられる。

(12) **一品宮** 脩子内親王。一条天皇第一皇女。母皇后定子。長徳二年生。その御所は所謂「竹三条押小路南・東洞院東」。長和二年正月二十七日条に「今夜一品宮渡三条宮」と見え、以後ここに居住した。長和五年八月二十八日に焼亡した。

(13) **心神不例** 『小右記』十三日条に道長の談として「自去朔日聊悩煩、就中一昨以前三四日太悩」とある。

(14) **明救** 天台僧。有明親王男。権僧正。七十歳。興福寺本『僧綱補任』長和二年条の裏書に「権僧正明救、十二月二十七日任、天皇即位以後、耳目共不明、仍尋有験僧、崛明救於仁寿殿御修法、結願夜、帝皇御夢大僧都自左右耳日月共出、入帝御左右眼、覚語後、見色聞音、仍此賞任権僧正」とあり、権僧正に任じられたのは、長和二年に三条天皇の眼疾治療に彼の修法が効果があったからと知られる。『小右記』五月十日条に明救が眼疾平癒の密法を修せんことを奏上し、道長もこれを行うことを了承したことが記されている。同十六日条によれば、その法は千手法に供日天法を加えたもので、故良源僧正から習い受けた秘法であり、秘蔵のものであるけれども殊に恩を被っているので、身を粉にしてもと奏上したものという。

(15) **公家御祈に…** 以下「奉仕せずと思ひ給ふ」までが明

救の奏上の内容。前日道長の元を訪れた実資に道長が清談の次いでに「近日有慮外之事、権僧正明救所令奏也」と話し始めたところによると、明救が右衛門典侍を通して道長の不興により眼疾治癒の修法を奉仕せずという奏上は、十三日以前になされており、道長としては全く心外で「極奇也恠也、一両日思慮之間」、明救が十三日に道長の元に来たので、修法を行うよう示したとのことであった。

(16) **右衛門典侍**　三条天皇乳母。『小右記』長和三年三月七日条に「資平頭事、以書状云遣右衛門乳母所」、同八日条に「有右衛門乳母返事、似天気宜」とあり、実資が養子資平の蔵人頭を望んだ際に、三条天皇の意向を右衛門典侍を通して打診していたことが知られる。『小右記』には頻出し、実資は三条天皇との接触に彼女を取り次ぎにすることが多かった(他に寛弘八年十一月二十九日条など)。本条でも明救は彼女を通して天皇に奏上したのである。『小右記』十三日条に「以書状送右衛門乳母云、欲修明御目之法、左大臣有不快気、仍不可奉仕者」とある。

(17) **是の事を聞きて…**　「仰せられ」たのは三条天皇。「是の事」とは明救の奏か。『小右記』十三日条によれば、明救が奏したことは事実だが、道長を名指ししてはおらず、「只令奏有憚不可行之由」という内容であった。

(18) **事の由等を奏せしむ**　主体は道長。道長の不興云々が全く事実と反する旨を奏上したものであろう。

(19) **其の後…**　以下遷宮延引のこと。内裏が焼亡したのは長和三年二月九日。造内裏定が五月二十四日に行われ、立柱上棟は長和三年十二月二日。当初は三月に遷宮の予定であったが、後に六月十九日に変更されていた。造宮は遅々として進まず、道長はすでに十二日に造宮困難の旨と奏上していた(『小右記』十二日条)。

(20) **行き向ひて之を見**　内裏造営現場の視察。『小右記』二日条によれば、内裏巡検は二日に行われる予定であったが、道長の病のため延引されていた。『小右記』十四日条に「今日被向造宮所」、十五日条に「昨日左府先被参内、次被向造宮所」とある。

(21) **内に参らず**　造営現場を視察した後、再び参内はせず、頭中将を通して天皇に奏上した。

(22) **頭中将**　藤原資平。懐平男、実資養子。母藤原保光女。従四位上左権中将。この年二月に蔵人頭。二十九歳。

(23) **南殿・清涼殿…** 以下「之を如何せむ」までが道長の奏。南殿(紫宸殿)は修理職が、清涼殿は木工寮が造営を担当(『栄花物語』)。木工寮が材木不足で清涼殿を期日までに造り畢ることが不可能である旨は、十二日に道長に報告済みである(『小右記』十二日条)。

(24) **彼の日必ず遷宮の事に候ずべし** 三条天皇の意向。『小右記』十二日条によれば、期日までの造宮不可能との道長の奏を受けた天皇は、なお十九日の遷宮を望み、道長はそれを不快に思ったとある。また天皇は「御枇杷殿不宜、仍猶早可遷御也」といい、造宮の期日に違う木工寮や国々の懈怠を責めたが、道長はそれを非難している。十三日には道長自身天皇を私領=枇杷殿に留めることの恐れを実資に語っている。そして天皇は、他の殿舎はともかく清涼殿の造営は特に急ぎ、十九日に間に合わせるよう指示していた。これを受けて道長はこの十四日清涼殿の造営終了を一応奏上したのである。

(25) **他の殿々…** 『小右記』十四日条にも「昨巡見造宮、未及申〔半〕作、是亦大工茂安所申也」と見え、また「殿舎門廊等不及葺桧皮之事十分之八九、又無可掃除之方、六〔大〕材木置積、安奈々比結、已無其隙」という極めて見苦しい状況であった。

(26) **遷宮延ばすべきなり** 資平が伝えてきた三条天皇の仰せ。結局天皇は十九日の遷宮を断念せざるを得なかったのである。『小右記』によれば「仰云、殿舎門廊造畢、冬可遷御、可令勘申日時之由被仰相府已了」とある。実際の遷宮は九月二十日に行われた。

(27) **資業** 藤原有国男。五位蔵人左少弁。

(28) **大内** 当時、内裏は枇杷殿にあった。

(29) **御心地不例** 『小右記』同日条にも資平の伝言として「主上不例御座、似御瘧病」とある。

(30) **御悩重きに似る** 『小右記』同日条では「但非重御悩、不可営参者」とあり、病状の程度に『御堂関白記』とやや齟齬がある。この発熱は『小右記』によれば翌二十日まで続くが、その申の剋には平癒したようである。

(31) **暫く加持を止む** 難解だが、三条天皇に眼病以外の発病があったため、眼病の加持を止めたと解しておく。

(32) **賀静** 『師資相承』坤に「左京人、安倍氏、仁観弟子、法性寺座主、被越座主慈恵取了、贈僧正法印大和尚位」(『大日本史料』二編之一)とあり、康保四年正月二十九日に卒去する(『扶桑略記』同日条)。ところが、『扶桑略記』康保三年八月二十八日条には「律師良源任天台座主五十五、超法性寺座主律師賀静所補也」とある。一方『顕密宗系図』の賀静の項には「贈僧正、下﨟御廟蒙座主宣旨、仍心労死去云々」（『大日本史料』同）とあって、下﨟の良源（慈恵）に天台座主を越えられた心労で死去したようである。

（33）**僧正を贈る**　ここまでの過程は資平からの伝言として『小右記』に明らかである。五月一日より七壇御修法（七仏薬師法）が始まるが、五月二日条に「壇々御修法律師御加持間、候御前之女民部掌侍、両手振動、已似邪気」と兆候があり、同七日条に「律師心誉加持女房、賀静・元方等霊露云、主上御目事賀静所為也、居御前、翼を開時仁者、御目乎不御覧也、但御運不盡給、仍不着御躰、只候御所辺、運命猶強御座由を申」と賀静の霊が現われ、三条帝の眼病が賀静の所為であることが判明する。そして、同八日条では「賀静霊申可給贈位之事、被仰左相府、奏云、有何事者」と霊が贈位を要求し、それを道長が認めたことが知られるが、同二十日条では「賀静霊依本執、懇切申可被贈天台座主之事、即被仰遣左相府、奏云、先被勘例可宜者、縦雖無例、必可被贈之由有仰事者」とさらに天台座主を要求してくる。これに対して道長は先例を調べることを指示し、三条帝は先例がなくとも追贈することを指示している。ところが、同二十二日条では「賀静霊云、先日申可被任座主之由、而当時座主忿気無極、奉為主上必作怨霊、勝自我弞、至今悪心漸解除、帰仏道、於天台旧房可被修阿弥陀護摩懺法、不可被任座主、只可作僧正職」と現任座主慶円の怨怒により霊が譲歩する。同日条及び翌二十三日条には慶円に対する実資や道長の非難が見えるが、如上の過程を経て賀静への僧正の贈位が実現したのである。

（34）**夜に入りて…**　以下、便宜上「庶政」までを一括して述べる。まず、同日条の『小右記』により贈位の上卿が中納言源俊賢、翌二十一日条により宣命作成者が大内記藤原義忠であったことが知られる。ところが、二十一日条には「庶政内々云、左大臣云、宣命只可預阿闍梨日助云々」とあり、『日本紀略』十九日条には「贈故律師賀静僧正法印、上卿権中納言俊賢卿、給宣命於少納言庶政、不登墓所山、密々付遣弟日助阿闍梨」とあって、本来ならば墓所（賀静の墓所は不明）に行き、宣命を直接読み上げるべきところを、道長の意向により、墓所には行かず、庶政がただ(それも密々に)賀静の弟(弟子か)日助に渡しただけであることがわかる。庶政は藤原典雅男。少納言。

(35) **件の贈位…** 藤本勝義氏は「藤原道長と物の怪」(『源氏物語の「物の怪」』第六章、笠間書院、平成三年)で、「邪霊が(中略)意識的に排除されている」『御堂関白記』の記事の中で「憑霊の正体である人物名を(中略)記した唯一の例」としてこの部分に注目された。そこで、氏は「従」を「依」と同義に理由の意とし、「件の贈位是冷泉院の御時の邪気によるなり」と読み、邪気を賀静の霊とし、賀静への贈位の先例を冷泉院の時に求められた。可能な解釈だが、管見では賀静への贈位は今回だけのようであるため、「従」の時間的推移を表すと見て、本書では「件の贈位是冷泉院の御時よりの邪気なり」と読んで、これを賀静の霊への説明と解釈したい。

(36) **当時** 古記録では「現在」を表す場合が多いと思われるが、現在の用例のように過去を表すと見ることもできる。その場合、「当時」とは冷泉院当時である。

(37) **指したる事無し** 直訳すれば「たいしたことではない」というニュアンスであり、その主体は賀静の霊の威力や影響力であることは動くまい。ただ、「当時」を現在と解すれば三条帝にとってのことになり、過去と解すれば冷泉院にとってのこととなる。

(38) **事の恐れ…** 「事の恐れ」は深読みすれば様々な解釈が可能になろうが、前述のように、賀静への贈位は今回が初めてのようであるため、「当時」を過去と解してもこの部分が現在のことを記していることは動かないであろう。なお、「当時」を現在と解して、註(37)以下を穿った解釈をすれば、三条帝に対する道長の感情も云々できよう。

(39) **円教寺** 一条天皇御願寺として仁和寺内に建立(右京区谷口円成寺町、花園円成寺町辺り)。四円寺(円融寺・円教寺・円乗寺・円宗寺)の一つ。長徳四年正月二十二日落慶供養(『扶桑略記』同日条)。

(40) **御八講** この日は一条院の忌日(寛弘八年崩御)であり、そのための法華八講。『小右記』同日条には道長はじめその参列者等が詳しく記されている。なお、二十五日に結願とあるため、この日が初日である。

(41) **帥の宮** 一条院第一皇子敦康親王。『御堂関白記』長和四年十二月十二日条を基準にすれば、当時敦康は頼通と高倉殿に同居していたか。

(42) **講**　父一条院の供養のためだが、具体的には不明。

(43) **女方**　源倫子。道長室。なお、倫子は道長とともによく参内するが、その目的は不明であり、今後、考慮すべき課題であろう。

(44) **仁王会**　『日本紀略』同日条に「臨時仁王会、依疾疫也」とあるが、今回の臨時仁王会は『小右記』六月十三日条によれば、実資と道長が清談の途中、実資が道長に「世間不静事」を申したところ、「仁王会重欲行、又有或夢想、二十三日許被行宜歟」という道長の意向で決まったものである。そして、十五日に検校上卿が頼通と決まり、十七日に僧名定があり、翌十八日に正式に二十三日と決定する(『小右記』各日条)。『小右記』二十三日条には内裏(枇杷殿)での儀の様子が詳しく記述されている。

(45) **権大納言**　藤原頼通。道長男、母は源倫子。正二位、権大納言、東宮権大夫。二十四歳。

(46) **之を行ふ**　検校上卿として大極殿での儀を仕切ったということ。

(47) **吉く行ふ、と云々**　頼通に対する道長の評価であるが、「云々」とあって伝聞であり、『小右記』同日条に「検校大納言云、八省着請僧無闕、又無狼藉事」とあるように頼通の報告に基づくもののようである。いずれにしろ、当日の大極殿の儀には滞りがなかったようである。ただ、『小右記』十八日条によれば、「資平来云、昨日権大納言奏仁王会行事定文、先例不奏文也、不奏可承咒願趣之由并作者事者、失前跡之事等也、不知古伝歟」とあり、僧名定の際に頼通に失があったという。ただ、管見では儀式書等から具体的にその失を確認はできなかった。

(48) **我は内に候し……**　仁王会は『小右記』同日条にも「百高座立大極殿、其外南殿・御殿・又諸宮・神社等耳、近代例也」とあるように、百僧の高座を大極殿を中心に南殿や御殿(清涼殿)、宮々の居所や近辺の寺社など様々な場所に設けて行う。ただ、『小右記』には「等耳、近代例也」とあり、宮中諸殿や省・寮等が記述されていないように規模の縮小が示されている。今回の場合、『小右記』によれば、検校上卿として頼通が大極殿の儀を取り仕切っていたのに対し、道長は実資などとともに内裏(枇杷殿)南殿の儀に参列しており、大極殿の儀には参加していなかったのである。

(49) **講**　二十二日の続きであろう。

(50) **公成**　藤原公季孫。実成男、母は藤原陳政女。従四位

下、右近衛少将、近江権介。十七歳。『御堂関白記』十月二十八日条に「右近少将公成内大臣大将辞申文持来」とあり、祖父公季の左近衛大将の「辞申文」を道長の元へ届けたのも公成である。

(51) **左兵衛督** 藤原実成。公季男、母は有明親王女。正三位、参議、左兵衛督、検非違使別当。四十一歳。『御堂関白記』十月二十七日条に「内府暫留被示、明日参事不定、大将辞申也、是中納言已闕、以実成為被任也」とあり、父公季が左近衛大将を辞退の代わりに、参議から権中納言に任じられている。

(52) **別当を辞する状** 別当とは検非違使別当だが、『小右記』二十六日条に資平からの伝聞として「昨日左兵衛督上依病辞検非違使別当之状、左大臣以資平被奏、大臣云、召子公成朝臣可返給、若不参者、書副書状、可遣公成朝臣許者、仍遣彼朝臣了」とあり、辞退の理由は病(関連記事は同二十五日・二十八日条)であった。しかし、辞状は受理されず、その後、『御堂関白記』によれば、翌五年五月十八日に再び辞意を示すも叶わず、同七月十七日になってようやく許可されている(各該当日条)。なお、検非違使別当は職務の性格上、あまり好まれない役職であったようである。

(53) **辞状** 公成が道長の指示で内裏に提出した実成の辞状である。

(54) **皇太后宮** 藤原彰子。道長女。一条院中宮。当時、彰子は土御門殿に居住していた。

(55) **円教寺より……** この部分、時間的には実成の辞状の件の前にくるものと思われる。大内退出の後、夜に入って辞状が持ち込まれたのであろう。

(56) **御読経** 『小右記』六月十六日条に「資平云、御目此七八日弥倍御、大般若不断御読経可行之由、被仰遣左府、奏云、明日召中納言俊賢可被仰之者」とあり、三条帝の発案である。上卿には源俊賢が指名されるが、十七日の僧名定には参入せず、頼通が仁王会の僧名定とともに行う(同十七日条)。そして、二十五日と決まる。しかし、今回の御読経は甚だ略儀であり、十八日条によれば、当初十二口であった請僧(同十六日条)を十五口に増加するが、それでも前例の二十一口には満たないものであった。しかも、二十五日の当日も『小右記』によれば、「不可有行香、仍不立行香机、不敷上達部座、今朝左相府命也」とあり、道長の意向により、行香が行われなかったことが知られる。
(57) **文義**　小野傳説男。大外記。
(58) **晦日大祓**　大祓は六月と十二月の末日に行うが、本年は閏が六月にあり、正閏のいずれに大祓を行うかが決定していないのである。
(59) **日記**　外記日記。但し、閏六月の日記そのものがないのか、閏六月に大祓の例が日記に見えないのかは不明。なお、これはあくまで文義の言い分である。
(60) **仰せて云はく**　以下は道長の回答である。道長も正式には知らない訳であるが、閏十二月の例をもって、閏に行うべきことを主張している。なお、『小右記』三十日条によれば、道長は資平より閏に行うことの再確認を受けるが、資平は昌泰四年(延喜元年)の例が外記日記に存することから、道長の説の妥当性を実資に告げている。そして、同閏六月一日条には、資平がその先例を道長に示したところ、道長が自らの説が正しかったことに感激したことが記されている。なお、『山槐記』治承二年六月二十九日条によれば、やはりその年、六月に閏があり、大祓等を正閏いずれに行うかが問題とされている。そして、大同元年から久安四年までのうち、閏が六月にある年の八例が列挙されている。当年長和四年の前は、延喜二十年であるが、その年は閏に大祓を行わなかったようであり、その前が延喜元年である。文義が外記日記にないと申したのは、延喜元年まで遡らなかったためであろうか。
(61) **仰せて**　三条天皇が道長に命じる。
(62) **故冷泉院の御気**　冷泉院は三条天皇の父で、寛弘八年十月二十四日に没している。病がちな三条天皇は種々の邪気に悩まされたが、長和四年五月四日には天皇の眼病は冷泉院の邪気の所為であるとの託宣が下った。この時には、邪気を他人に移すと、天皇の目は回復したという(『小右記』同日条)。
(63) **修善**　「修」の字、底本は旁を欠く。
(64) **仰せに随ひ奉仕せしむ**　『小右記』閏六月一日条によると、三条天皇の命を受けた道長は源俊賢に命じ、冷泉院の御陵桜本陵で法華三昧を修させた。
(65) **四条大納言来月故母の法事**　四条大納言は藤原公任。頼忠男。正二位、権大納言、太皇太后宮大夫。五十歳。公任の母は代明親王第三女厳子女王で、厳子女王は円融天皇の皇后藤原遵子と花山天皇の女御藤原諟子の母でもある。巌子女王は長和三年六月より病に伏し(『小右記』同月六日条)、同年七月十六日に没している(『小記目録』第二十庶人卒付女 小児 法事)。本条でいう巌子女王の法事は閏六月二十四日に行われており、当日、道長は僧前を送っている(『御堂関白記』同日条)。これは巌子女王の一周忌と考えられるが、巌子女王の遺骨は七月十二日に改葬されており(『小石記』同月十九日条)、改葬のため忌日の七月十六日以前に一周忌が営まれたのであろう。

# 閏六月

〔本文〕

**二日**、庚辰、參大內、讀經結願、

**三日**、辛巳、參大內、退出、

**四日**、壬午、資平朝臣來仰云、世間病惱甚盛、此間有相撲召合如何、可定申、又加勞御座御目日《來》猶重者、夕立雨下、日來無雨氣、

**五日**、癸未、夕立雨降、早朝召大外記文義、仰、今日有可定申、催申諸卿、着左仗、春宮大夫・權大夫・皇太后宮大夫・右衞門督・中宮權大夫・藤宰相・右大弁等參着、定申相撲事、定申云、世間病事甚盛、可被止、加又有所勞御座者、更非可申云〻、此《奏》由、卽被仰可止由、召文義、仰此由、奏施米文、又定仰上總・下總國交替使、

**六日**、甲申、頭中將持來僧綱申請爲疾疫以百口僧於大極殿可奉仕御讀經狀、

**七日**、乙酉、積善寺堂材木充人〻、示仰九月內可出由、

**八日**、丙戌、參大內、候宿、

**九日**、丁亥、夕立、從內退出、

**十日**、戊子、大內記義忠持來宣命、晩頭夕立、昨日夕立間、堂南山下虹立云〻、仍召吉平問之、申云、無殊事、自然事也云〻、

**十一日**、己丑、諸社奉幣、依物忌、宣命淸書不持來、

十二日、庚寅、參大內、退出、後大雷數聲、雨又下、入夜雨脚等止、此日賴光朝臣八講云〻、
十三日、辛卯、資平朝臣云、有申奉令御目《平復》者、令奉仕如何云〻、申可奉仕間樣云、賜少物、於北野邊奉仕
御祭者、令申可奉仕者、即參大內、問案內、男巫云〻、令給物、
十四日、壬辰、依物忌不他行、頭中將來仰云、造宮國〻幷職・寮、行幸日以前不事了所〻有其數、非任《可有》意、
初給官符文云、過彼日者、可處重科者、其由定申者、申可定由申、
十六日、甲午、參內、懺法讀經初、大內未被行、此度初歟、其御裝束冊《如》口御讀經、僧綱座母屋西一間、南
上北面、凡僧座北御障邊幷南壁邊、行道廻御帳、立禮版南面、
十七日、乙未、申講《請》御讀經初、於大極殿修之、僧數二百口、僧座左右相分、如御齋會座、上達部座、從例
座二間上西方、是依便宜歟、着東廊座後、着殿座、我參時、從大炊御門乘車、出時、內府參會、《仍》見內裏、
從陽明門出、
十八日、丙申、參大內、退出、供養例經、導師融碩、事了進湯漬、入夜依熱氣盛、乘舟追涼、
十九日、丁酉、落北屋打橋間、損左方足、前後不覺、
廿日、戊戌、夜間足腫痛不知爲方、以蓮・楊等湯洗之、
廿二日、庚子、爲持經書法華経、以院源令申上、其辯才勝於人、聞者流涕、
廿三日、辛丑、藤宰相云、丙穢侍《奉仕》、明後日使有恐、爲之如何、答云、御心思定、可被奏事由、資平來云、
宰相申事如此者、可隨御定、難申左右、又來云、猶彼日可立、其觸穢今日許也、齋外云〻、公道理也、承

之東宮大夫申云、公道理可然、但使者兩三日淨間有此事、恐思不少、延今一兩日被立、無其恐歟、公私有憚者、以此旨奏聞云〻、仰云、東宮大夫令奏旨如此、來廿八日可立使者、

**廿四日**、壬寅、奉渡法興院東藥師堂御佛、〻壇等未造了、然而奉居所依無便也、四條大納言母堂法事、送僧前、

**廿六日**、甲辰、藏人親業來仰云、日來山華院有御讀經、而從皇后宮被申云、修理大夫家有死穢、東宮彼華山院如同所也、彼御讀經穢未到前、可被遷他所者、尤可然、令遷者、仰可遷業遠宅由、右宰中將來、昨日式部卿宮於　殿有逍遙云〻、通任候者、奏聞修理大夫家《有》觸穢由、而候彼所云〻、宰相中將着堀川院、中將已乙也、其來所丙也、若堀川院着座者參大內歟、尋之處、大夫史奉親申云、今右府召有、參彼所、卽參大內云〻、以此由奏聞、仍明後日諸社使停止、此度使等依御卜以上卿可被立也、此逍遙極無便、主上不尋常御坐間、非可有如此事、

**廿七日**、乙巳、法興院御八講初、所勞足未踏立、仍不參入、被召問理修大夫、無所陳、勘事云〻、

**廿九日**、丁未、大秡、文部等奉刀、家秡如常、大內初御修法、二壇、法興院五卷如常、有所勞不參、

**〔註釈〕**

**二日**、庚辰。大内に参る。[1]読経結願す。

**三日**、辛巳。[2]大内に参り、退出す。

**四日**、壬午。資平[3]朝臣来たり仰せて云く、世間[4]の病悩甚だ盛りなり、此の間相撲[5]の召し合わせ有るは如何、定め申すべし、又、労[6]を加え御座します御目、日来猶ほ重し、てへり。夕立の雨下る。日来[7]雨気無し。

**五日**、癸未。夕立の雨降る。早朝大外記[8]文義を召し、仰す、今日定め申すべきこと有り、諸卿を催し申し、左仗に着せよ、と。春宮大夫[9]・権大夫[10]・皇太后宮大夫[11]・右衛門督[12]・中宮権大夫[13]・藤宰相[14]・右大弁[15]等参着し、相撲[16]の事を定め申す。定め申して云はく、世間の病の事甚だ盛りなり、止めらるべし、加へて又所労[17]有りて御座しませば、更[18]に申すべきに非ず、と云々。此[19]の由を奏す。即ち止むべき由を仰せ[20]らる。文義[21]を召し、此の由を仰す。施米[22]の文を奏す。又上総[23]・下総国の交替使を定め仰す。

**六日**、甲申。頭中将[24]、僧綱[25]申請せる、疾疫がため(二)百口の僧を以て、大極殿に於いて御読経を奉仕すべき状を持ち来たる。

**七日**、乙酉。積善寺[26]の堂の材木[27]を人々に充つ。九月の内に出だすべき由を示し仰す。

**八日**、丙戌。大内[28]に参り、候宿す。

**九日**、丁亥。夕立す。内より退出す。

**十日**、戊子。大内記[29]義忠、宣命を持ち来たる。晩頭夕立す。昨日の夕立の間、堂[30]の南の山の下に虹立つ、と云々。仍りて吉平を召し之を問ふ。申して云はく、殊なる事無し。自然の事なり、と云々。

**十一日**、己丑。諸社[31]の奉幣。物忌に依りて、宣命[32]の清書は持ち来たらず。

**十二日**、庚寅。大内に参る。退出す。後大[33]いなる雷、数声。雨また下る。夜に入りて、雨脚等止む。此の日頼[34]光朝臣の八講、と云々。

**十三日**、辛卯。資平[35]朝臣云はく、御目[36]を平復せしめ奉ると申す者有り。奉仕せしむるは如何、と云々。奉仕[37]すべき間の様を申して云はく、少物を賜はり、北野辺に御祭を奉仕す、てへり。奉仕すべき者と申さしむ。即ち大内に参る。案内を問ふ。男巫(38)、と云々。物を給はらしむ。

**十四日**、壬辰。物忌に依りて、他行せず。頭中将来たり仰せて云はく、造宮(39)の国々并びに職・寮、行幸の日以前に事の了らざる所々其の数有り、任意に有るべきに非ず、初めに給ふ官符の文(40)に云はく、彼の日を過ぐる者は、重き科に処すべし、てへり、其の由定め申せ、てへり。定め申すべき由を申す。

**十六日**、甲午。内に参る(41)。懺法(42)の読経を初む。大内は未だ行はれず。此の度、初めて歟。其の御装束は四十口の御読経のごとし。僧綱の座は母屋の西一間。南を上とし(43)、北面す。凡僧の座は、北の御障(子)の辺并びに南壁の辺。行道して御帳を廻る。礼版(44)を南面に立つ。

**十七日**、乙未。申請(45)の御読経を初む。大極殿に於いて之を修す。僧数二百口。僧の座を左右に相分かつ。御斎会の座のごとし。上達部の座、例の座より二間上の西方なり。是れ便宜に依るか。東廊の座に着する後、殿の座に着す。我参る時、大炊御門より車に乗る。出づる時、内府(46)に参会す。仍りて内裏を見、陽明門より出づ。

**十八日**、丙申。大内に参る。退出す。例経(47)を供養す。導師は融碩(48)。事了りて湯漬(49)を進む。夜に入りて熱気盛りなるに依りて、舟に乗りて涼を追う。

**十九日**、丁酉。北の屋の打橋より落つる間、左方(50)の足を損ず。前後不覚なり。

**二十日**、戊戌。夜の間、足腫れ痛きこと為む方を知らず。蓮(51)・楊等の湯を以て之を洗ふ。

**二十二日**、庚子。持経(52)と為す法華経を書す。院源(53)を以て申し上げしむ。其の弁才、人に勝ぐる。聞く者涕を流す。

**二十三日**、辛丑。藤宰相(54)云はく、丙穢(55)侍り、明後日使(56)を奉仕するに恐れ有り、之を為すこと如何、と。答へて云はく、[57]御心思し定むるなり。事の由を奏せらるべし、と。[58]資平来たりて云はく、[59]宰相申す事此のごとし、てへり。[60]御定に随ふべし。左右申し難し。又来たりて云はく、[61]猶ほ彼の日立つべし、其の触穢今日ばかりなり、斎の外なり、と云々。[62]公の道理なり。之を承りて[63]東宮大夫申して云はく、公の道理然るべし、但し使者両三日浄の間此の事有り、恐れ思ふこと少なからず、今一両日延べ立てらる、其の恐れ無きか、[64]公私憚り有り、てへり。此の旨を以て奏聞す、と云々。仰せて云はく、東宮大夫奏せしむる旨此のごとし。[65]来たる二十八日使立つべし、てへり。

**二十四日**、壬寅。[66]法興院東薬師堂の御仏を渡し奉る。仏壇等未だ造り了らず。然れども居ゑ奉る所便無きに依りてなり。[67]四条大納言[68]母堂の法事、[69]僧前を送る。

**二十六日**、甲辰。[70]蔵人親業来たり仰せて云はく、日来[71]華山院に[72]御読経有り。而るに[73]皇后宮より申さるるに云はく、[74]修理大夫家死穢有り。[75]東の宮は彼の華山院、同所のごときなり。彼の御読経穢未だ到らざる前に、他所へ遷さるべし、てへり。[76]尤も然るべし、遷さしめよ、てへり。[77]業遠宅に遷すべき由を仰す。[78]右宰(相)中将来たる。昨日[79]式部卿宮　殿に於いて逍遙有り、と云々。通任候ず、てへり。修理大夫家触穢有る由奏聞す。而るに彼の所に候ず、と云々。宰相中将[80]堀川院に着(座)す。[81]中将已に乙なり。[82]其の来たる所丙なり。[83]若しくは堀川院着座の者大内に参るか。之を尋ぬる処、[84]大夫史奉親申して云はく、今(日)[85]右府の召有り。彼の所に参り、即ち大内に参る、と云々。此の由を以て奏聞す。[86]仍りて明後日の諸社使停止す。[87]此の度の使等御卜に依りて上卿を以て立てらるべきなり。此の逍遙極めて便無し。主上尋常に御坐さざる間、此のごとき事有るべきに非ず。

**二十七日**、乙巳。法興院の[88]御八講を初む。[89]労はる所の足未だ踏み立たず。[90]仍りて参入せず。[91]修理大夫を召し問はる。[92]陳ぶる所無く、勘事す、と云々。

**二十九日、**丁未。大秡[93]。文部等刀[94]を奉る[95]。家の秡常のごとし[96]。大内に御修法を初む[97]。二壇[98]。法興院五巻常のごとし[99]。労はる所有りて参らず[100]。

（1）**読経結願す**　六月二十五日より始まった大般若不断御読経の結願。

（2）**大内に参り**　『小右記』同日条によると、この日に祈年穀奉幣定が行われた。祈年穀奉幣の上卿は大臣が勤めるとされており（『夕拝備急至要抄』上）、道長は参内し、奉幣定の上卿を勤めたと考えられる。

（3）**資平朝臣来たり仰せて云はく、……、てへり**　藤原資平は懐平男。実資養子。従四位上、蔵人頭、左近衛権中将兼備後権守。三十歳。「世間の病悩甚だ盛りなり。……定め申すべし」は資平が三条天皇の「仰せ」を道長に伝えた部分。一方、「また労を加え御座します御目、日来猶ほ重し」は三条天皇の目の具合を伝えた部分で、本来ならば「資平朝臣来たり仰せて云はく」から始まる引用部からは外されるべきである。資平が三条天皇の「仰せ」に続けて、天皇の目の調子を述べたため、このような表記になったのであろう。

（4）**世間の病悩甚だ盛りなり**　この年の三月末より疫病が流行し、秋まで収まらなかった。京中の路頭には死骸が捨てられ、五位以上の貴族も十数人が没したという（『小右記』四月十九日・六月十一日条）。朝廷は疫病を鎮めるために、五月十五日・六月二十三日に臨時仁王会を行っているが効果はなかった。

（5）**相撲の召し合わせ有るは如何、定め申すべし。**　相撲召合を実施するかどうか定めよとの三条天皇の命を受け、道長は翌日陣定を召集し、その場で中止を決定している。相撲召合は七月に行われ、大の月の場合は二十八日・二十九日に、小の月の場合は二十七日・二十八日に実施するとされており（『北山抄』第二）、この年は七月二十八日・二十九日に行われることになっていた。なお、疫病の流行による召合の中止は多数確認できる（『日本紀略』延喜九年七月是月条、同寛弘五年六月二日条他）。

（6）**労を加え御座します御目**　この前後、三条天皇の目の調子はすぐれない。閏六月二日には阿闍梨仁海が三条天皇の眼病について易筮を行い、必ず平癒するとしたが、その筮文を見た道長は不快の色を示し、「甚だわるく勘じたり」と述べたという(『小右記』閏六月二日・三日条)。三条天皇と道長との関係を考える上で興味深い。その後、天皇の目は更に悪化し、『小右記』閏六月十日条ではこの二・三日天皇は全く目が見えていないと、資平は実資に伝えている。

(7) **日来雨気無し** 前日条の『小右記』には「日来雨澤不降、有旱損愁云々」とあり、この記事を裏付ける。

(8) **大外記文義** 小野傅説男。大外記。道長が陣定の開催を諸卿に告げるよう命じたもの。

(9) **春宮大夫** 以下は陣定に出席した公卿達。藤原斉信。為光男、母は藤原敦俊女。正二位、権大納言、春宮大夫。四十九歳。

(10) **権大夫** 春宮権大夫を指す。藤原頼通。道長男、母は源倫子。正二位、権大納言、春宮権大夫。二十四歳。

(11) **皇太后宮大夫** 源俊賢。高明男、母は藤原師輔女。正二位、権中納言、皇太后宮大夫、治部卿。五十七歳。

(12) **右衛門督** 藤原懐平。斉俊男、母は藤原尹文女。従二位、権中納言、右衛門督、皇后宮大夫。六十三歳。

(13) **中宮権大夫** 源経房。高明男、母は藤原師輔女。従二位、権中納言、中宮権大夫。四十七歳。

(14) **藤宰相** 藤原公信。為光男、母は藤原伊尹女。正四位下、参議、美作権守。三十九歳。

(15) **右大弁** 藤原朝経。朝光男、母は重明親王女。正四位下、参議、右大弁、大蔵卿。四十三歳。

(16) **相撲の事** 疫病の流行のため相撲召合を中止するかどうか。

(17) **所労** 三条天皇の病気。

(18) **更に申すべきに非ず** 相撲召合を中止するのはいうまでもない、の意。

(19) **此の由を奏す** 道長が陣定の結果を三条天皇に奏す。

(20) **仰せらる** 三条天皇の「仰せ」。

(21) **文義を召し、此の由を仰す** 『北山抄』第六には、相撲召合の中止について「延引・停止時、令外記伝仰、停止時、或仰次将(割註略)、五・六月以前停止者、給不可点貢相撲人官符於諸道」とあり、本条で道長が大外記小野文義を召し、召合の中止を仰せていることに対応する。諸国への官符の発給については、『小右記』閏六月六日条に「史致孝云、昨日被定相撲停止事、可給官符歟、被尋前跡、上古給官符、近代不給、只被仰本府者」と記され、近代は官符を発給しないとする。しかし、この前後にも相撲召合の中止に際し、諸国へ官符が発給された事例が確認でき(『日本紀略』寛弘五年六月二日条、『左経記』寛仁四年五月二十日条等)、『小右記』の記述は正しくない。『日本紀略』閏六月五日条には「可停止相撲節会之由被宣下、依御不予也」とあり、この「宣下」が諸国への官符発給と考えられる。

(22) **施米の文を奏す** 施米は毎年六月、京都周辺の諸寺の僧へ米・塩を施す行事。愛宕寺の下、右近馬場、右兵衛馬場の三か所で行われた。施米は天皇の仰せを承け、次の手続きを踏み実施される。上卿が陣座に着し、勘文を検察し、それを殿上の弁または蔵人に付して奏聞し、返給後、史に下し、その後、施米の準備が行われる。勘文は施米の使いが進める十五巻勘文と人数勘文・米塩勘文の三種類が用意され、十五巻勘文と人数勘文は常に奏されたが、米塩勘文の奏上は場合によった(以上、『西宮記』『北山抄』『江家次第』による)。本条で奏された「施米の文」は十五巻勘文・人数勘文等を指す。

(23) **上総・下総国の交替使を定め仰す** 交替使は検交替使とも言われ、前司の死去などのため、前司と新司との間で分付受領が行えない場合、着任した新任国司の申請に基づいて派遣される臨時の官である。長和四年前後の上総介は不明であるが、下総国については長和五年正月十二日に下総守惟宗貴重が辞状を提出し、辞任が許可されており(『御堂関白記』同日条)、長和四年の下総守は惟宗貴重であった。惟宗貴重の功過は寛仁三年正月二十一日に定められ、貴重は二十三日に加階されている(『小右記』同日条)。この『小右記』寛仁三年正月二十三日条によると、貴重は下総守を三か年で辞退したとあり、この記事が正しいならば、貴重は長和二年の正月除目で下総守に補任された可能性が高い。とするならば、貴重は守補任後三年目、しかも辞任の前年に交替使の派遣を申請したことになる。『別聚符宣抄』所収天暦七年六月十三日付宣旨では、交替使派遣の申請は交替事務の迅速を期すため、新司補任の直後、任国への赴任前に行うように命じている。しかし、現実には十世紀後半以降、交替使派遣の遅れが目立つようになるとされる。『小右記』寛仁三年正月二十三日条によると、惟宗貴重は下総守補任に際し、四年間で二年分の済物を納入することで勧賞に預かることができるとの官符を得ており、実際には三か年で二年分の済物を納め辞任した。長和四年閏六月に貴重が交替使の派遣を朝廷に申請したのは、翌年の辞状提出を前提に、二年分の済物完納を示す書類を整えるためではなかろうか(以上、交替使については吉岡眞之「検交替使帳の基礎的考察」(『書陵部紀要』第二十六号、昭和四十九年)・佐々木恵介「摂関期における国司交替制度の一側面」(『日本歴史』第四九〇号、平成元年)を参照した。

(24) **頭中将** 藤原資平。

(25) **僧綱申請せる……奉仕すべき状** 『小右記』同日条では、僧綱所が十七日より三日間、二百口の僧で仁王経の転読を行う旨を申請し、道長は十七日は不吉と述べたと藤原資平が実資に伝えている。八日には安倍吉平の勘申に基づき、十七日に実施することが決定され、十七日より大極殿で仁王経御読経が始められ、二十日に結願している。請僧は二百口とある(『御堂関白記』『小右記』同日条)。

(26) **積善寺** 積善寺は関白藤原道隆によって法興院内に建てられた御堂で、正暦五年二月二十日に落慶供養が行われた(『日本紀略』同日条。『栄花物語』巻四「みはてぬゆめ」)。法興院は藤原兼家の二条京極邸を寺院としたもので、二条の北、京極の東にあり、広さは一町であった(『拾芥抄』諸寺部)。積善寺は長和元年閏十月十七日に焼失し、本条の積善寺の造営は長和元年の焼失後の再建と考えられる。長和元年の火災では、法興院北倉に火が付き、その後積善寺が焼亡しており、積善寺は法興院の北辺にあったといえよう(『御堂関白記』同日条)。

(27) **材木を人々に充つ** このように造営を人々に割り当てる方式で、道長は私邸や私寺の造営を度々行ったが、特に土御門殿寝殿を一間ずつ受領に割り当てて造営させたことは有名である(『小右記』寛仁二年六月二十日条)。

(28) **大内に参り** この日道長は参内し、直廬で懺法御読経僧名を定めたことが、『小右記』同日条より分かる。

(29) **大内記義忠** 藤原為文男。大内記。文人、歌人としても有名。この日に祈年穀奉幣の宣命草が奏され、翌日祈年穀奉幣が行われている(『小右記』十一日条)。『江家次第』第五では、祈年穀奉幣の前日に宣命草を奏し、摂政関白が里第にいる場合は、天皇に奏す以前に、摂関が宣命草を内覧するとされている。したがって、義忠が道長の許に持ってきた「宣命」とは、祈年穀奉幣の宣命草と考えられる。

(30) **堂**　土御門第の御堂。

(31) **諸社の奉幣**　『日本紀略』の同日条に、「奉幣廿一社。祈年穀也」とあることから、祈年穀奉幣であることが分かる。稲をはじめとする五穀の一年の豊饒を祈るとともに、天皇の安泰と国家の平安を祈請するもの。毎年二月・七月の吉日が恒例であるが、延引された例も多い。この祈年穀奉幣も、『小右記』同日条に「今日被立祈年穀使、中納言俊賢行之、去春右大臣承之、而懈怠及今云々、昨日奏宣命草云々、昨日坎日、今朝奏覧見宜歟、如此之事可有用意歟」とあるように、右大臣顕光の懈怠により、「去春」つまり今年の二月から、この閏六月の夏に至るまで催行されていなかったのである。

(32) **宣命の清書**　前日の閏十日条の「大内記義忠持来宣命」とあったのが宣命の草案で、その清書。『江家次第』二月、祈年穀奉幣に「当日、早旦内記清書宣命、上卿参陣、奏宣命清書」とあるように、本来なら、昨日の内に内覧した宣命の草案の内記が清書したものを、上卿である道長が参陣して奏覧するはずのもの。道長は物忌であったため、参内できなかったのであるが、その道長の屋敷には、態々清書を持ってこなかったということである。

(33) **大いなる雷**　『小右記』同日条に「伝聞、祇園別当戒秀、日来煩時行、今日霹靂彼宅、不経幾日死去、数日之後或者所申也、事已誠実云々、仍進〔追カ〕所記了〔耳カ〕、(中略)午剋許雷鳴、未剋許少雨、雷雨共止、従酉剋許又大雷暴雨」とあり、かねて時行を患っていた僧戒秀が、この日の落雷のショックによって、その後、幾日も経ない内に死去したことが窺われる。戒秀は清原元輔男。そして、元輔の四十歳前後の子と推定されているので、元輔の六十歳前後の子と推定されている清少納言の恐らく異腹の兄に当たることになる。

(34) **頼光朝臣の八講**　頼光は源満仲男、母は源俊女。正四位下、内蔵頭、美濃守。六十二歳。『小右記』同日(十二日)条に「内蔵守頼光〈美乃守〉修八講、招呼卿相・雲上人等云々、会合人後日可聞」、十三日条に「昨頼光八講、聟大納言道綱・中納言行成・参議兼隆等来訪云々、行成・兼隆有何由、棄恥到問乎、定有傍難歟、可謂不足言歟」として、一介の受領に過ぎない頼光宅の法華八講に、聟の藤原道綱が臨席することは可としながらも、公卿である行成・兼隆らが参会していることを非難している。また、十五日条に「頼光八講所左相府給褂十二領、先日資平云、内給御念珠於大納言道綱、或云、称内御捧物頼光捧廻菩提子御念珠、納宮、太足為奇、大納言申給蘇芳二百斤、薪料者、後聞、実給頼光之捧物云々、上下指弾、往古不聞、王威滅尽歟、可悲々々」、十六日条に「参内（中略）今日懺法御読経始（中略）請僧遅参、在頼光八講所今日結願云々」として、道長も、八講の料を贈っていることが分かるし、天皇からの捧物のあったことについて、王威も地に落ちたと実資は嘆いている。

（35）**資平朝臣**　頭中将藤原資平。

（36）**御目**　三条天皇の目の不具合はよく知られている。『小右記』によれば、長和三年三月一日条に「近日片目不見、方耳不聞」、三月十六日条に「近日左方目不見、鼻不聞、時々如此」、十二月四日条に「資平来、伝勅云、逐日脚病発動、進退無便、目又不見、先々帝王有如此之恙乎」などと、長和三年の春頃から不調を窺うことができる。しかし、長和四年四月十三日には、「蔵人式部丞登任持来宣旨一枚、其次問主上御目事、云、今日御覧御扇絵、被仰子細委曲事、帥消息令〔云〕、夜部参内、被仰云、今日心神宜、目尚不快、左大臣今日参入、気色不宜、是見吾心地頗宜むつかる也者、今如仰旨、大不忠人也」とあり、時々は子細に視力の回復する時もあったこと、天皇の目の不調を退位のきっかけとしたい道長には、そのことが不快であったことなどが分かる。やはり同じ『小右記』の四月二十二日条に、「御目式〔或〕御覧或不快、御心中有可令立申伊勢之御願」、五月一日条に「服御紅雪、令瀉給五度、御目更不御滅気云々」など、奉幣や治療が試みられている。しかし、二日条に「昨御目頗宜、今日猶如例不快者」とあり、その効果の程は芳しくない。四日条「主上御目、冷泉院御邪気所為云々、託女房顕露、多所申之事云々、移人之間御目明云々」、七日条「昨資平密語云、律師心誉加持女房、賀静・元方等所為霊露云、主上御目事賀静所為也、居御前、巽を開時には御目を不御覧、但御運不尽給、仍不着御躰、只候御所辺、運命猶強御坐由を申、又御脚病重御也者、（中略）資平来云、今日御目自昨弥宜御之由、今朝有仰事、遠近者御覧者」、八日条「御目宜御坐之由今朝有仰事者、（中略）資平云、御目御覧之由有仰事、賀静霊申可給贈位之事、被仰左相府、奏云、有何事者」など、天皇の眼病は、賀静・元方の怨霊の仕業ということになってきている。九日条「頭

中将従内退出云、今朝被仰云、大少物分明御覧、如平生、随今御見御目明御云々、依仏力可復御例歟、右衛門督御消息状内加送民部掌侍書、其状云、御目四五日以来宜御、就中今朝尤明、御覧如尋常、今朝巳剋許歟霞たる様なむ被仰、但霊物所申者十五日清平復御者」、十日条「御目猶不快、権僧正明救奏云、有平癒目病之密法、只明救受習、試修此法者、即被仰左相府、奏云、被行尤佳矣」、十一日条「御目如初不明、太不便也、一昨以前、覧遠近物不異尋常者」、十三日条「昨日主上令奉御書於皇后宮給、其後御目又暗御由有仰事」、十四日条「早旦資平云、昨日御目頗宜、有仰参内、帰出云、今日如元甚暗由被仰云々」、十七日条「資平云、今朝被仰云、今日目弥昏、太無術、只所見者編代小車常在御前、只今猶在、未知何」等々、時に尋常と変わらず時に全く暗いというのが、その眼病の特徴であった。

（37）**奉仕すべき間の様を申して云はく**　三条天皇の御目を平癒せしめんという男巫が、その祈禱を実際にどのように行うのかを具体的に申上しているということ。

（38）**男巫**　『和名抄』では、「女曰巫、男曰覡」とし、「覡」を「乎乃古加无奈岐《をのこかんなぎ》」と訓んでいる。『伊勢物語』第六十五段には「陰陽師・巫呼びて、恋ひせじといふ祓への具ぐしてなむいきける」とあり、陰陽師と同じように祓えを奉仕している。『源氏物語』橋姫の「あやしく、夢語り、巫やうのものの問はず語りすらむやうにめづらかに思さるれど」によれば、巫は、恐らく託宣ということで、不可思議なことを告げる者の代表にされている。『小右記』長和三年正月八日条には「主上御歯、以住京極辺之嫗令取給、先年以此嫗令取給」とあり、三条天皇は、歯についても、やはり民間療法を取り入れ、京極辺に住む老女に抜かせている。

（39）**造宮の国々…**　長和三年二月九日に焼亡した内裏の造営である。その年の五月二十四日に「造宮定」が行われ、諸国にも、その盛衰に応じて造宮の割当がなされた。『小右記』長和三年五月二十四日条に「今日造宮定日也、（中略）諸卿相定宛殿舎門廊等、依国之興亡、定役之軽重」とある通りである。

（40）**初めに給ふ官符の文に云はく…**　前掲の『小右記』長和三年五月二十四日条に「十二月二日、立柱、明年三月以前造畢者、（中略）又賞罰文可載官符」とあって、本来なら長和四年の三月までに竣工していなければならなかったはずで、遅滞の罰についても、長和三年五月二十四日の官符にその記載があったのである。この間の事情を、『栄花物語』巻十一「つぼみ花」は「やがて、内裏造るべきこと思しおきてさせたまふ。その折の修理の大夫には、皇后宮の御せうとの通任の君、南殿造るべく仰せらる。木工の頭には、この宮《（禎子内親王）》の御乳母の男、中務大輔周頼とありし君を、この司召になさせたまへりしかば、清涼殿をばそれ造る。こと殿をば、ただ受領各々みなつかうまつるべき宣旨下りて、（中略）来年の二月《（ママ）》以前に造り出ださざらんをば、司を取り、国を召し返しなどせさせたまひ、その程造り終へたらんあらば、任を延べ、位を増させたまふべきよしの宣旨下りぬ」と伝えている。『小右記』長和四年六月十三日条には「十九日還宮極可不便」、『御堂関白記』十四日条に「造宮難出合十九日云々」とあって、最近に至っての内裏遷御の予定日は六月十九日となっていた。しかし、それは実行できず、結局遷御は九月二十日まで延引されてしまう。

(41) **内に参る**　この時の内裏は枇杷殿。

(42) **懺法**　経を読誦して、罪過を懺悔《さんげ》する儀式作法。古くは悔過《けか》といった。『小右記』当日条にも「無前跡、今般被始行、彼是云、廻御帳尤有忌諱歟云々、僧数十五口、其座如四十口御読経、朝暮法華経、三時懺法」とあり、内裏で行われたのは初めてであった。これも、三条天皇の眼病平癒を願ってのものであろう。

(43) **南を上とし、北面す**　南を上座とした場合は、東西のどちらかに面することになるのであって、北面することはない。西の誤写と思われるが、原本のままにしておいた。原本の「北」に付せられた「レ」点は、転倒符ではなく、疑問符であろう。

(44) **礼版**　本尊の前に置かれ、礼拝のために上る座。移動可能で、高座より低い物。『色葉字類抄』には「礼版　ライハン　版字又作盤」とある。『枕草子』正月寺にこもりたるはに「手ごとに文どもを捧げて、らいばんにかひろぎ誓ふも、さばかりゆすり満ちたれば、取り放ちて聞き分くべきにもあらぬに、せめてしぼり出でたる声々、さすがにまたまぎれずなん」などと見える。

(45) **申請の御読経**　『御堂関白記』の閏六月六日条に「頭中将持来僧綱申請為疾疫、以百口《（ママ）》僧、於大極殿、加奉仕御読経状」にあったように、疫癘を鎮めんがために僧綱からの申し出によって行われた御読経で、『小右記』

同日条の「晩頭中将従内罷出云、僧綱申請無施供、三箇日以二百口僧、自十七日可転読仁王経之由、但至灯明・仏供、可被仰所司者」によれば、仁王経の転読が三日を限って行われたことが分かる。『御堂関白記』二十日条は「今日大極殿御読経結願、依物忌不参入」とある。『日本紀略』閏六月十七日条にも「自今日三箇日、於大極殿、請僧二百口、転読仁王経」とある。疫癘の様相については、『日本紀略』三月二十七日条「天下咳病、又疫癘屢発、死者多矣」、『小右記』四月十九日条「近日京中死人極多、出置路頭、疫癘方発、京畿・外国病死者多云々、漸及五品、嘆息々々」、六月一日条「天下疫癘流行、夭折之輩、京畿・外国其聞無隙」、十一日条「近日疫死不可計、路頭死骸連々不絶、五位已上及十余人、亦病輩多有其聞、自賤及貴歟」、七月十四日条「人々云、近日時疫漸以無音、希有悩者、不過三日五日、得平癒云々、路頭不見死骸云々」などの史料により、この年の春から流行があり、夏に盛んになり、秋になってようやく収まっている。

(46) **内府** 正二位内大臣兼左大将藤原公季。五十九歳。

(47) **例経を供養す** 『御堂関白記』長和二年三月十八日条に「参皇太后宮、到於堂、院(源)僧都令申上仏経、件初従今日永毎月令申可供養由、女房同渡、上達部十二人来、殿上(人)有其数、為供仏管弦事、月出後乗舟数廻々嶋、深更還来」とあり、この時以来道長の毎月十八日の経供養は恒例となっている。

(48) **融碩** 法相宗、興福寺の僧。本年十月、維摩会講師を勤める。五十二歳。

(49) **湯漬** 飯に湯を注いで食べるもの。『北山抄』三、大饗事に「随時節寒暖。設湯漬水飯等」、『今昔物語集』巻二十八、第二十三に「冬ハ湯漬、夏ハ水漬ニテ御飯ヲ可食キ也」とあるように、湯漬は冬用、水飯は夏用である。『枕草子』宮仕え人のもとに来などする男のに「さらに湯漬をだに食はせじ」とあり、軽い食事であったことが分かる。

(50) **左方の足を損ず** 『小右記』当日条の「頭中将(中略)申剋許従内示送云、参左府祗候間、自厠被還之路被仆、御足踏損、辛苦無極」によると、道長は北の対にあった厠の帰りに打橋から落ちたことになる。かなりの重傷で、回復は八月の末になっている。

(51) **蓮・楊等の湯を以て之を洗ふ** 柳(楊)が足の治療に使

われた例は、『春記』長久元年六月三日条に「御脚病也、以楊湯可令洗給者」に見える。

(52) **持経と為すべき法華経を書す**　道長が、どのような理由でこの時法華経を書写したのかは明らかでない。或いは、道長がこの年五十歳であるということと関わりがあるか。

(53) **院源**　天台宗、延暦寺の僧。前大僧都。六十二歳。講説の巧みであったことは、『御堂関白記』寛弘三年五月二十五日条にも見える。

(54) **藤宰相**　藤原公信。

(55) **丙穢**　『延喜式』巻三、神祇三臨時祭の規定に、「凡甲処有穢、乙入其処、謂著座、下亦同、乙及同処人皆為穢、丙入乙処、只丙一身為穢、同処人不為穢、乙入丙処、同処人皆為穢、丁入丙処不為穢」とあって、穢の発生源を甲、甲に直接接触したものを乙とした場合に、乙と接触したことによって受ける穢を丙穢と称した。したがって、これは、公信の家に乙の穢の人が着座したか、もしくは公信が乙の穢にあった場所に着いたことによって受けた穢ということになる。

(56) **使**　三条天皇の眼病平癒祈願のための伊勢使。『小右記』によれば、この伊勢使については、四月二十二日に三条天皇の内意が実資に示され、六月二十七日には、備中守藤原知光を使として閏六月四日に発遣のことが決定していた。ところが、その後閏六月一日になって、道長が参議を使とすべき旨を奏上し、それが容れられて、二十五日に公信が使として発遣されることになっていた。この伊勢使については、四月二十二日に内意が示されてからこの日に至るまで、これが最後の頼みの綱と言わんばかりの三条天皇の執念が、『小右記』には克明に記されているのに対し、『御堂関白記』には全く記述がなく、道長の無関心さは注目される。

(57) **御心思し定むるなり…**　道長の公信に対する返答。三条天皇自身が決定すべきことであるから、事情を奏上せよ、の意。

(58) **資平**　頭中将藤原資平。

(59) **宰相申す事此のごとし**　公信の奏上を受けた三条天皇が、道長の判断を求めて、資平を通じて言い送ってきた言葉。

(60) **御定に随ふべし…**　道長の三条天皇に対する返答。公信への返答ともども、事を天皇の判断に委ねようとする姿勢が見られる。

(61) **猶ほ彼の日立つべし…** 以下、「斎の外なり」までは、再び資平を通じて伝えられた三条天皇の言葉。触穢の人の忌みの期間については、『延喜式』巻三、神祇三臨時祭の項に、「凡触穢悪事応忌者、人死限三十日自葬日始計、産七日、六畜死五日、産三日鶏非忌限、其喫宍三日此官尋常忌之、但当祭時、餘司皆忌」と規定がある。公信の穢が何によるものであったかは不明だが、三条天皇は、公信からの奏上によって、その穢の種類と期間が今日で終わることを知り、予定通り二十五日に発遣の儀を執り行っても構わないと判断したのであろう。

(62) **公の道理なり** 三条天皇の決定に対する道長の感想。天皇の判断であるから、の意か。

(63) **東宮大夫** 藤原斉信。為光男。公信異母兄で、養父。正二位権大納言。四十九歳。以下、「公私憚り有り」までは、延期を主張する斉信の発言。

(64) **公私** 天皇(公)にとっても、公信(私)にとっても。公信の養父という立場から、このような言い方になったのであろうか。

(65) **来たる二十八日使立つべし** 結局、二十五日に予定されていた伊勢使発遣の儀は、この斉信の奏上が容れられるかたちで、二十八日に延引されることになったが、二十六日の触穢のため再び延引(註(86)参照)。結局、公信は所労を理由として使の任を辞退し、藤原懐平に交替することになったが、その後も三回にわたって延引の事があり、九月十四日に至ってようやく実現した。

(66) **法興院** 道長の父兼家が、その二条京極邸を改めて建立した寺院。寛弘八年十月六日、長和元年閏十月十七日と相次ぐ火災によって、そのほとんどが焼亡した。再建については、『御堂関白記』長和二年二月十一日条に、「到法興院、可立堂所令打丈尺、中宮大夫・皇太后宮大夫等相共被座、又初作事、午時、来十八日可垣壇」、同二月十八日条「法興院堂垣壇、夕清通朝臣来云、夫二百五十人、人々垣未了云々」、同四月三日条「辰時法興院立堂等」などの記事が見える。この東薬師堂の造仏も、その再建事業の一環であろう。

(67) **四条大納言** 藤原公任。頼忠男。正二位権大納言兼太皇太后宮大夫。五十歳。その母は、代明親王女厳子女王。厳子女王は、長和三年七月十六日に没した(『小記目録』第二十)。

(68) **母堂の法事**　公任母厳子女王の一周忌法要。法性寺子院の東北院で行われた。その時の模様は、『小右記』当日条に詳しいので、以下に記す。「今日大納言尊堂周忌法事、於東北院行之、僧前調奉、高坏十二本加打敷・大破子三荷・米廿石、右衛門督被過、同車参東北院、資平別車相従、入礼上達部、余、中納言行成・懐平・教通、参議朝経也、先着俗客座、打鐘後着堂前座、仏法華曼陀羅、経金泥法華経、七僧大僧都深覚、大僧都慶命、少僧都扶公、律師心誉、実誓、阿闍梨明尊・定基、皆有法服、題名僧六十口、行香了申剋許帰、孝子大納言在堂西假庇」。

(69) **僧前を送る**　道長は、六月二十九日にも、この法事の料として、絹百疋を贈っている（「四条大納言来月故母法事也、仍送絹百疋」）。道長男教通の室が、公任女という縁によるのであろう。

(70) **蔵人親業**　藤原親業。六位蔵人。長和三年正月十日より在任（『小右記』）。以下、「他所へ遷さるべし」まで、皇后娍子の申し出を、三条天皇が親業を介して道長に伝えた言葉。

(71) **華山院**　『拾芥抄』中、諸名所部第二十に、「華山院近衛南東洞院東一町、本名東一条(家)云々、式部卿貞保親王家、貞信公伝領之住、小一條之東号之東ノ家、九条殿令給外家ニテ冷泉院此所立坊、花山院伝領之」とある。『小右記』長和三年十二月十七日条に、「丑寅方有焼亡之由、（中略）皇后宮御領元華山院者、小一条殿東隣也、中務卿親王・修理大夫住、又大僧正慶円修公家百日御修法之処、与枇杷殿甚近、（中略）大僧正御修善壇所舎不焼、東対、南舎廊等皆悉焼亡」とあって、華山院がこの時期皇后娍子の所有となっていたこと、この日の火事によって東の対を残しほぼ全焼したことが分かる。その後、本日に至るまで、華山院の再建に関する記録は見えず、焼亡を免れた東の対において御読経が営まれていたものと考えられる。

(72) **御読経**　三条天皇の眼病平癒に関わるものと考えられる。

(73) **皇后宮**　三条皇后藤原娍子。済時女。四十四歳。

(74) **修理大夫**　藤原通任。済時男。娍子弟。従三位参議兼備前守。四十三歳。前掲『小右記』によれば、前年十二月十七日の時点では、華山院に居住していた。『日本紀略』長和五年十二月十日条に、「修理大夫通任卿家焼亡皇后宮御領也。大炊御門南・東洞院西也」とあるが、この閏六月二十六日の時点で、どこに居を構えていたかは定かでない。

(75) **東の宮は…**　通常「東宮」とあれば、皇太子敦成親王（一条天皇第二皇子。母皇太后彰子）と解すべきであり、

『大日本古記録』『大日本史料』ともに「敦成親王」と傍註している。それに従い、東宮を敦成親王として、「東宮彼の華山院同所のごときなり」と読み、東宮敦成親王の居所と華山院とが至近距離にあるの意に取ると、続く「彼御読経穢未到前、可被遷他所」を、「彼の御読経の穢未だ到らざる前に、他所へ遷さるべし」と読み、娍子が東宮に穢の及ぶことを懸念して、後見である道長へ東宮の遷御を進言したと解することができる。しかし、この場合、東宮の遷御が行われたにしては、後の記述が簡略に過ぎる感があるし、それ以上に、この時点における敦成親王の居所が問題となる。『日本紀略』によれば、敦成親王は、長和三年七月二十二日に、頼通の高倉第から土御門第に遷御しており(「東宮自権大納言(頼通)高倉殿遷御左大臣上東門第」)、同年十一月十七日には、その西の対を居所としていた(「今日初皇太子朝覲(年七)、仍参入彼宮(土御門西対御所在)」(『小右記』))ことが確認される。その後、長和四年九月二十日に新造内裏に入る(「天皇自左大臣枇杷第入御於新造内裏。(中略)東宮自皇太后上東門院同入御」(『日本紀略』))まで、他所へ遷御の記事は見えず、この間一貫して土御門第の西の対を居所にしていたものと考えられる。華山院と土御門第は、「如同所」と言えるような位置関係にはなく、「東宮」を敦成親王と考える限り、この部分の解釈は非常に困難となる。そこで、一案として、「東宮」を「ひがしのみや」と読み、これを華山院そのものを指すとして、「東の宮は彼の華山院、同所のごときなり」という読みを提示してみたい。華山院が、その西に隣接する小一条殿に対して、「東の宮」と称されていたことは、『古事談』第六、亭宅諸道の「花山院者貞保式部卿宮家也、貞信公伝領、時人号東ノ宮、主人住給西町(小一条、今家形)之故也、九条殿伝領件家之後為東宮御在所(於此所有立坊)、以是知世俗之詞有徴云々」という記事からわかるが、東の宮・華山院に対する本邸・小一条殿は、貞信公忠平から師尹、その子で娍子・通任姉弟の父済時へと伝領されており、娍子を中心とする小一条家の本宅であった。前項でも触れたように、華山院焼亡後この時期までの通任の居所は不明だが、至近距離にあり、姉の所有である小一条殿に遷っていた可能性は十分あると考えられる。このように、「修理大夫家」を小一条殿と仮定すると、その「東の宮」に当たる華山院と、穢の発生した修理大夫家は至近距離であり、近親者という関係から相互の出入りも多く、いつ穢が及ぶとも知れないので、用心のために御読経を他所へ移したいと娍子が希望し、その希望を、三条天皇が親業を通じて道長に伝えたという解釈が成り立つ。この解釈には、当時華山院を「東の宮」と称することが、どの程度まで一般的であったかという点、また、通任の居所を小一条殿と確定できる傍証のない点など、問題も多いが、「東宮」＝敦成親王とした場合の合理的解釈が成り立ちにくい以上、検討の余地があるのではないかと考え、敢えて掲げておく。

(76) **尤も然るべし…**　道長の返答。

(77) **業遠宅**　業遠は、高階業遠。敏忠男。丹波守。従四位上春宮権亮（『権記』。『尊卑文脈』には正四位上春宮亮）。寛弘七年三月三十日病のため丹波守を辞退（『御堂関白記』）、同年四月十日没（「寅時春宮権亮従四位上高階朝臣業遠卒、四十六」（『権記』））。その宅は、土御門南、東洞院東にあり、頼通の高倉第の前身として知られる。

(78) **右宰（相）中将**　藤原兼隆。道兼男。正三位参議右近衛権中将兼伊予権守。三十一歳。

(79) **式部卿宮**　三条天皇第一皇子敦明親王。母皇后娍子。二十二歳。

(80) **堀川院**　『拾芥抄』中、諸名所部第二十に、「堀河院二条南堀河東、南北二町、昭宣公家、忠義公伝領」とある。この当時は、右大臣顕光が伝領しており、その女婿である敦明親王も同居していた。『栄花物語』巻十二「たまのむらぎく」に、「式部卿の宮は、かく東宮にたゝせ給べしといふ事ありければ、年頃、女御の御許に、堀河の院におはしましけるを、皇后宮おはしまして、我住ませ給ふしもとの宮の東の対に、俄に渡し奉らせ給てしかば」とある。

(81) **中将已に乙なり**　通任家で穢が出来したのであるから、通任家及びその家人は甲、甲の穢にある通任と同席した者は乙の穢を受けるので、当然兼隆も乙となる。

(82) **其の来たる所丙なり**　『延喜式』に、「乙入丙処、同処人皆為穢」とある（註(55)参照）。来訪の際、兼隆が着座していたならば、道長及び土御門第は丙穢を受けたことになる。

(83) **若しくは堀川院着座の者大内に参るか**　通任とともに堀河院に着座した者が、乙となるのは前述した通り。したがって、その者が参内し着座すれば、内裏は丙穢となる。

(84) **大夫史奉親**　但波奉親。道長家家司。寛弘八年十二月十八日より在任(『権記』)。

(85) **右府**　藤原顕光。兼通男。正二位右大臣兼東宮傅。七十二歳。敦明親王の舅。

(86) **仍りて明後日の諸社使停止す**　「停止」以下の二十二字、底本になし。古写本寛仁五年(治安元年)条の紙背に残る書き損じにより補う。『小右記』二十三日条に「又廿八日神社使中納言、事趣如伊勢宣命、但毎社被奉寮馬一疋」とあって、二十八日には、伊勢に加えて石清水・賀茂・平野・大原野の各社にも、眼病平癒祈願の奉幣使が立てられることになっていた。ところで、「若しは…仍りて明後日の諸社使停止す」までの筆致は、大夫史奉親の堀河院着座・参内による内裏触穢が、諸社使停止の直接の原因になったかのごとき感を与えるが、『小右記』二十七日条は、停止の理由を「資平云、明日諸社使依穢延引、其穢者、参議通任家有死穢、而通任着座式部卿宮、々々々右大臣同家、参議兼隆不知案内参右府、次参左府、内誠雖無指穢、猶不清浄之上、左大臣行件事、已為触穢、非無事恐」と伝えている。『小右記』によれば、内裏には「指したる穢」はなく、むしろ行事たる道長の触穢が問題になっている。この内裏触穢の有無については、奉親の行動に関する道長と実資の情報量の差とも考えられるが、二人の間に、奉親を乙とすべきか丙とすべきか、『延喜式』規定の解釈における認識の差があった可能性も否定できない。

(87) **此の度の使等…**　石清水以下の奉幣使には、全て中納言が宛てられることになっており、『小右記』に「石清水使中納言経房・賀茂中納言行成・平野中納言俊賢・大原野中納言教通」と見えている(閏六月二十三日条)。

(88) **御八講**　法興院において毎年行われる法華八講。初日は六月が大の月か小の月かによって異なり、二十七日または二十八日となる。

(89) **労はる所の足……**　「労《いた》はる」は病気や怪我をすること。道長はこの年閏六月十九日に北の打橋から落ちて左足を痛めている。この怪我はかなり重傷であったらしく、落ちた瞬間は「前後不覚」(『御堂関白記』同日条)であったというし、その後も足の腫れや痛みが激しく、歩けない状態が続いた。足は細り、身体の肉は落ち(『小右記』七月七日条)、八月になっても「蛭喰」を試みる(『御堂関白記』八月十二日条)など、かなり長期に亙って不調が続いたようである。なお、『小右記』七月十六日条によると、仁統法師は、「道長は今年頭・目・足に厄があり、先日そう勘申したが案の定負傷した。これは『理運厄』というべきか」と言っている。

(90) **仍りて参入せず** 道長は八講に参加しなかった。『小右記』同日条によると、この日参会した卿相は実資の他、大納言道綱・頼通、中納言教通・経房、参議朝経であった。

(91) **修理大夫を召し問はる** 修理大夫は藤原通任。『御堂関白記』前日条によると、通任は死穢があったにも拘わらず外出している。そのために華山院で行われた御読経が業遠宅に移されたり、諸社使が延期になるなどの不都合が起きている。なお、『小右記』では、「又説」として、通任は実は穢ではなかったという穿った考え方を記している。伊勢使に派遣されるのを恐れたというのである。三条天皇眼病平癒祈願の伊勢使はそもそも藤原知光が任じられていたが、閏六月一日に参議を使者とすべきことを道長が奏上し、通任と公信が候補に挙げられた。しかし天皇が通任を非とするなどの事情があり、結局公信と決した。ところが、その後も再三に亙って触穢などによって延引され、『小右記』二十七日条によると、公信は腫物のためついに職務不能となった。そんな事情もあって通任の触穢に疑いが挟まれたのであろう。そのことの真偽はともかく、死穢の期間中に外出するなど、もっての他であり、勘事を受けることになったのである。なお、結局この伊勢使は中納言懐平に下命され、懐平は九月十四日に発遣される。

(92) **陳ぶる所無く** 何の言い訳もできずに、ということであろう。

(93) **大祓** 六月と十二月の晦日に行われる年中行事。内裏朱雀門において罪や穢を除くために行われる祓。今年は六月に閏月があるので、どちらの月末に行うべきかについては『小右記』に「資平云（中略）、可有節折事乎、将来月晦歟、左相府命云、来月晦日可行歟、答云、件事夏冬終月事也、初六月不可行、左相府命、尤可然、引見前例、昌泰四年閏六月晦日有大祓朱雀門者、是外記日記、延喜廿年同六月無外記日記、昌泰記書出授資平」（六月三十日条）とある。『江家次第』の大祓の記事にも「六月十二月晦日。若有閏月、其月行之」とあり、『山槐記』治承二年六月二十九日条には「閏在六月歳、大略如此（閏六月に大祓を行う）歟」としたあと、「延喜元、長和

四、長元七、永保三、久安四等之年、皆以閏月被所行之云々」とある。

(94) **文部**　ふひとべ。東文部《やまとのふひとべ》と西文部《かうちのふひとべ》がある。阿知使《あちのお》主《み》の後裔という東漢氏から別れた一氏が東文氏。一方、王仁の後裔というのが西文氏。両文氏は大和・河内の史《ふひと》を指揮する地位にあった。

(95) **刀を奉る**　祓刀を奉る。『令義解』神祇に「凡六月十二月晦日大祓者（中略）東西文部上祓刀、読祓詞」、『江家次第』所引『清涼御記』に「神祇官中臣官人、以御麻進、就階下、付中臣女供之、天皇親取摩御体、即返給、次東西文人一々以劔進、就同階下、付中臣女供之、天皇又着給御気、返給」とある。この「大祓、文部等奉刀」という記事は、自筆本を見ると具注暦の首書として書かれている場合があり(寛弘七年・寛仁二年六月晦日)、いかにも年中行事の記録という観があるが、今年は閏六月があったために本文として記されたものであろうか。

(96) **家の祓**　道長家の祓。

(97) **大内に御修法を初む**　三条天皇眼病平癒を祈願するためのものであろう。『小右記』同日条によると、この御修法に山の座主慶円が故障を申したため、道長は「不快気」があったという。なお、『小右記』七月十二日条によると、この日から慶円が修善を行っている。

(98) **二壇**　長和元年七月二十四日にも、三条天皇の病気平癒を祈願して二壇の修法が行われている(『御堂関白記』同日条)。

(99) **法興院五巻**　法華経第五巻『提婆品』を講読する日。八講の三日目に行われる、最も盛大な儀式。

(100) **労はる所有りて参らず**　道長は五巻の法会にも足の怪我のため出席できなかった。

# 七月

〔本文〕

二日、己酉、法興院御八講結願如常、（依）所労足尚依難堪不參、又不着時座、以僧供之、今朝典侍中務宅置厭物𢪸女云々、此西宅也、是保昌本妾所爲云々、

四日、辛亥、頭中將左近將監重方愁申、男弘近爲藏人親業被召籠內、藏人所令召候云々、可問案內由示了、

五日、壬子、今朝六衞府集八省院云、是昨日弘近依愁云々、以頭中將仰非可然由、仰左近官人令分散、

七日、甲寅、庭中祭如常、子時許雨下、仍入中門內、內裏不斷御讀經去月奉仕、又今月延奉仕、僧十二口、

八日、乙卯、左衞門督云、夜部二星會合見侍りしと、其有樣は、二星各漸々行合、間三丈許、小星各出、先到大星許、還後二星早飛合會、後雲來覆云々、件事昔人々見之云々、近代未聞事也、感懐不少、

十一日、戊午、播磨牧馬十疋引遣河內牧、從夕方雨降、

十二日、己未、通夜深雨下、午時許停、入夜月影明晴、

十四日、辛酉、瓫供如常、法興院・淨閑寺・慈德寺等也、

十五日、壬戌、唐僧念救歸朝、從唐天台山所求作析物送之、濟家朝臣母馬廿疋獻、參皇太后宮、所労足雖頗宜、行歩難堪、乘車、宮北方女方乘車從戶口下、久依奉見東宮、相扶參入、

付念救書様

日本國左大臣家

施送

木槵子念珠陸連、四連琥珀裝束、二連水精裝束、
螺鈿蒔繪二盖厨壹雙、
蒔繪筥貳合、
海圖蒔繪衣箱壹雙、
屏風形軟障陸條、
奥州貂裘參領、長二領、一領、
七尺鬘壹流、
砂金佰兩、入蒔繪丸筥、
大眞珠伍顆、
橦華布拾端、在印、
右依大宋國天台山大慈寺傳疏、施送如件、

長和四年七月七日知家事右衞門府生從七位上秦忌寸貞澄

令從五位下行修理少進良峯朝臣行政　從大主鈴正六位上語公高世

別當　大書吏

知家事

家司署名皆書、又送寂照許金百兩、是一切經論・諸宗章疏等可送求析也、又所志槵念珠一連、又唐僧常智

送文集一部、其返物貂裘一領送之、件返事等廣業朝臣作、件施物文勘解由主典酒人光義書、我消息文侍従中納言書、人〻加物有其數、預念救、神埼御庄司豊嶋方人參上、件男下向、仍件念救付方人下向、件物等令領知方人、

十七日、甲子、行二條見造作、右衞門督同車、足同依難堪、從車不下、女方參中宮、即退出、大內女官與皇太后宮下部有鬪亂事、內庶政不宜有氣色云〻、

十八日、乙丑、召宗相・是信等、昨遣鬪亂所、令問案內、

廿一日、戊辰、初參大內、足猶不堪、早退出、即參皇太后宮、

廿三日、庚午、比女宮依惱氣御參大內、退出、依掌侍少將愁、召部少輔爲忠、聞事ハ加賀守政職件宮御封物未辨、妾女宅被封事也、可免由有御返事、即令啓宮、

廿五日、壬申、乘舟參皇太后宮御方、依不能行歩、入夜風吹、宮被者、彼少將家可免云、而未開云〻、猶有氣色宮也、

廿六日、癸酉、通夜風吹、不雨降、可大云、參大內幷皇太后宮御方、

廿七日、甲戌、參皇太后宮御方、獻藥、次到二條、入夜從藏人永信來云、內南山死人頭侍、見給、內方赤新物也、未奏事由、隨案內可奏者、仰頭中將、參入內觸案內、又〻可然人相供見之、可有穢、早奏聞者、又還來、件物猶可有穢、仍奏聞了、

廿八日、乙亥、頭中將來、〻月二日奉幣使、是大事也、令奉仕御卜、隨申者、召吉平令卜、申不淨由、仍使

右衛門督仰之、件伊勢使延引、此度四度、奇〻、
**廿九日**、丙子、入道馬頭下法性寺座主車宿、灸治、依忌日女方渡仁和寺、

〔**註釈**〕

**二日**、己酉。[1]法興院御八講の結願常のごとし。[2]労はる所の足尚ほ堪へ難きに[3]依りて参らず。又、[4]時の座に着かず。[5]僧を以て之を供ず。今朝[6]典侍中務の宅に[7]厭物を置きし女を搦む、と云々。[8]此の西の宅なり。是れ[9]保昌の本の妾の為す所、と云々。
**四日**、辛亥。[10]頭中将に、[11]左近将監重方愁ひ申す。男[12]弘近、[13]蔵人親業の為に[14]内に召し籠められ、[15]蔵人所に召し候ぜしむ、と云々。案内を問ふべき由を示し了んぬ。
**五日**、壬子。今[16]朝六衛府[17]八省院に集まる、と云ふ。是れ昨日の弘近の愁ひに依る、と云々。頭中将を以て[18]然るべきに非ざる由を仰す。左近の官人に仰せて分散せしむ。
**七日**、甲寅。[19]庭中の祭常のごとし。子時ばかり雨下る。仍りて[20]中門の内に入る。[21]内裏の不断の御読経、去月奉仕し、又今月延べて奉仕す。僧十二口。
**八日**、乙卯。[22]左衛門督云はく、夜部[23]二星会合を見侍りし、と。其の有様は、[24]二星各漸々行き合ひ、間三丈ばかり、[25]小星各出でて、先づ大星の許に到る、[26]還りて後、二星早やかに飛び会合す、後、[27]雲来たりて覆ふ、と云々。件の事、昔の人々之を見る、と云々。[28]近代未だ聞かざる事なり。感懐少なからず。
**十一日**、戊午。[29]播磨の牧の馬[30]十疋を[31]河内の牧に引き遣はす。夕方より雨降る。

**十二日**、己未。夜[32]を通して深雨下る。午時ばかり停む。夜に入りて月影[33]明晴たり。

**十四日**、辛酉。盆[34]供常のごとし。法興院・浄[35]閑寺・慈[36]徳寺等なり。

**十五日**、壬戌。唐僧念[37]救帰朝す。唐天[38]台山より求むる所の作料物を之送る。済[39]家朝臣、母馬二十疋を献ず。皇[40]太后宮に参る。所[41]労の足、頗る宜しと雖も、行歩堪へ難し。乗車す。宮[42]の北方の女方の乗車の戸口より下る。久[43]しく東宮を見奉ら(ざる)に依りて、相扶けて参入す。

　念[44]救に付する書の様

日本国左大臣家

　施送

木[45]槵子念珠陸連、（四連は琥珀の装束、二連は水精の装束、）

　螺鈿蒔絵二[46]蓋厨(子)壱双、

蒔絵筥弐合、

海図蒔絵衣箱壱双、

屏風形軟[47]障陸条、

奥州貂[48]裘参領、（長きもの二領、一領、）

七尺鬘壱流、

砂金佰両、（蒔絵の丸筥に入る、）

大真珠伍顆、

橦[49]華布拾端、（印在り、）

右、大宋国天台山大慈寺[50]の伝疏[51]に依りて、施送すること件のごとし。

　長和四年七月七日　知家事[52]右衛門府生従七位上秦忌寸[53]貞澄

令従五位下行修理少進良峯朝臣[54]行政　従大主鈴正六位上語公[55]高世

別当　大書吏

　　知家事

家司[56]の署名、皆書す。又寂照[57]の許に金百両を送る。是れ、一切経論[58]・諸宗章疏等を送り求むべき料なり。又榿(子)の念珠一連を志す所なり。又唐僧常智[59]、文集[60]一部を送る。其の返物に貂裘一領を送る。件の返事[61]等は広業[62]朝臣作る。件の施物文[63]は勘解由主典酒人光義[64]書す。我が[65]消息文は侍従中納言[66]書す。人々[67]物を加ふること其の数有り。念救に預く。神埼御荘司[68]豊嶋方人[69]参上す。件の男、下向せむとす。仍りて件の念救は方人に付して下向せしめ、件の物等は方人に領知せしむ。

**十七日**、甲子。二条[70]に行き、造作を見る。右衛門督[71]同車す。足、同じく堪へ難きに依りて、車より下りず。女方[72]、中宮[73]に参り、即ち退出す。大内の女官と皇太后宮の下部と闘乱の事有り。内[74]と庶政と宜しからざる気色有り、と云々。

**十八日**、乙丑。宗相[75]・是信[76]等を召し、昨の闘乱の所に遣はし、案内を問はしむ。

**二十一日**、戊辰。初めて[77]大内に参る。足、猶ほ堪へず。早く退出し、即ち皇太后宮に参る。

**二十三日**、庚午。比女宮[78]悩気御はすに依りて大内[79]に参る。退出す。掌侍少将[80]の愁ひに依りて、(兵)[81]部少輔為忠を召す。聞く事は加賀守政職[82]、件の宮の御封物未だ弁ぜざるに、妾女の宅封ぜらるる事なり。免ずべき由御返事有り。即ち宮[83]に啓せしむ。

**二十五日**、壬申。舟に乗り皇太后宮[84]の御方に参る。夜に入りて風吹く。行歩[85]能はざるに依る。夜に入りて風吹く。宮被者[86]、彼の少将の家免ずべし、と云ふ。而るに未だ開けず、と云々。猶ほ宮[87]に気色有るなり。

**二十六日**[88]、癸酉。夜を通して風吹く。雨降らず。大なり、と云ふべし。大内并びに皇太后宮の御方に参る。

**二十七日**、甲戌。皇太后宮の御方に参り、薬を献ず。次いで二条に到る。夜に入りて、(内)より蔵人[89]永信来たりて云はく、内の南の山に死人[90]の頭侍り、見給ふるに、内方[91]赤き新しき物なり、未だ事の由を奏せず、案内に随ひて奏すべし、てへり。頭中将に仰せて、内に参入して案内を触れ、又々然るべき人相供に之を見て、穢有るべくは、早く奏聞せよ、てへり。又還り来たる。件の物猶ほ穢有るべし、仍りて奏聞し了はんぬ。

**二十八日**、乙亥。頭中将来たる。来月二日の奉幣使、是れ大事也、御卜を奉仕せしめ、申すに随はむ、てへり。吉平[92]を召して卜せしむ。不浄の由を申す。仍りて使の右衛門督[93]に之を仰す。件の伊勢使[94]の延引すること、此の度四度なり。奇なり、奇なり。

**廿九日**、丙子。入道馬頭[95]、法性寺座主[96]の車宿に下り、灸治す。忌日[97]に依りて女方[98]仁和寺[99]に渡る。

（1）**法興院御八講の結願**　兼家の命日であるこの日が結願となるのが恒例。兼家は正暦元年のこの日に薨じている。

（2）**労はる所の足……**　道長は依然として立ち上がることもできないので、結局八講に全く参加することなく終わってしまう。

（3）**依**　「依」の文字が「所」の右上と「尚」の下に重複しており、「尚」の下の「依」の脇には疑問符である○印が見える。これは明らかに衍字であろう。

（4）**時の座**　原文(古写本)は「時」の右に疑問符を付しているが、「斎の座」の音通と見て、このままにしておく。兼家の命日に際して食事を供するのである。この座は土御門に設けられたものであろう。道長はこれにも出席していない。

（5）**僧を以て之を供ず**　本来道長が勤めるべき供応の役を

僧に代わらせるのである。

(6) **典侍中務**　藤原儷子。藤原惟風妻。中宮妍子乳母。本年四月四日には前遠江守藤原惟風と駆け落ちめいた騒ぎを起こしている(『御堂関白記』『小右記』四月四日・五日条参照)。『御堂関白記全註釈　寛仁元年』十二月八日条、本年四月四日条註(21)、杉崎重遠『王朝歌人伝の研究』(新典社、昭和六十二年)など参照。

(7) **厭物を置き**　「厭物」は呪咀に用いる物。つまり犯人は中務に何らかの恨みを持つ人物である。犯人が女であることを考えると、男女関係のもつれによる恨みと見ることもできよう。

(8) **此の西の宅**　中務の宅が道長(現在、土御門第の小南第にいると思われる)の在所の西隣だというのであろう。道長の娘妍子の乳母である中務だが、人騒がせなことを繰り返しており、道長も半ばあきれているのではなかろうか。

(9) **保昌の本の妾**　保昌は藤原到忠男。道長家司。この頃は既に和泉式部の夫となっていた。「妾」は妻のことで、「本妾」は「元の妻」の意。よって、和泉式部とは別人である。山中裕『和泉式部』(吉川弘文館、昭和六十二年)、増田繁夫『冥き途　評伝和泉式部』(世界思想社、昭和六十二年)参照。

(10) **頭中将**　藤原資平。懐平男、母は源保光女。実資養子。従四位上、左中将、備後権守。二十九歳。長和四年二月十八日に蔵人頭に補せられる。

(11) **左近将監重方**　茨田相平男。競馬にしばしば出場していることが『御堂関白記』『小右記』などから知られる。

(12) **男弘近**　重方男。万寿元年六月五日には囲碁をしていて口論の末大刀を抜き、禁獄されるという事件を起こしている。

(13) **蔵人親業**　藤原季随男。藤原陳政の子となる。長和三年一月十日蔵人に任じられる。

(14) **内に召し籠められ**　弘近が親業に咎められたのである。その経緯については、『小右記』同日条に「資平云（中略）一昨蔵人親業参皇后宮、随身左番長茨田弘近帰参内無相送、忿怒令召候客座、以水沃首、昨日官人等有所愁申、仍問親業、所陳太愚、所行非常、親業申可免弘近之由、然而不答左右、昨日免之云々、左相府聞此事、命不足言由者」と見える。

(15) **蔵人所に……**　『小右記』(前引)に「召候客座、以水沃首」とあったように、蔵人所の客座で仕置きが行われた。『侍中群要』七に「客座事　所有客座、諸司之人若依懈怠公事、被召勘之時、令居客座」「諸司官人、依過怠、居客座事」とある。

(16) **六衛府**　原文(古写本)に「八衛府」とあるが、誤写とみる。六衛府は左右の近衛・衛門・兵衛。

(17) **八省院**　朝堂院。『小右記』同日条に「将監公助云、依左近将監重方愁、六衛府今日会集八省廊、依蔵人大蔵丞親業調凌番長弘近」とある。

(18) **然るべきに非ざる由を仰す**　この部分、大日本古記録本では「仰」に「衍カ」とし、「然」を「愁カ」と註しているが、原文通りで読めないわけではないので、改めなかった。道長が資平に命じて、官人たちが決起しようとするのを止めさせているのである。『小右記』によると、道長は衛府の訴えは「頗無便事」で、一方、親業の所行も「非常」だが、だからといって「忽不可処重科」として、官人たちも納得させるのである。

(19) **庭中の祭**　乞巧奠の祭。内裏でも清涼殿の東庭において行われるが、この日道長は足の怪我のために参内していないので、ここは道長邸の祭である。七夕は織女姫にあやかって技芸向上を祈願する乞巧奠として定着している。

(20) **中門の内に入る**　「中門」は東西の対から南に出た中門廊に開かれた門。南庭は様々な行事が行われたが、中門廊はその南庭を囲むかたちになっている。ここでは、庭に出しておいた祭の供え物などを、雨のために中門に入れておくことをいう。

(21) **内裏の不断の御読経……**　三条天皇眼病平癒祈願の読経であろう。「不断読経」は昼夜間断なく行われる読経のこと。『御堂関白記』によると、六月二十五日から閏六月二日まで大般若不断御読経が行われていた。

(22) **左衛門督**　藤原教通。道長男。従二位、権中納言、左衛門督、皇太后宮権大夫、二十歳。

(23) **二星会合**　牽牛・織女の二星が七夕の夜に逢うこと。

(24) **二星各漸々行き合ひ……**　以下、教通が見たという二星会合の様子。まず牽牛(わし座のアルタイル星に当たる)・織女(琴座のベガ星に当たる)がゆっくり近づいて、その間隔が三丈程になったという。

(25) **小星各出でて……**　二星がある程度近づいたところで、小さな星がお互いの星へと飛び交ったという。或いは文使いのイメージであろうか。実際は流れ星を見たのであろう。

(26) **還りて後……** 小星が(返事を持って)それぞれの星に還った後に、牽牛・織女が待ち焦がれたように一気に飛んで会合するという。

(27) **雲来たりて覆ふ** 雲が会合した二星を隠すという。いわば、あとは御想像にお任せしますとでもいうような、誠にロマンティックな現象である。この話、どこまでが真実を語るものであろうか。流星などの現象は事実であろうが、あまりにも出来過ぎており、やはりいくらかの潤色があったと見て良いのではないか。教通にしてみれば、この話によって、足の負傷のため伏していた父を慰める気持ちもあったであろうから、誇張があったとしても不自然ではない。なお、長和四年七月七日は太陽暦では八月二十三日に当たる。

(28) **近代未だ聞かざる事なり……** 最近は全く聞いたことのないような話だという。この日の天体ショーについては他の記録類には全く記されておらず、道長とて実際に見て感激しているわけではない。しかし、教通の話によって、道長はかなり心慰められたように見受けられる。

なお、当時の人々にとって七夕は、星を見上げて悲恋を嘆く夜であった。或いは自身の恋になぞらえ、或いは七夕の立場に立って漢詩や和歌を詠むのであった。『御堂関白記』のこの記事はいかにも文学的な香りがするが、恋に関する記事ではない。この点、いかにも女性の仮名日記と違った古記録らしい記述に止どまっていると言えるのではないか。

(29) **播磨の牧** 播磨国には家嶋に左右馬寮の牧があった(『延喜式』左右馬寮)が、ここでいう牧は道長所有のものであろうか。

(30) **馬十疋を……** 馬を近国の河内へ移す。京に搬入するまで一時的に移したものであろう。『御堂関白記』本年八月二十三日条に「可為貳(貢カ)見馬々等」とあるのが該当するか。

(31) **河内の牧** 河内国には摂関家領の牧として「楠葉牧」があった(『小右記』永観二年十一月二十三日条)。『御堂関白記』本年九月八日条にも「楠葉牧無寺有鐘云々」という記事がある。恐らくこの牧に移したのであろう。なお、西岡虎之助氏は、播磨の牧の馬を道長の河内の牧に移したものと見られている(『荘園史の研究』岩波書店、昭和二十八〜三十一年)。楠葉牧については『枚方市史』第二巻(枚方市、昭和四十七年)参照。

(32) **夜を通して深雨下る**　雨を好まない道長は頻繁に雨について書き留めている。

(33) **月影明晴たり**　雨が上がった後の気分の良い様子が表れた一節。漢詩風の記述が実感を出している。

(34) **盆供**　盂蘭盆供。先祖への供えとして、後述の寺々に供物を送るのである。

(35) **浄閑寺**　不詳。法興院が道長の父兼家の、慈徳寺が姉詮子の由縁の寺であることから考えると、少なくとも道長の近親者に縁のある寺と思われる。或いは母時姫の御願寺であろうか。

(36) **慈徳寺**　詮子の御願寺。『御堂関白記』『小右記』などの記録に頻出する。道長は詮子の命日(十二月二十二日)を結願日とする法華八講を催すなど熱心に庇護している。『拾芥抄』下には「東《(栗イ)》山寺号華山」と見える。

(37) **念救**　土佐国出身の僧(『御堂関白記』長和二年十月十六日条)。唐僧とあるのは入唐僧の誤り。長保五年八月寂照・元澄らとともに入宋(『扶桑略記』長保五年八月二十五日条・『歴代皇記』同日条他)、長和元年九月唐商周文裔の船で帰国した(『御堂関白記』長和元年九月二日・二十一日条)。帰国の目的は念救及び寂照・元澄らの度縁を得ること(『日本紀略』長和四年五月七日条)と、本条下文にあるように天台山大慈寺再建の知識を募るためであった。

(38) **天台山**　中国浙江省天台県の山。元は道教の聖地だったが、六世紀後半に智顗によって天台宗の根本道場とされた。

(39) **済家朝臣**　魚名流藤原氏。清通男。道長家家司(『御堂関白記』寛仁二年十月二十二日条)。寛弘六年八月二十三日に陸奥守として罷申をしており(『御堂関白記』)、『小右記』長和三年十二月二十二日には前陸奥守とある。陸奥守在任中からしばしば道長への貢馬の記事が見える。(『御堂関白記』寛弘七年十一月二十八日条・長和元年八月三日条・同閏十月十二日条・長和二年十二月二十八日条・寛仁元年九月十八日条)。

(40) **皇太后宮**　藤原彰子。道長長女。母源倫子。当時二十八歳。この時の居所は土御門第。註(84)参照。

(41) **所労の足**　『御堂関白記』本年閏六月十九日条によれば、道長は小南第の「北屋打橋」から落ちて左足を損傷し、前後不覚に陥った。

(42) **宮の北方の……**　『小右記』七月十七日条に「右金吾（藤原懐平）示送云、左府一昨日被参皇太后宮、寄車於北垣新廊（女房昼出入料、令新造北垣廊云々）被参入」とあり、これによれば土御門第の敷地の北側に接して新たに作られた廊から入ったことになる。

(43) **久しく東宮を……**　東宮は一条天皇第二皇子敦成親王。母中宮藤原彰子。当時八歳。彰子と同じく土御門第を居所としていたと思われる。道長と東宮との対面は、『御堂関白記』による限り、五月十三日の道長第法華三十講五巻日に東宮が臨御したという記事以来である。

(44) **念救に付する書の様**　以下は天台山への知識物施入のことを記した書状で、下文の「件施物文」に当たる。

(45) **木槵子念珠**　木槵子はムクロジ科の落葉高木で、その果実は偏球形で黄褐色に熟し、内部に黒い種子がある。割註に琥珀装束・水精装束とあるのは、中間の大きな珠(母珠)に琥珀や水精を用い、その他の珠(子珠)に木槵子を用いたということか。

(46) **二蓋厨(子)**　蓋は扉のことか。

(47) **軟障**　ぜじょう。表面に唐絵や大和絵を描き、周囲に縁をめぐらした障屏用の垂れ絹。

(48) **貂裘**　貂《てん》の毛皮で作った衣。

(49) **橦華布**　橦の花を紡いで織った布。

(50) **大慈寺**　天台山の中の寺。『参天台五臺山記』(十一世紀後半の入宋僧成尋の旅行記)延久四年五月十六日条によれば、陳の宣帝が大建十年(五七八)に智顗のために建立した修禅寺が前身で、隋の仁寿元年(六〇一)に国清寺が完成したために一旦廃絶したが、その後改修されて禅林寺と号するようになった。さらに宋の大中祥符元年(一〇〇八＝寛弘五)再び寺号を改め大慈寺となった。したがって、念救の帰国は大慈寺と改称した直後に当たっており、大規模な造営が行われていたのであろう。

(51) **伝疏**　伝えられた手紙。疏は書状のこと。

(52) **知家事……**　以下、家政職員の位署。知家事は既に八世紀半ばから出現する令外家司。令・従・大書吏は令制家司で、家令職員令によれば正二位の道長家の職員は、令一人(従六位上相当)・従一人(正八位下相当)・大少書吏各一人(少初位上相当)。但しここでの令は、主君の御教書によって補任される私的職員だった可能性がある(『朝野群載』巻第七所収、永保元年七月日付左大臣藤原師実家御教書、元木泰雄「摂関家政所に関する一考察」（『日本政治社会史研究　中』所収、塙書房、昭和五十九年）参照）。別当は十世紀前半から出現し、この時代になると政所別当のみを家司と称するようになった。なお知家事が日下、令・別当が上段、従・書吏などが下段に位署するという本文書の形は、東寺文書の延喜二十年九月十一日付右大臣藤原忠平家牒（『平安遺文』二一七号）や『朝野群載』巻第七所収、長和四年十月十五日付太皇太后宮大夫（藤原公任）家牒など、この時代の家牒・政所下文全般に共通する。

(53) **秦忌寸貞澄**　定澄とも。『小右記』寛仁元年七月六日条に右衛門府生秦貞澄に検非違使に補されたことが見える他、『御堂関白記』『小右記』等にしばしば検非違使・右衛門府生として登場する。なお『小右記』長和二年八月八日条の「検非違使左衛門府生生江定澄」とは別人か。

(54) **良峯朝臣行政**　行正とも。『御堂関白記』長和二年十一月十日条に修理職納物勘文を進めた記事が見えるので、この時点で既に修理少進であったと推定される。寛仁二年十月二十二日、従五位上に昇叙された（『御堂関白記』『小右記』同日条）。

(55) **語公高世**　他に見えない。

(56) **家司の署名**　本条に記された施送文の様《ためし》では、別当などの位署は記されていないが、実際の施送文には位署があったということ。

(57) **寂照**　俗名大江定基。斉光男。永祚元年四月二十六日出家（『百錬抄』同日条、但し出家の時点については寛和年間とする説もある）。長保五年八月に渡宋し（註(37)参照）、宋の皇帝真宗から円通大師の号を賜わった（『宋史』巻第四九一）。長元七年、杭州で寂。大江匡房の『続本朝往生伝』に伝がある。渡宋後の寂照と日本の貴族との交流については、今回の念救の帰国に伴う道長との書状の遣り取り（『御堂関白記』長和元年九月二十一日条・長和二年九月十四日条・四年六月二日条、『日本紀略』『百錬抄』長和四年六月二十三日条）の他にも、『御堂関白記』寛弘二年十二月二十五日条に寂照が道長に書を送った記事や、寛弘四年九月日本国王の弟（具平親王か）が、同五年七月道長が、同五年九月に治部卿源従英（俊賢）がそれぞれ寂照に書を送った記事（以上『参天台五臺山記』延久四年十二月二十九日条、『権記』寛弘五年十二月五日条）、さらに万寿四年に寂照が道長に書を送り（『百錬抄』同年是年条)、長元五年十二月二十三日に既に死去していた道長に代わり頼通が寂照への返状を送った記事(『日本紀略』『百錬抄』同日条)などが見える。

(58) **一切経論・諸宗章疏**　経は仏陀の説いた教え。論はインドで書かれた経説の註釈。章は篇章を分けて教義を論じたもの。疏は経論を逐語的に解釈したもの。後二者は主に中国・日本で著述されたものを指す。

(59) **常智**　他に見えない。

(60) **文集**　『白氏文集』。唐白居易の詩文集で、前集五十巻(『白氏長慶集』)・後集二十巻・続後集五巻からなる。現存七十一巻。

(61) **件の返事等**　道長から天台山への返書。『御堂関白記』本年六月二日条に「広業朝臣持来唐書返牒、仰所々可改由、返給」とあり、『小右記』長和四年七月二十一日条に「牒状事触式部大輔広業、々々云、件宋人等返牒、依太相〔左〕府命二通作之、事已重畳、以文章博士通直可令作」とあって、天台山への返書には少なくとも牒形式のものが作られていたようである。一方、現在長和四年六月日付の大宋国天台山諸徳和尚に宛てた道長の書状(『平安遺文』補二六五号)が残されており、これは状形式のものである。したがって、前掲の『小右記』に「事已重畳」とあるように、天台山へは何通りかの文書が送られた可能性がある(以上については、本年六月二日条註(7)参照)。さらに本条では「件の返事等」とあるので、下文に出てくる寂照への書状などの文章も全て広業が作ったのかも知れない。

(62) **広業朝臣**　内麿流藤原氏。有国男。母は、『公卿補任』では周防守藤原義友女とし、『尊卑分脈』では越前守藤原斯成女とする。当時、従四位下式部大輔・伊予介。三十九歳。

(63) **件の施物文**　本条に様が掲げられた施送文。

(64) **酒人光義**　他に見えない。

(65) **我が消息文**　道長から寂照への消息。『集古続帖』所収、長和四年六月日付藤原道長書状(『平安遺文』補二六四号)に当たる。

(66) **侍従中納言**　藤原行成。正二位権中納言・侍従・太皇太后宮権大夫。四十四歳。

(67) **人々物を加ふること……**　『小右記』長和四年六月十九日条に念救の請により大螺鈿鞍・散物鎧を道長のところへ送ったことが見え、同長和四年七月十六日条には

「右衛門督（藤原懐平）示送云、昨日参左相府、雑物等被預入唐僧念救、卿相已下知識物取集被送云々」とあって、公卿たちの知識物を道長のところで取りまとめて念救に託したことが分かる。

(68) **神埼御荘** 肥前国神崎郡所在の荘園。承和三年十月神崎郡の空閑地六九〇町を勅旨田とした(『類聚国史』巻第一五九)のを起源とするが、『平範国記』長元九年十二月二十二日条には後院領の一つとして見え、本条でも「御荘」とあることから、既に長和年間には皇室領荘園として確立していた可能性が高い。日宋貿易との関連を示す史料としては、『長秋記』長承二年八月十三日条に、宋商周新が神埼荘に来着した際、備前守平忠盛(当時神埼荘預所か)が院宣と称して下文を成し、交易を独占しようとしたという記事が著名である。なお、一般的にはこの記事は宋船が神埼荘の面する有明海に来航していたことを示す史料とされるが、五味文彦氏は博多に神埼荘の年貢積み出しのための倉敷が存在することから、宋船が博多に着いた可能性を示唆している(『大系日本の歴史5 鎌倉と京』小学館、昭和六十三年)。とすれば本条でも、宋船(周文裔の船か)は博多に停泊しており、そこに倉敷のあった神埼荘の荘司が念救を伴って下向したとも考えられる。

(69) **豊嶋方人** 他に見えない。或いは『往生要集』付属の書状(宋人周文徳から源信への返報)の中に、源信への書状を託されたとされる「大府貫首豊嶋才人」と同一人物か。なお「大府」は一般には大蔵省の唐名だが、この場合大宰府の誤りか(田島公「日本・中国・朝鮮対外交流史年表」(橿原考古学研究所附属博物館編『貿易陶磁―奈良・平安の中国陶磁―』所収、臨川書店、平成五年)参照)。

(70) **二条** 道長の二条第。教通の大二条殿(二条南・東洞院東の南北二町)の西北、二条北・東洞院西の一町を占めていた。後一条天皇中宮威子に伝領され、その後さらに章子内親王(威子女)、大江匡房へと伝領された。『御堂関白記』長和二年十月十一日条以降、しばしば作事の記事が見え、長和五年早々には完成して道長の任摂政大饗を行う予定だったが、日取りが悪く停止され(『御堂関白記』長和五年二月二十七日・三月二十一日条等)、結局寛仁元年十一月十日に新宅の儀が行われた(『御堂関白記』同日条)。なお二条第については、野口孝子「道長の二条第」(『古代文化』第二十九巻第三号、昭和五十二

年)、川本重雄「小二条殿と二条殿—道長の二条殿と教通の二条殿—」(『古代文化』第三十三巻第三号、昭和五十六年)参照。

(71) **右衛門督** 藤原懐平。斉敏男。母播磨守藤原尹文女。正二位権中納言・皇后宮大夫。当時六十三歳。

(72) **女方** 道長室源倫子。源雅信女。母藤原朝忠女穆子。従一位。五十二歳。

(73) **中宮** 道長二女妍子。母源倫子。二十二歳。当時の居所は三条天皇と同じく枇杷殿(『小右記』長和三年四月四日条)。

(74) **内と庶政と……** 庶政は長良流藤原氏。典雅男。母中宮大進連直女。当時従五位上少納言・皇太后宮大進。長和五年三月にも内裏の命婦と皇太后宮の宮侍の従者との間に闘乱事件が起こっており(『御堂関白記』及び『左経記』の長和五年三月二十日・二十一日条、『小右記』同年三月二十一日・二十三日・二十六日条など)、ここでも内裏側と庶政などの皇太后宮側との間に不穏な空気があったということか。或いは「内の庶政、宜しからざる気色有り」と訓んで、道長がこの闘乱事件の原因を内裏の規律が乱れているためと考えたとも解釈できるか。

(75) **宗相** 魚名流藤原氏。貞材(村とも)男。長和三年正月二十七日、左衛門尉で検非違使に補された。

(76) **是信** 惟信・維信・惟延とも。伴氏。忠陳男。『御堂関白記』寛弘五年正月十一日条に左衛門志惟信を検非違使とするとあり、『西宮記』巻二十二裏書の寛弘五年十二月二十三日付着鈦勘文には「左衛門少志伴維信」とある。本条の記事から見て、三条朝でも検非違使を勤めていたらしい。

(77) **初めて大内に参る** 足を負傷(閏六月十九日条註(41)参照)して以来、初めて参内した、ということ。

(78) **比女宮** 禎子内親王。三条天皇皇女。母中宮妍子(道長女)。長和二年七月六日生。当時三歳。

(79) **大内** 長和三年二月九日の内裏焼亡(『日本紀略』同日条など参照)の後、四月九日に天皇は枇杷殿に遷御(「今日幸枇杷第、中宮同移給」(『小右記』同日条))。中宮も同行したのに伴い禎子内親王も枇杷殿にいたと思われる。

(80) **掌侍少将** 源政職の妻という以外不詳。

(81) **(兵)部少輔為忠** 兵部少輔平為忠。系譜不詳。『小右記』長和二年四月十六日条及び二十一日条に「兵部少輔為忠」、同八月二十六日条に「兵部少輔従五位上平朝臣

為忠」とある。ここで禎子内親王家との連絡を行っていることから判断して家司の一人か。因みに家司を定めたのは長和二年十一月二十二日(「定姫宮家司・侍所職事等」〔『御堂関白記』同日条〕)であるが、具体的な人名は明らかではない。

(82) **加賀守政職** 源政職。光孝源氏。国盛男。長和元年九月二十二日からこの日まで加賀守として見える。在任中、国内の百姓と相論を起こしている(『御堂関白記』長和元年九月二十二日及び十二月九日条参照)。また、前職の備後守在任中の受領功過定においても問題を起こしており、国司として問題の多い人物であったと思われる。本条でも加賀国の禎子内親王の封戸物を弁済しなかったため、妾女の掌侍少将の宅が検封されてしまったことがわかる。寛仁四年閏十二月二十五日、群盗に襲われて殺害された(「去夜群盗入前加賀守政職宅、捜取宅内物、以鉾指殺政職、々々郎等射殺盗一人云々」〔『小右記』寛仁四年閏十二月二十六日条〕)。

(83) **宮** 掌侍少将との相論の当事者ということであれば禎子内親王であるが、当時三歳であり、交渉能力があるとは考えられない。そこで「啓」を用いていることを強調して考えれば、近い人物として母親の中宮妍子が想定できる。内親王を後見していたと見ることもできる。そうであるならば、ここの部分の解釈は、「掌侍少将の家の封を解くことについて(宮の)返事があった。そこで道長は(それについてしかるべき処置をとるということを)中宮に報告させた」ということになろうか。また、全く別の可能性として、文面には全く現われてこないが、皇太后がこの相論に何らかの関与(例えば掌侍少将に対する後ろ盾)をしていたことを想定して、ここの「宮」を皇太后であると考えると、道長が皇太后に対して事後報告を行ったと解釈することもできる。

(84) **皇太后** 藤原彰子。居所は、この条において道長が土御門第の小南から舟に乗って移動したことから考えると、土御門第の寝殿であったと推定される。

(85) **行歩能はざる** 当時道長は足を負傷していた。『御堂関白記』本年閏六月十九日条に、「落北屋打橋間、損左方足、前後不覚」、『小右記』同日条に、「申剋許従内示送云、参左府祗候間、自廁被還之路被仆、御足踏損、辛苦無極、被奏案内之詞云、年来無如此之事、所事晩有此悉贓、恐念無極者、即有仰事、其後重有勅問、被痛悩無比類云々」とあるのを参照。

(86) **宮被者**　脱あるか。敢えて想像すれば「宮(禎子内親王もしくは中宮)の仰せをこうむるならば」といったことか。

(87) **猶ほ…**　宮(禎子内親王もしくは中宮)がまだ怒っていることを言うか。

(88) **二十六日**　『大日本古記録』の底本となった陽明文庫所蔵の写本では、この行の上に○印を付している。

(89) **蔵人永信**　藤原永信。尹文孫、永頼男(『尊卑分脈』)、または尹文男(『前田本系図』『真光院本藤原氏系図』)。正六位上。木工助。長和三年正月十日「補蔵人」(『小右記』同日条)。

(90) **死人の頭**　『御堂関白記』と『小右記』本日条・翌日条を併わせて参照すると、この五体不具穢事件の経過は以下のようであった。二十七日、下人が内裏の南山(『小右記』は南殿の橋の下とする)で死人の頭を発見、蔵人永信に報告。永信は蔵人頭資平に報告。資平の指示により永信は現物を確認、色は白く日時を経過した死体であると報告(実は色は赤く新しい物であったが、穢を軽くしようとして嘘を報告。何故ならば、一般に五体不具穢は七日穢であって(『法曹至要抄』下、七日穢事「新儀式云、有五体不具之死骸、忌七日、説者云、死人頭若手足切謂之五体不具、又云、死人灰少々、准五体不具穢、可忌七日、又云、喫死人宍、亦准之、可忌七日」)、日時を経過していない新しい頭なら五体不具穢として七日穢であるが、数日を経た古いものであれば穢としない。『北山抄』巻第四、雑穢事に「五体不具穢、其日数不定、或忌卅日、依其体已断一手足等不具歟、或忌七日、唯有一手足等依其躰猶断歟、或不為穢、依其一手一足経数日歟」とあるのを参照。なお、『北山抄』の記述は『小右記』に見える資平の判断と一致する。資平、書状をもって実資に指示を仰ぐ。実資、穢とすべきではないと判断するも、後責を恐れ、また伊勢奉幣使の件もあるので、道長に報告し、判断を仰いでから奏聞するように指示。永信、道長に報告(この時は、色は赤く新しい頭であるとする)。道長、しかるべき人が再確認した上で奏聞すべき事、伊勢使は恒例の神事よりも大事であるからこれを延引すべき事を命ず。天皇に奏聞。翌二十八日、実資、伊勢使については恒例神事と差別をするべきではないとして、延引は御卜によるべきであるとの旨を資平に内々に指示。資平、道長に御卜を行うことを進言。道長、吉平を召して卜させる。伊勢使発遣を八月十一日に延引することを決定。

(91) **内方赤き新しき物**　赤い血が付いており、死んでから時間が経過していない死体の頭のことを指すと思われる。

(92) **吉平**　安倍吉平。晴明男。当時六十二歳。主計頭。

(93) **右衛門督**　藤原懐平。この時、伊勢使であった(『小右記』本年閏六月二十九日条)。

(94) **件の伊勢使の延引すること、此の度四度なり**　この伊勢使は三条天皇の眼病平癒祈願のためのものであったが、天皇側、実資などは実行の意向が強く、道長は消極的であったと思われる。『御堂関白記』『小右記』によると、伊勢使延引の経過は以下の通りである。四月二十二日、三条天皇、眼病平癒祈願のため伊勢使を立てたい意向を実資に秘かに伝える。六月二十七日、閏六月四日に藤原知光を派遣しようとするも、乳母の死穢の憚りあり。六月二十八日、閏六月四日の伊勢使の件を藤原頼通に仰す。閏六月一日、宮中の穢により延引(一度目)、閏六月二日、使を藤原公信となす。閏六月五日、発遣の日を閏六月二十五日とす。閏六月二十四日、公信触穢を申す。閏六月二十八日に延引(二度目)。閏六月二十七日、藤原通任の穢により、諸社使延引(三度目)。八月二日となる。閏六月二十九日、通任の穢は偽りと判明。藤原懐平を伊勢使となす。七月二十七日、宮中五体不具穢により延引(四度目)。七月二十八日、発遣の日を八月十一日とす。八月二日、皇太后宮の小児死穢(三十日穢)により延引(五度目)。九月五日、東宮犬死穢により、九月八日を十四日に延引(『御堂関白記』によれば七度目)。九月十四日、伊勢使発遣。

(95) **入道馬頭**　藤原顕信。道長男。母源明子。当時二十二歳。長和元年正月十六日比叡山にて出家。同五月二十三日、慶命を戒師として受戒。この縁もあって慶命の車宿で灸治を行ったのであろう。

(96) **法性寺座主**　慶命。天台僧。藤原孝友男。当時権大僧都。『御堂関白記』長和元年九月二十二日条に「寺々司被任、法性寺少僧都慶命」とある。法性寺は延長三年に藤原忠平が建立した寺。

(97) **忌日**　源雅信の忌日。雅信は宇多天皇孫。敦実親王男。正暦四年七月二十九日に従一位、左大臣にて死去。七十四歳。遺体は仁和寺に安置される(『本朝世紀』同日条

「今日寅時許、前左大臣薨、即日亥剋奉移仁和寺」)。『御堂関白記』には長保元年の七周忌をはじめ、七月二十九日に仁和寺で法会を行った記事が散見する。

(98) **女方**　源倫子。雅信女。道長妻。当時五十二歳。

(99) **仁和寺**　光孝天皇勅願寺。仁和四年建立。

# 八月

〔本文〕

**一日**、戊寅、参大內、

**二日**、己卯、辰時許右衛門志宣明申云、皇太后宮北對與北屋間、小兒頭身一手一足附侍、以下人令取出已了云〻、所申樣是卅日穢也、以此由奏聞、方〻仰能可愼由、來十一日可有奉幣、仍所誡仰也、到二條見造作、此日家所充、依政所無便、於侍所定之、此日內御匣殿宣旨下、故二條右大臣女子、

**六日**、癸未、行宇治、入夜歸來、從舟歸、今夜通夜雨下、

**九日**、丙戌、從曉風吹、已大也、馬頭入道行大原、入夜女方參皇太后宮御方、

**十日**、丁亥、從午時許非心神、是咳病歟、釋奠源中納言行之、無詩宴云〻、依時行者、

**十一日**、戊子、資平朝臣來、可參大內、觸穢雖愼不心淨、仍所召云〻、令奏從昨日亂心非例、若宜明〻明日間參入、

**十二日**、己丑、足尙依不宜、蛭喰、

**十三日**、庚寅、參大內、退出、

**十五日**、壬辰、宿皇太后宮、依有方忌宿東渡、雨下、出東河解除、是依觸穢八幡依不奉幣、

**十六日**、癸巳、從宮還來、中宮所充、不參、大夫・權大夫行之、

**十七日**、甲午、參大內、

**十九日**、丙申、參大內、左衛門督惱霍亂、

廿日、丁酉、行二條、參大內、女方從皇太后宮參中宮、入夜退出、
廿一日、戊戌、雨降、
廿二日、己亥、到桂家、入夜還、從中宮女方出、
廿三日、庚子、人〻仰行幸事、可爲貢見馬〻等、參大內、退出、
廿四日、辛丑、參大內、
廿五日、壬寅、參大內、
廿六日、癸卯、大內久不候宿、今日候宿、午上雨下、入夜晴、
廿七日、甲辰、直物也、上野守維敍辭退、仍被任彈正少弼定輔、召物有一兩、事了退出、
廿八日、乙巳、到桂家、女方相共也、中宮大夫・四條大納言・權大納言・源中納言・左衞門督・權中納言・新中納言・宰相中將・左大弁・三位中將・藤宰相・右大弁等、殿上人十餘人來、入夜還、此次諸國申請定雜事、右大弁預初定、然左大弁奉仕直物、仍書之、
廿九日、丙午、參大內、孔雀抱子、從四月廿日許今月及廿日、後不抱、無孵事、先年外記日記同之、
卅日、丁未、行二條、

〔註釈〕

**一日**、戊寅。大内に参る。(1)

**二日**、己卯。辰時ばかり、右衛門志宣明[2]申して云はく、皇太后宮[3]の北対と北屋との間に小児の頭身一手・一足付く侍り。下人を以て取り出さしめ已に了んぬ、と云々。申す所の様、是れ三十日の穢[4]なり。此の由を以て奏聞し、方々に能く慎むべき由を仰す。来たる十一日に、奉幣[5]有るべし。仍りて誡め仰す所なり。二条[6]に至りて造作を見る。此の日、家の所充[7]なり。政所は便無き依りて、侍所に於いて之を定む。此の日、内の御匣殿[8]の宣旨下る。故二条右大臣の女子なり。

**六日**、癸未。宇治[9]へ行く。夜に入りて帰り來たる。舟より帰る。今夜夜を通して雨下る。

**九日**、丙戌、暁[10]より風吹く。已に大なり。馬頭入道[11]大原へ行く。夜に入りて女方皇太后宮の御方へ参る。

**十日**、丁亥。午時ばかりより心神に非ず、是れ咳病[12]か。釈奠[13]、源中納言[14]之を行ふ。詩宴無し、と云々。時行[15]に依る、てへり。

**十一日**、戊子。資平朝臣[16]來たる。大内に参るべし、触穢に慎むと雖も、心浄ならず、仍りて召す所なり、と云々。昨日より乱心例に非ずと奏せしむ。若し宜しくは[17]、明々明日の間に参入すべし、と。

**十二日**、己丑。足尚[18]ほ宜しからざるに依りて、蛭喰[19]す。

**十三日**、庚寅。大内に参る。退出す。

**十五日**、壬辰。皇太后宮に宿す。方忌有るに依りて東渡(殿)に宿す。雨下る。東河[20]に出でて解除す。是れ触穢に依りて、八幡[21]に奉幣せざるに依りてなり。

**十六日**、癸巳。宮より帰り来たる。中宮の所充なり。参らず。大夫[22]・権大夫[23]之を行ふ。

**十七日**、甲午。大内に参る。

**十九日**、丙申。大内に参る。左衛門督[24]霍乱[25]を悩む。

**二十日**、丁酉。二条に行く。大内に参る。[26]女方、皇太后宮より中宮へ参る。夜に入りて退出す。

**二十一日**、戊戌。雨降る。

**二十二日**、己亥。[27]桂の家に到る。夜に入りて還る。[28]中宮より女方出づ。

**二十三日**、庚子。人々に[29]行幸の事を仰す。[30]貢を為すべく馬々等を見る。大内に参る。退出す。

**二十四日**、辛丑。大内に参る。

**二十五日**、壬寅。大内に参る。

**二十六日**、癸卯。[31]大内に久しく候宿せず。今日候宿す。[32]午上雨下る。夜に入りて晴る。

**二十七日**、甲辰。[33]直物なり。[34]上野守維叙、辞退す。仍りて[35]弾正少弼定輔を任ぜらる。[36]召物、一両有り。事了りて退出す。

**二十八日**、乙巳。桂の家に到る。女方相共なり。[37]中宮大夫・[38]四条大納言・[39]権大納言・[40]源中納言・[41]左衛門督・[42]権中納言・[43]新中納言・[44]宰相中将・[45]左大弁・[46]三位中将・[47]藤宰相・[48]右大弁等、殿上人十余人来たる。夜に入りて還る。

[49]此の次いでに、諸国申請の雑事を定む。右大弁預かりて初めて定む。然れば、左大弁、直物を奉仕す。仍りてこれを書す。

**二十九日**、丙午。大内に参る。[50]孔雀子を抱くこと、四月二十日ばかりより今月二十日に及ぶ。後抱かず。孵る事無し。[51]先年の外記日記之に同じ。

**三十日**、丁未。[52]二条に行く。

（1）**大内に参る**　『御堂関白記』はこれ以上何も記さないが、『小右記』本日条に「頭中将来云（中略）官奏左大臣可見下之由、今日可仰、是小野宮太政大臣例也」、翌日条に「頭中将告送云（中略）又云、昨日主上仰曰、官奏見而可下之由面仰左大臣、更不承従、御目漸宜御者、如例可候奏也者」とあり、この時参内した道長に対し、三条天皇は自分の眼病の間、藤原実頼の例に従って官奏を見るように命じたが、道長はこれを辞退したことがわかる。天皇が政務に支障のある場合、摂政に非ずしてこれに准じて天皇に代わり除目を行い官奏を見るように命ぜられた者を准摂政と称するが、道長が准摂政になるまでの経過は以下の通りである（米田雄介「准摂政について」〈『日本歴史』第三四九号、昭和五十二年〉参照）。以前から眼病により政務に支障のあった三条天皇は、七月の段階で、実資に、実頼が天皇に代わって官奏を見た時の先例について問う（『小右記』長和四年七月十日条「安和御時、故殿坐関白、主上御悩之間、関白被下可見官奏之宣旨、彼例可尋送之由、先日有命、仍聊書出奉之先了、今日重引出書写、付資平奉之、其御記云、康保四年八月十五日、伊尹卿来云、依御悩不御覧官奏之間、准摂政大臣可見之由、将奏聞之云々、先是兼家朝臣奏聞被許了云々、公卿奉事由、可仰大弁之事也」）。これに基づき、八月一日に天皇は道長に対し准摂政を命ずるが、道長はこの段階では辞退する（天皇は在位のまま政務を進行させる意向であったが、道長は譲位を求めたようである）。しかし、道長は十月になり了承する意向を固めたようで、やはり実資に対し実頼の先例について日記を写して送るように求め（『小右記』長和四年十月十五日条「黄昏資平来云、（中略）、伝相府命云、清慎公関白之時、於職被行除目之時、彼御日記可写送者、主上依御恙不可令行給歟、相府於宿所可被行者」）、その後正式に受諾を表明する（『御堂関白記』本年十月二十一日条「参大内、候宿、仰云、京官除目悩御間、於宿所可奉仕、日来雖有此仰、依有恐不承、人々猶可奉仕由相示、仍承之」）。これを受けて十月二十七日に至り、道長を摂政に准じて除目・官奏を行わせるべき宣旨が出される（『御堂関白記』本年十月二十七日条「以左大臣准摂政令行除目・官奏事等者、宣旨書了云々、仰大弁并外記云々」、『小右記』同日条「今朝、官奏・除目雑事准摂政儀宜令左大臣行之由、被下宣旨、大納言公任奉下之、官奏事仰左大弁、除目雑事之仰大外記文義、大納言所談也。余問云、若労御間とやあると、云、不然者」)。官奏のことは弁官に、除目のことは外記に仰せたが、外記方宣旨については『小右記』に載せられている(「正二位行権大納言兼太皇太后宮大夫藤原朝臣公任宣、奉勅、除目等雑事、宜令左大臣准摂政儀行之者、長和四年十月廿七日、大外記小野朝臣文義奉」)。これには「天皇が病気の間」という条件は付けられていなかった。

(2) **右衛門志宣明** 紀宣明。宣時男(『御堂関白記』本年四月三日条参照)。

(3) **皇太后宮** 皇太后は藤原彰子。『小右記』に「皇太后宮、権大納言頼通家、東院東大路家也」(長和三年四月九日条)とあり、この時の藤原頼通の高倉第とも思われるが、同じ『小右記』長和三年十一月七日条に「(前略)今日初皇太子朝覲、年、七 仍参入彼宮 土御門西、対御在所 (中略)被啓太后、々々御坐寝殿之由」とあり、皇太子と一緒に土御門第にいたか。

(4) **是れ三十日の穢** 『延喜神祇式』臨時祭に「凡触穢悪事応忌者、人死限卅日。自葬日始計」とあり、『拾芥抄』触穢部第二十に「雑穢事 内裏御障、五体不具穢不被載、如何、七箇日云云 一人死三十日 自葬日計之」とある。

(5) **奉幣** 三条天皇の眼病平癒を祈願するための伊勢神宮への奉幣。しかし当該条など、実際に派遣されるまで七回延引されている(「此使延事、加此度七箇度」(『御堂関白記』本年九月五日条)参照)。

(6) **二条** 道長第。造作を始めたのは長和三年のこと(「左大臣二条家、造立数屋」(『小右記』長和三年十月十一日条))。寛仁元年に移居(「亥時初渡二条、新宅儀如常」(『御堂関白記』寛仁元年十一月十日条))。本年は、三月二十四日から十二月まで、しばしば道長が造作の様子を見に行っている。

(7) **所充** 院宮・諸司・諸寮他の別当を任命する行事。ここでは道長家の政所別当などが任命された。

(8) **御匣殿** 御匣殿別当。前任者の藤原懐平女は本年四月二日以前に亡くなっている(「蔵人登任来催賀茂祭上卿宣旨、予答了、右衛門督女 御匣殿 卒去、謂実可有七箇日假(下略)」(『小右記』本年四月二日条))。本条の故二条右大臣(藤原道兼)女の名は不明。

(9) **宇治** 道長の別業がある。長保元年以前に道長が六条左府源重信の後家より買い取ったもの(「左府払暁引率人々、向宇治家 自六条左府後家手、買領処也」(『小右記』長保元年八月九日条」、なお『御堂関白記全註釈　寛仁元年』八月条註(175)参照)。巨椋池で舟を使い帰ったか。また、宇治からの帰りに舟を使った例は『御堂関白記』本年十月十二日条にも「早朝行宇治、上達部八九人許同道、従舟道帰来」と見える。

(10) **暁より風吹く**　この日の風の被害が『日本紀略』同日条(「丙戌、大風、殷富門顛倒」)、『扶桑略記』同日条(「大風、殷富門顛倒」)に見える。

(11) **馬頭入道**　藤原顕信。道長男。母源明子。長和元年正月十六日に出家。同年五月二十三日比叡山にて受戒している。

(12) **咳病**　がいびょう、しわぶきやみ。今回のものは流行していた病によるか(「近日赤痢咳病共以発起」(『小右記』長和四年八月十五日条))。

(13) **釈奠**　大学寮で孔子を祀る儀式。この頃は、正式である晴儀ではなく略儀である雨儀が行われた(「釈奠近代不行晴儀、斉信卿行之、不叶時勢、仍雨儀注之」(『江家次第』))。

(14) **源中納言**　源俊賢。高明男。母藤原師輔女。天徳四年生、万寿四年六十六歳で薨ず。本年は治部卿(長保三年十月三日)、皇太后大夫(長保元年四月二十七日)。

(15) **詩宴無し、と云々**　詩宴を停止することは多く薨葬・死穢による(「丁巳、今日釈奠祭也、依左大臣薨、停止宴座」(『本朝世紀』正暦四年八月二日条)、「丁未、釈奠、依寛弘八年例、無宴座」—「寛弘八年例」とは内裏の穢による—(『本朝世紀』治暦四年八月七日条)など)。疫病により宴座を停止することはなかった(「丁亥、釈奠、疾疫之年有宴座之例、仍行之」(『日本紀略』正暦五年八月八日条))。実資は疫病により詩宴無しと伝え聞いており、『小右記』によると、疫病による詩宴停止はこれを前例とすることになったようである(「伝聞、依疫不行宴座、盖是前例云々」(『小右記』当日条))。

(16) **資平**　藤原資平。懐平男。実資養子。この時蔵人頭。本年二月十八日補任。左中将・備後権守は元のまま。

(17) **若し宜しくは**　『小右記』十三日条に「(前略)昨夕左始府参内、々裏已〔乙カ〕穢、」とあり、結局十三日に参内している。

(18) **足尚ほ宜しからざる**　道長は今年閏六月十九日に足を負傷している(『御堂関白記』同日条「落北屋打橋間、損左方足、前後不覚」)。以後、法興院法華八講にも参加出来ず、七月二十一日まで参内していない。

(19) **蛭喰** 傷のうっ血部分に蛭をあて、悪血を吸わせる治療法(『本草拾遺云、水蛭。人患(中略)癰腫毒腫、取十餘枚、咬病処』(『医心方』巻十五泊癰疽未膿方」)。

(20) **東河** 賀茂川。

(21) **八幡** この日は石清水八幡宮の放生会である。

(22) **大夫** 藤原道綱。兼家男。正二位大納言。寛弘九年二月十四日兼中宮大夫。

(23) **権大夫** 源経房。高明男。従二位参議。寛弘九年二月十四日兼中宮権大夫。

(24) **左衛門督** 藤原教通。道長男。母倫子。権中納言。長和二年六月二十三日左衛門督。

(25) **霍乱** 夏場などに急に嘔吐と下痢を起こす病気。『倭名類聚抄』に「霍乱 漢書云南越多霍乱之病矣、霍乱、俗云之利與利久智與利古久夜萬比」とあり、『医心方』巻十一治霍乱方に「病原論云、霍乱者由人温涼不調、陰陽清濁二気有干乱之時、其乱在於腸胃之間者、因遇飲食、而変発、則心腹絞痛、其有先心痛者則先吐、先腹痛者則先下利、(下略)」と見える。

(26) **女方、皇太后宮より中宮へ参る** 倫子が皇太后(彰子)から中宮(妍子)へ行った。倫子は今月九日より皇太后宮にいたか。また、『御堂関白記』本年七月二十九日条に「参皇太后宮御方、獻藥」とあるので、この時期彰子が病であったか。

(27) **桂の家** 道長が桂に造営した山荘。『御堂関白記』長和二年十月十三日条に「至二条、可造作有様仰文信并豊高等、即行桂、可作有様示雅通朝臣」とあり、この時から造作を始めたようである。『小右記』長和三年五月二十九日条には「或云、昨日左相国遊覧先朱雀院、次桂山庄云々」とあるので、翌年の五月末には竣工していたことが窺える。『小右記』のこの日八月二十二日条に「早旦資平来云、今日左相国被向桂山庄、依有気色可候御共者、騎厩馬祗候」とあり、道長の誘いによって実資が同行している。

(28) **中宮より女方出づ** 中宮は、三条天皇中宮、藤原妍子。女方は道長妻の倫子。倫子は、二十日から二泊していた。なお、中宮御所は三条天皇と同所の枇杷殿、皇太后宮御所は土御門第である。

(29) **行幸の事** 枇杷殿からの新造内裏への九月二十日の還御。

(30) **貢をなすべく馬々等を見る** 原文は「可為貢見馬々等」。『大日本史料』の訓みに従い、意改した。貢は、天皇への捧げ物。枇杷殿から新造内裏へ還御する三条天皇への道長からの引出物。内裏は、この年十一月十七日に再び焼亡、難を枇杷殿に避けた三条天皇は翌長和五年正月二十九日枇杷殿で退位、後一条天皇が土御門第で受禅、六月二日新造内裏への還御ということになる。その際、『御堂関白記』長和五年六月一日条に「渡高倉、定明日貢馬」とあり、道長は前日に後一条天皇に捧げられる「貢馬」を検分しており、当日の二日条には「此日行幸一条院、（中略）貢馬十疋、諸衛佐・近衛官人等率之」とあって、貢馬十疋が慣例であったこともわかる。この二十三日条の「馬々」も、『御堂関白記』本年七月十一日条に「播磨牧馬十疋、引遣河内牧」とある十疋が充てられたと見做すことができる。

(31) **大内に久しく候宿せず**　道長は、この年閏六月十九日、打橋から庭に転倒、気絶し足に重傷を負った。その後の初参内は、七月二十一日であったが、『御堂関白記』では「足猶不堪、早退出」という状態であり、『小右記』によると、御前に出る時も頼通・教通の二人の子息に支えられてという様であった。『御堂関白記』によれば、八月十二日まで治療の記録があり、『小右記』には、この八月二十六日にも「足下猶不例、依吉日可著陣」と道長は言っているという記事がある。『小右記』二十七日条には「今日左大臣被労足之後初参陣云々、行直物、又有小除目云々」とあるので、この日は著陣の吉日であったので、道長は御所に参り、形式的な著陣を済ませ、翌日の直物と小除目の陣議に臨むべく候宿したのであろう。

(32) **午上**　午前のこと。午後の対。『御堂関白記』寛弘七年七月八日条に「午上天晴、午後雨下」、長和二年四月二十九日条に「午上雨下、午後時降」、同五月十五日条に「午上雨下、未時許雨却止」、長和五年七月四日条に「通夜雨降、従暁方風雨、午上如此、辰時許渡一条、此間猶風雨、午後還参」、寛仁元年六月二十九日条に「午上天晴、未時許大雨」とある。

(33) **直物**　除目による新任官者を記した召名の主に技術的な誤りを改め直す行事。『江家次第』四、正月に、「直物者、除目之時、所給於二省之召名中、有失錯者、大臣著陣、令参議改直件召名也、往古毎年除目訖、一月中行之」とする通り、除目の後、一か月以内に行われるのが慣例であったが、『御堂関白記』寛弘五年八月二十九日条に「真（直）物、正月除目也、有事障于今延引」とあるように、寛弘五年は正月二十六日から二十八日が除目であったのだが、事の障りによって八月になるという遅延の場合もあった。この長和四年の除目も二月十六日から十八日の間であった。

(34) **上野守維叙** 右大将藤原済時男。平貞盛男となる。『御堂関白記』長和元年閏十月十七日条に「上野守維叙献馬十疋、左衛門督二疋、皇太后宮大夫一疋」と見える。『小右記』長和五年五月十五日条に、「前上野介維叙今日出家之由、昨日令申摂政殿云々、仍差忠時問遣、即帰来云、近日所労更発、未死前今朝遂本意了者、重令労問」とあることから、上野守は実は上野介であること(上野は親王任国であり、介が実質上の守であるので呼称に混乱があった)、健康上の理由による辞退であることが窺える。『小右記』によれば、維叙は長和五年には重態に陥ったようであるが、『御堂関白記』寛仁元年九月十七日条に、「維叙法師献馬一疋」とあるところから、健康を回復したようである。没年は不詳。

(35) **弾正少弼定輔** 藤原説孝男。『小右記』八月二十七日条に「定輔被抽任之事、両度成功、又買故一品宮三条、献至尊為後院」とある通り、二度の成功と三条天皇のための後院献上の功績によって上野介(上野守)に任じられた。

(36) **召物、一両有り** 『御堂関白記』では召物は、臨時の除目である小除目のことをいう。『小右記』八月二十七日条に、「今日左大臣被労足之後初参陣云々、行直物、又有小除目云々、臨夜資平従内示送云、小除目於陣行之、図書頭有隣・中務丞源懐信蔵人・木工丞大中臣頼成・上野介定輔、被定新任国々司申請事」とある通りである。定輔が上野介(上野守)に任じられたのは、直物ではなく小除目によってであった。「一両有り」は、『小右記』にいう「図書頭有隣・中務丞源懐信蔵人・木工丞大中臣頼成」の人事である。

(37) **中宮大夫** 正二位大納言藤原道綱。六十一歳。

(38) **四条大納言** 正二位権大納言藤原公任。五十歳。

(39) **権大納言** 正二位権大納言藤原頼通。二十四歳。

(40) **源中納言** 正二位権中納言源俊賢。五十七歳。

(41) **左衛門督** 従二位権中納言藤原教通。二十歳。なお、公卿補任は「二(十カ)廿一正二位(造営行事賞)」とする。内裏造営の賞としての叙位は十月二十一日に行われているので(『御堂関白記』・『小右記』)、補任の二月説は採らず、教通の位は八月現在従二位とみなした。

(42) **権中納言**　この時、権中納言は、俊賢・行成・懐平・教通・頼宗・経房がいる。俊賢は「源中納言」と呼ばれ既出。行成は「侍従中納言」と呼ばれている(『御堂関白記』長和五年五月二十六日条・九月十四日条)。懐平は右衛門督。教通は、左衛門督と呼ばれ既出。経房は新中納言と呼ばれている。したがって権中納言と呼ばれるのは、従二位権中納言藤原頼宗、二十三歳ということになる。

(43) **新中納言**　従二位権中納言源経房。四十七歳。この年二月十八日任権中納言。

(44) **宰相中将**　正三位参議兼右権中将藤原兼隆。三十一歳。

(45) **左大弁**　正三位参議兼左大弁源道方。四十八歳。

(46) **三位中将**　従三位左中将藤原能信。二十歳。

(47) **藤宰相**　正四位下参議藤原公信。三十九歳。公信以外の藤原氏の参議は兼官で呼ばれている。

(48) **右大弁**　正四位下参議兼右大弁藤原朝経。四十三歳。

(49) **此の次いでに、諸国申請の雑事を定む…**　本来二十七日条にあるべき記事である。前掲の『小右記』二十七日条に「直物」と「召物(小除目)」の記事の後に「被定新任国々司申請事」とあった通り。『御堂関白記』寛弘七年閏二月二十日でも「直物、次有召物、又諸国請条々事定」と、直物・召物・諸国申請雑事定が同じ日に行われている。

(50) **孔雀**　宋から大宰府を通して天覧に入れられていたものを、道長がその小南第で飼育していた。この年の四月十日過ぎから五月の始めにかけて一一個の卵を生んでいた。『日本紀略』長和四年二月十二日条に「今日大宰大監藤原蔵規、進鵞二翼・孔雀一翼」、『御堂関白記』四月十日条に「蔵規朝臣所献孔雀未弁雌雄、酉時東池辺生卵子、近辺食置草葉蔵之、見付者云、至于此昼不侍、今間如鶏払土、其後又見之有之、作如巣物入卵子、置塒上、孔雀見之啄物、又為如蔵、見御覧孔雀部云、為鳥不必匹合、正以音影相交、便有孕云々、以此知自然孕也、文書有信」、四月十二日条に「孔雀又生子」。『小右記』四月十一日条に「昨、孔雀於北南第(小南第)生子卵白鶏頗大無雄生卵可奇、政職朝臣所談」、四月十六日条に「相有(相府)孔雀隔日生卵云々、無雄生子、希有事也、或云、聞雷声生子、又臨水見影生子云々、見書記云々、可尋本文」、五月一日条に「孔雀卵子生七云々」、『日本紀略』閏六月二十五日条に「大宋

国周文徳所献孔雀、天覧之後、於左大臣北南第（小南第）作其巣養之、去四月晦日以後、生卵十一丸、異域之鳥忽生卵、時人奇之、或人云、此鳥聞雷声孕、出因縁自然論云々、但経百余日未化雛、延喜之御時如此之事云々」とある。

(51) **先年の外記日記**　前項の『日本紀略』閏六月二十五日条に「延喜之御時如此之事云々」とあったように、延喜年間に到来した孔雀が卵を生んだものの孵化しないことがあった。『日本紀略』延喜九年十一月二十七日条に「今日、大宰府進孔雀」、『扶桑略記』に「大宰少典御船高相領唐人貨物及孔雀到来」、『日本紀略』延喜十一年三月二十六日条に「孔雀雌、産卵」、『扶桑略記』同日条に「有孔雀雌一翼、於右近陣養之、近来産卵八員、又去年夏同時産三卵、然而未至為雛、此鳥无雄、以何産哉」とある。この時の外記日記を道長は検分したのであろう。

なお、故実を外記日記によって尋ねることは、『小右記』長和四年六月三十日条に「左相府命云、来月晦日可行賑者、答云、件事夏冬終月事也、初六月不可行、左相府命、尤可然、引見前例、昌泰四年閏六月晦日有大祓朱雀門者、是外記日記、延喜廿年閏六月無外記日記、昌泰記書出授資平」とあって、六月に閏がある年は、夏越しの大祓が本来の六月の晦日なのか、閏の晦日なのかを、外記日記を検索して調査しているという例が見える。

(52) **二条**　道長が造営している二条第。『御堂関白記』長和二年十月十三日条の「至二条、可造作有様仰文信并豊高等、即行桂、可作有様示雅通朝臣」とあることから、桂の山荘と同時に工事の始められたことが分かる。『小右記』寛仁元年十二月四日条に「今日前摂政大閤（太閤）下被任太政大臣（中略）諸卿列（到）太政大臣二条第二条北、東（洞）院東大路西」とあり、二条北・東洞院西が所在地であった。『左経記』の同日条は「次第退出、前駈・雑色等従主進出引率令参小二条殿給」として、この二条第が「小二条殿」とも呼ばれた建物であることが明らかになる。

# 九月

〔本文〕

**一日**、戊申、出東河解除、女方同之、行二條見造作、還來、

**三日**、庚戌、參大內、

**五日**、壬子、參東宮間、人云、宮有犬死觸穢云〻、參入問案內、申、只今御覽御馬、其間《炬》屋邊犬死見附侍也申、仍問案內、賴任只今參大內云〻、以頭中將令奏案內、又賴任問參否、中將還來云、賴任已候內、可參者、卽參入、來八日伊勢奉幣使又以延引、來十四日也、此使延事加此度七箇度、

**六日**、癸丑、物忌籠居、件物忌小兒惱後依當七日、

**八日**、乙卯、楠葉牧無寺有鐘云〻、仍遣召、持參、送法興院、以吉日可懸由示送、四條大納言相示來十一日例幣可行由、承了、

**九日**、丙辰、平座事源中納言奏行云〻、到二條、

**十日**、丁巳、四條大納言下卜串者、

**十一日**、戊午、四條大納言着八省院、行奉幣事、入夜參大內、候宿、

**十二日**、己未、午時許從內出、此間雨初、終日降、入夜參宮御方、候宿、人來云、千子重惱云〻、仍退出、子時許雨止、

**十三日**、庚申、終日雨降、四條大納言以大內記義忠、送明日奉幣宣命草、卽返送、

**十四日**、辛酉、從夜雨下、及未時、立伊勢使、右衞門督使、王・神祇如常、使座在上座北云〻、西面、先

年爲侍從中納言時、南面者、是依參議歟、賀茂源中納言、松尾・平《野》權中納言、石清水新中納言、大原野左衞門督、以殿上人五位爲次官、件社皆被奉寮御馬、伊勢加御釼一腰、參內、退出、右衞門督幷頭中將借馬、

**十五日**、壬戌、未時許左中弁從勢多還來、右衞門督立後參上云〻、

**十六日**、癸亥、參大內、候宿、

**十七日**、甲子、奏官奏如常、但不御覽、只返給、是依勞給事也、如形也、然三月以後無件奏、依有人愁所奉仕也、事了退出、

**十九日**、丙寅、參大內、

**廿日**、丁卯、天晴、未時許參大內、人〻參入着殿上座、兩三獻後、賜上達部・殿上人祿、上達部大褂一重、大臣加綾細長、殿上人如常、女方絹二百疋如破子入物、御出晝御座、右大臣依召參入御前、貢馬八疋、御送物笙・横笛・高麗笛等也、春宮大夫・太皇太后宮大夫・皇太后宮大夫等取之、未賜祿前、被賞家子・家司等、正三位能信、他子等皆依位高被賞一人、正四位下多米《來歟》國平・橘爲義、從四位上定賴、是中宮亮、從四位下菅原典雅・平重義、從五位上甘南備保資、從三位嬉子・隆子、是家子、正五位下、儼子・穠子、是故一條太政大臣御女子等也、教子・時子、是姫宮御乳母、亮子・和子、是家人名人也、書是等奏聞、給資業、下右大臣、被敍、須右大臣御前被行、而有所勞給、〻下簿、其後以戌時御出、余・中宮大夫・權大納言・兼綱等候、其間甚以不覺也、不記子細、着內裏又如此、不召上達部御前、於殿上給祿、次着宜陽殿幷陣座、下宣旨、人〻相引參東宮、御入子時、上達部・殿上人・供奉諸司・宮司・女官等皆給祿・饗等、着

殿上座、巡獻後、人〻退間、雨下、行幸供奉諸司・女官等賜祿・饗・屯物等、
**廿一日**、戊辰、人〻參入、着殿上座、紙等如常、不召御前、參東宮、晝間退出、又參入、
**廿二日**、己巳、如昨日、女方相共退、
**廿三日**、庚午、庶政朝臣申云、宮北門内有人足一、只今取出了云〻、立觸穢札、
**廿六日**、癸酉、權大納言云、來月三日中宮可參内給由、吉平朝臣勘申、而見暦從晦日天一在西、如何云、召吉平問無陳〔之〕所、仍改勘十一月廿八日者、以此由以頭中將奏聞、仰、違方可被參者、忽非可然由奏聞、
**廿七日**、甲戌、可有外記政、而有少納言障不行、以戌時渡枇杷殿、
**廿九日**、丙子、雨下、行桂家、春宮大夫・四條大納言・源中納言等來同道、他上達部有數、入夜還來、
**卅日**、丁丑、例供養經、僧經久、是土御門堂也、事了參皇太后宮御方、有酒饌、人〻獻和哥、廣業朝臣獻題、秋唯今日、深更人〻退出、余候宿、

〔註釈〕

**一日**、戊申。東河(1)に出でて解除。女方之に同じ。二条に行きて造作を見る。還り来たる。
**三日**、庚戌。大内に参る。
**五日**、壬子。東宮(2)に参る間、人云はく、宮に犬死の触穢有り、と云々。参入の（間）案内を問ふ。申す、只今、御馬を御覧ず、其の間炬屋の辺に犬の死を見付け侍るなり、と申す。仍りて案内を問ふ。頼任(3)只今大内に参る、

と云々。[4]頭中将を以て案内を奏せしむ。又頼任の参否を問ふ。中将還り来たりて云はく、頼任已に内に候す、参るべし、てへり。即ち参入す。来たる八日の伊勢奉幣使又以て延引す。来たる十四日なり。[5]此の使の延ぶる事、此の度を加へて七箇度なり。

**六日**、癸丑。物忌、籠居す。件の物忌は[6]小児の悩みの後、[7]七日に当たるに依りてなり。

**八日**、乙卯。[8]楠葉牧[9]寺無く鐘有り、と云々。仍りて召しに遣はす。持参す。[10]法興院に送り、吉日を以て懸くべき由示し送る。[11]四条大納言、来たる十一日の[12]例幣行ふべき由を相示し、承り了んぬ。

**九日**、丙辰。[13]平座の事、[14]源中納言奏し行ふ、と云々。[15]二条に到る。

**十日**、丁巳。四条大納言、[16]卜串を下す、てへり。

**十一日**、戊午。四条大納言、[17]八省院に着し、奉幣の事を行ふ。夜に入りて大内に参り、[18]候宿す。

**十二日**、己未。午時ばかり内より出づ。此の間雨初む。終日降る。夜に入りて[19]宮の御方に参る。[20]候宿す。人来たりて云はく、[21]千子重く悩む、と云々。仍りて[22]退出す。子時ばかり雨止む。

**十三日**、庚申。終日雨降る。四条大納言、[23]大内記義忠を以て、[24]明日の奉幣の宣命草を送る。即ち返送す。

**十四日**、辛酉。夜より雨下り、未時に及ぶ。[25]伊勢使を立つ。[26]右衛門督使たり。[27]王・神祇常のごとし。[28]使の座、上座の北に在り、と云々。西面す。[29]先年侍従中納言たる時、南面す、てへり。[30]是れ参議に依るか。[31]賀茂は[32]源中納言、[33]松尾・平野は権中納言、[34]石清水は新中納言、[35]大原野は左衛門督。[36]殿上人の五位を以て次官と為す。[37]件の社は皆寮の御馬を奉らる。伊勢は御釼一腰を加ふ。内に参る。退出す。右衛門督并びに[38]頭中将馬を借る。

**十五日**、壬戌。未時ばかり[39]左中弁勢多より還り来たる。[40]右衛門督立つる後参上す、と云々。

**十六日**、癸亥。大内に参る。候宿す。

**十七日**、甲子。官奏を奏すること常のごとし。[41]但し御覧ぜず、只返し給ふ。是れ[42]労き給ふ事に依りてなり。形のごときなり。然るに[43]三月以後件の奏無く、[44]人の愁ひ有るに依りて奉仕する所なり。事了りて退出す。

**十九日**、丙寅。大内に参る。

**二十日**、丁卯。天晴る。[45]未時ばかりに大内に参る。人々参入し殿上の座に着す。両三献の後、[46]上達部・殿上人に禄を賜ふ。上達部には大褂一重、大臣には綾の細長を加ふ。殿上人は常のごとし。女方には絹二百疋、[47]破子のごときに物を入る。昼の御座に御出す。[48]右大臣召しに依りて御前に参入す。[49]貢馬は八疋。御送物は笙・横笛・[50]高麗笛等なり。[51]春宮大夫・[52]太皇太后宮大夫・[53]皇太后宮大夫等之を取る。未だ禄を賜はざる前、家の子・家司等を[54]賞せらる。[55]正三位に能信。[56]他の子等皆位高きに依りて一人賞せらる。[57]正四位下に多米国平・[58]橘為義。従四位上に[59]定頼。是れ中宮亮なり。従四位下に[60]菅原典雅・[61]平重義。従五位上に[62]甘南備保資。従三位に嬉子・[63]隆子。是れ家の子なり。正五位下に[64]儼子・[65]穠子。是れ故一条太政大臣の御女子等なり。[66]教子・時子は、是れ姫宮の御乳母なり。[67]亮子・[68]和子は、是れ家人にて[69]名ある人なり。[70]是れ等を書きて奏聞し、[71]資業に給ひ、[72]右大臣に下し、叙せらる。須く右大臣御前にて行はるべきに、[73]労き給ふ所有りて、簿を下し給ふ。其の後[74]戌時を以て御出す。余・[75]中宮大夫・[76]権大納言・[77]兼綱等候ず。其の間甚だ以て[78]不覚なり。子細を記さず。内裏に着して又[79]此のごとし。[80]上達部を御前に召さず、[81]殿上に於いて禄を給ふ。次いで[82]宜陽殿并びに[83]陣座に着す。[84]宣旨を下す。人々相引きて[85]東宮に参る。子時、[86]御入す。[87]上達部・殿上人・供奉の諸司・宮司・女官等に皆禄・饗等を給ふ。殿上の座に着す。巡献の後、[88]人々退く間、雨下る。行幸供奉の諸司・女官等に禄・[89]饗・屯物等を賜ふ。

**二十一日**、戊辰。人々参入す。殿上の座に着す。[90]紙等常のごとし。[91]御前に召さず。[92]東宮に参る。昼の間に退出す。又、参入す。

**二十二日**、己巳。昨日のごとし。女方[93]、相共に退く。
**二十三日**、庚午。庶政朝臣[94]申して云はく、宮の北門[95]の内に人の足一つ有り、只今取り出だし了んぬ、と云々。
触穢[96]の札を立つ。
**二十六日**、癸酉。権大納言[97]云はく、来月三日、中宮内[98]に参り給ふべき由、吉平朝臣[99]勘申す、而るに暦を見るに晦日[100]より天一[101]は西に在り、如何、と云ふ。吉平を召して之を問ふに陳ぶる所無し。仍りて改め勘ずるに十一月二十八日、てへれば、此の由を以て頭中将を以て奏聞す。仰す、方[102]を違へて参らるべし、てへり。忽ちに然るべくに非ざる由奏聞す。
**二十七日**、甲戌。外記政有るべし。而て少納言[103]に障り有りて行はず。戌時を以て枇杷殿に渡る。
**二十九日**、丙子。雨下る。桂の家[104]に行く。春宮大夫・四条大納言・源中納言等来たりて同道す。他の上達部数有り。夜に入りて還り来たる。
**三十日**、丁丑。例経を供養す。僧は経久[105]。是れ土御門の堂なり。事了りて皇太后宮の御方に参る。酒饌有り。人々和歌を献ず。広業朝臣[106]、題を献ず。秋は唯今日のみ。深更に人々退出す。余、候宿す。

（1）**東河に出でて解除**　御灯を奉らざるの由の祓である。『西宮記』三、三月に「三日御燈、三日、大裏潔斎、宮主奉御卜、申不浄由、不可被奉御燈」、『江家次第』六に「近例絶不被奉御燈、是宮主必卜申有穢気由也、然而其由御禊後供魚味也」、『御堂関白記』本年三月一日条に「出東河、近来有穢由也」などとあり、御灯は北辰に灯を奉る儀式であったが、卜占によって穢の気ありと判定された場合は、御灯を奉らないという旨の祓をすることになっていた。そして、この頃は穢の由が告げられることが専らになっていた。

（2）**東宮に参る**　東宮御所は、皇太后宮御所と同所で土御門第。『日本紀略』九月二十日条に「天皇自左大臣枇杷第、入御於新造内裏、（中略）東宮自皇太后上東門院同入御」とある。

（3）**頼任**　藤原時明男。長和二年九月十六日、中宮権大進、従五位上。『小右記』九月五日条に「東宮有犬死穢、不知其由頼任朝臣参中宮、仍伊勢使延引」とあることで、頼任が、穢のあった東宮御所に祗候していた後、そのことを知らないままに中宮御所に参上していたことが分かる。頼任が中宮権大進であったので、『小右記』は「参中宮」と書いていたのであるが、中宮と天皇は同所であったので、頼任によって、東宮御所の穢が内裏に及んでしまい、三条天皇の眼病平癒のための伊勢使の発遣が延期されることになった。

（4）**頭中将**　藤原資平。懐平男。従四位上、左権中将・蔵人頭。二十九歳。

（5）**此の使の延ぶる事、此の度を加へて七箇度なり**　七回にも亙る延引は、次の通りである。①『小右記』長和四年閏六月一日「資平云、左相府被奏云、四日伊勢使事、前例為別御禱社奉宰相、就中至明日宮中有穢、三个日潔斎可被奉也、儲日勘申七日、彼日可宜」（閏六月四日→閏六月七日）。②『小右記』閏六月五日「伊勢御禱使廿五日被立也」（閏六月七日→閏六月二十五日）。③『小右記』閏六月二十四日「仍改定廿八日」（閏六月二十五日→閏六月二十八日）。④『小右記』閏六月二十七日「伊勢使宰相公信労腫物、不能勤使節之由」、同七月十九日「以来月二日可参伊勢者」（閏六月二十八日→八月二日）。⑤『小右記』七月二十八日「伊勢使日勘申来月十一日」（八月二日→八月十一日）、『御堂関白記』「件伊勢使延引、此度四度、奇々」。⑥『小右記』八月三日「伊勢使過穢可被発遣者」（八月十一日→九月八日）。⑦『御堂関白記』九月五日「来八日伊勢奉幣使又以延引、来十四日也、此使延事、加此度七箇度」（九月八日→九月十四日）。

（6）**小児**　嬉子のことか。嬉子は寛弘五年正月五日生まれの九歳。『小右記』九月五日条に「相府云、小女自晦日身熱重煩、辛苦無隙者」とあって、八月三十日より病気であった。この九月六日は、三十日から七日目に当たっている。

（7）**七日に当たるに依りてなり**　病後七日の物忌。病後七日そのものの例ではないが、『台記』久安二年三月二十五日条に「具今丸参近衛殿、依吉日也、入夜帰宅、今丸来此亭之後、当七日、有俗忌、但自他不可忌由、尼御前御命」、『台記別記』仁平元年二月十六日条に「是日、今麻呂加元服、（中略）曹司装束、二十二日撤之、大夫帰対東廂、元服之前、在此廂而元服後、当七日、仍不渡本所、寝他所、依避俗忌也」、『平戸記』仁治三年四月八日条に「今夕可有還宮歟之由、有沙汰之処、猶以延引云々、明日相当七日之間、今夜之儀俄出来也、一昨日有沙汰、殿下令問予、経七ヶ日還家公私忌之、世俗之法、古今之例也、可被憚之由申了」など、事があって七日目に物忌をすることが窺える。『御堂関白記』九月十二日条には「入夜参宮御方、候宿、人来云、千子重悩云々、仍退出」とあり、嬉子はなお病気に悩んでいる。

(8) **楠葉牧**　くずはのまき。河内国交野郡にあった摂関家領の牧。『御堂関白記』本年七月十一日条に「播磨牧馬十疋引遣河内牧」と見える「河内牧」も当牧のこと。

(9) **寺無く**　昔寺があったが、今は廃寺となっている、の意にも、元来寺はなかったが、の意にも解せる。

(10) **法興院に送り**　『拾芥抄』諸名所部に「法興院二条北京極東、本号東二条、兼家公家、二条関白伝領」とある。醍醐皇子、盛明親王の二条院を兼家が取得し、修造を加え（『栄花物語』巻三）、正暦元年五月十日、これを仏寺となし、法興院と号した（『日本紀略』等）。後に、道隆が別院である法興院内に、吉田にあった本寺の積善寺を移築し、供養を行った（『日本紀略』正暦五年二月二十日条）。法興院は寛弘八年十月六日及び長和元年閏十月十七日に火災に遭い、長和二年四月三日に「堂等」が再建された（『御堂関白記』）。新造間もない法興院の鐘として楠葉牧にあったものが使用されたのである。

(11) **四条大納言**　藤原公任。正二位権大納言・太皇太宮大夫、五十歳。頼通が伊勢例幣及び諸社奉幣の上卿を勤めることになっていたが、触穢により急遽、公任に替わった（『小右記』長和四年九月五日条）。

(12) **例幣**　伊勢例幣。九月十一日の恒例行事。九月十六日に豊受宮で、九月十七日に皇太神宮で神嘗祭が行われるが、それに幣帛を奉るために使王を発遣する儀。

(13) **平座**　九月九日は天皇が紫宸殿に出御し、臣下に菊花宴を賜わった。天皇の出御がない場合、上卿以下、宜陽殿の平敷座に移り、菊酒を賜わった。これを平座という。この当時は平座が殆どであった。

(14) **源中納言**　源俊賢。正二位権中納言・皇太后宮大夫、五十七歳。俊賢が平座の上卿を勤めた。

(15) **二条**　「小二条殿」とも称される。道長が長和三年頃から寛仁元年にかけて造営した邸宅。威子入内後の里邸として使用するために造営されたと見られている。位置は『小右記』寛仁元年十二月四日条に「太政大臣二条第二条北洞院東大路西」と見える。『拾芥抄』は教通が造営した二条第と道長造営のこの二条第とを混同し、位置を「二条南東洞院東」とするが、誤りである。『御堂関白記』本年七月十七日条に「行二条見造作」、二十七条に「到二条」、八月一日条に「到二条見造作」、二十日条に「行二条」、九月一日条に「行二条見造作」と見える。この日も道長は造作の進み具合を確め、指示を与えるために立ち寄ったのであろう。

(16) **卜串**　伊勢例幣の使王について占った結果を記し、それを厳封したもの。『儀式』第五に「前四日、外記録王氏五位已上四人歴名封之、令神祇官卜五世者、不須神祇官卜畢、注合否進、外記執之、於大臣前、開封令覧、訖喚卜食者仰之、亦告神祇官」とある。『小右記』長和四年九月十二日条によれば、卜串のことが行われる数日前に、公任が卜串を自家で開き見ることが『九条殿記』に見えるとし、その是非を実資に問うている。実資は、陣において開き見るべきだと返答したが、十二日の朝、その実際を公任に尋ねている。それに対して公任は「十日参内開見」と返答している。

(17) **八省院**　朝堂院。朱雀門の正面に当たり、朝賀・即位などの大礼が行われた。伊勢例幣は、天皇が大極殿後房（小安殿）に行幸し、天皇親臨の下で発遣の儀が行われるのであったが、この時は御悩により天皇の臨御はなかったか。『北山抄』巻二に「依降雨并御物忌、無行幸者、上卿向八省院行事就東廊座給宣命、忌部等進自太極殿北砌、給幣物……」とあり、『江家次第』巻九にも行幸のない時の例幣の次第が詳述されている。

(18) **候宿す**　道長の直廬は『小右記』長和四年九月五日条に「直廬則是中宮（妍子）御方也」とある。

(19) **宮の御方**　大日本古記録『御堂関白記』は「彰子」と傍註を施す。『小右記』長和四年十月二十五日条に「今日、皇太后於土御門宮、賀左相府五十算」とあり、彰子は土御門第にいた。

(20) **候宿す**　道長はこの日土御門第に泊まるつもりであった。

(21) **千子**　「ちこ」と読むか。他に、寛仁元年十月二十九日、同二年正月十五日、三月十三日、七月二十六日の各条に「千子」の表現が見える。大日本古記録『御堂関白記』は「嬉子カ」と傍註を施す。嬉子は道長女。母源倫子。寛弘四年正月五日誕生。この時九歳。『御堂関白記』本年九月六日条には、「物忌籠居、件物忌小児悩後依当七日」とあり、『小右記』同日条にも「相府云、小女自晦日身熱重煩、不受飲食、辛苦無隙者」とある。

(22) **退出す** 土御門第から。嬉子がどの邸に住んでいるか不明。したがって、退出先も分からない。

(23) **大内記義忠** 義忠は藤原為文男。少内記、大内記、式部少輔、左少弁、文章博士、阿波守、大和守を歴任。大内記は、詔勅・宣命を起草し、位記を書く職。儒者で文筆に秀れた者が任じられた。

(24) **明日** 十四日に行われる諸社奉幣の宣命の草案が道長のところに届けられた。宣命は奉幣使が社前で読み上げる。

(25) **伊勢使を立つ** 三条天皇の眼病の平癒を祈願するために奉幣使が派遣された。『御堂関白記』本年九月五日条に「来八日伊勢奉幣使又以延引、来十四日也、此使延事加此度七箇度」とあり、奉幣使発遣の議が起こってからこれまで触穢を理由に延引され続けた。

(26) **右衛門督使たり** 藤原懐平。従二位権中納言・皇后宮大夫。六十三歳。道長は、初めは伊勢奉幣使として藤原知光の派遣を奏聞した(『小右記』長和四年六月二十七日条)が、先例に従って特別の祈請には参議を派遣すべきであると再度奏聞し(同閏六月一日)、藤原公信を伊勢使とすることが決定した(同閏六月一日・十日)。しかし公信は腫物の患を理由に伊勢使を辞退し、藤原懐平が新たに任じられた(同閏六月二十七日・二十九日)。

(27) **王** 「王」は、使の王。「神祇」は使の中臣・忌部・卜部。『小右記』長和四年九月八日条によれば、上卿となった公任が、公卿が伊勢奉幣使として派遣される場合、王がともに使として下向すべきか否か、その先例を実資に問うている。源俊賢が公卿伊勢使の時は王は伴わなかったが、藤原行成の時は天慶の例により王を伴った。天慶の例も王を伴ったという具合に両方の場合があり、公任も判断に困ったのであろう。実資は『村上天皇御記』を調べ、天慶の例を確認している。結局、公任は俊賢の時は先例を確めなかったため特殊な事例と判断し(『小右記』九月十二日)、使王を伴って下向させることにした

(同九月十四日)。

(28) **使の座…** 「上座」は「上卿座」の意。或いは「卿」の脱あるか。『小右記』長和四年九月十五日条には、昨日の伊勢奉幣の上卿を勤めた公任の返報が記されているが、その中に「使座設西面、然而依天慶例示之南面令着、乍本座給宣命事有便云々」とあり、使の座は西面するように設えてあったが、実際は南面したらしい。その場に居合わせた公任の言の方が信憑性が高いだろうから、『御堂関白記』の「西面」という記述は恐らく事実と異なるであろう。『江家次第』巻十二、神事伊勢公卿勅使には「経北廊并東廊砌著東廊座西面、次使納言著西面」とあり、上卿も使もともに西面するとある。また『江家次第』巻九、九月十一日小安殿行幸装束には使王の場合と公卿奉幣使の場合では設いが異なり、後者の場合は「今案、公卿為使者、大臣座東設其座、大臣、納言為使南面、参議為使西面」とあるのが参考になるであろう。

(29) **先年侍従中納言たる時** 藤原行成が公卿伊勢使として派遣された時。『権記』寛弘二年十二月十日条に「大臣座西面、余座南面」とある。

(30) **是れ参議に依るか** 懐平はこの時権中納言。この度の設いが行成の時のそれと異なるのは、納言と参議という官職の違いによるものだろうと道長が推考している。

(31) **賀茂は…** 諸社への公卿奉幣使の列記。

(32) **源中納言** 源俊賢。『小右記』長和四年閏六月二十三日条に「賀茂中納言行成」とあるように、行成が派遣される予定であったが、「拾遺申故障、仍以源納言改賀茂」(同九月十五日条)となった。

(33) **松尾・平野は** 「権中納言」は藤原頼宗。従二位、二十三歳。平野社は源俊賢が派遣されることになっていた(『小右記』長和四年閏六月二十三日)が、俊賢は賀茂社に改められたので、「以松尾権納言令兼平野」(同九月十五日)となった。

(34) **石清水** 石清水八幡宮への使は従二位権中納言源経房。四十七歳。経房の石清水八幡への派遣は予定通り(『小右記』長和四年閏六月二十三日)である。

(35) **大原野** 大原野社への使は従二位権中納言左衛門督藤原教通。二十歳。教通の派遣も予定通り(『小右記』長和四年閏六月二十三日)である。

(36) **殿上人** 『小右記』長和四年九月十四日条にも「次官皆用殿上五位」とある。

(37) **件の社は…** 『小右記』長和四年九月十四日条に「御幣外各々社々被奉左右馬寮御馬、伊勢二疋内外宮、八幡一疋、賀茂二疋上下、松尾一疋、平野一疋、大原野一疋、伊勢内宮御料御刀一腰」とある。

(38) **頭中将** 藤原資平。懐平男。実資養子。資平が奉幣使懐平に随行して伊勢に下向した。懐平および資平が道長から馬等を借りたことが『小右記』長和四年九月十四日条に見える。

(39) **左中弁勢多** 「左中弁」は従四位下藤原経通。三十五歳。懐平男。勢多の駅まで父懐平に随行した。

(40) **右衛門督…** 懐平が勢多の駅を出立後、経通が上京した。

(41) **但し御覧ぜず…** 『西宮記』巻七、官奏に「主上覽文、一々御覧、此間有勅語者、大臣午持杖、奏聞雑事、訖巻文、結中置座前、大臣給文」とあるが、この日の官奏では、天皇は奏文を手に取っただけで、ご覧にはならず、そのまま返した。「如形也」とある通り、形だけの官奏が行われたのである。

(42) **労き給ふ事** 三条天皇の眼病。

(43) **三月以後…** 『御堂関白記』本年三月十一日条に「初令申文、并奏官奏」とある。この後は『御堂関白記』四月十三日条に「儲官奏文、而今日所悩給御目殊暗云々、仍不奉仕」とあるように官奏を行うことはできなかった。そのため天皇から道長に官奏を覧ずべき仰せがあったが、道長は承知せず(『小右記』長和四年八月二日条「又云、昨日主上仰曰、官奏見而可下之由、面仰左大臣、更不承従」)、譲位をしきりに勧めていた(『小右記』長和四年八月十九日条「資平密談云、主上被仰云、近日相府頻催譲位事」)。

(44) **人の愁ひ…** 『小右記』に「先日相府命云、依御目事、数月無官奏、国々司等愁吟無極、相計宜隙可候奏也、仮令雖不細覧、有何事乎者」とあり、形だけの官奏でも行わざるを得ない状況になっていたことがわかる。

(45) **未時…** この日、新造内裏遷幸の儀が行われた。

(46) **上達部…** 行幸の賜禄である。『小右記』によると、賜禄は叙位・贈物の後に行われており、「件禄左大臣所設也」とあることから、道長がこの禄を用意したことがわかる。

(47) **破子のごとき** 破子は白木などで折箱のように作った容器で、蓋があり、内部が仕切られていた。主に食物を入れるが『権記』長徳四年十月二十九日条「又有御送物、

（中略）又有大破子二懸、各納錦・染絹等」、『春記』長久元年十一月二十三日条「令持大破子四荷、（中略）其破子之体以薄物張之、彩色荘厳、太以微妙也、其中入物者染張綾百疋同絹百疋也、各入五十疋云々」のような例も見られる。当条でも、破子のような容器に絹二百疋を入れて、女房に禄として賜わったと考えられる。なお、『徒然草』第五十四段には「風流の破子やうのもの、ねんごろに営み出でて、箱風情の物にしたため入れて」のような例がある。

(48) **右大臣**　藤原顕光。正二位。七十二歳。

(49) **貢馬**　『御堂関白記』本年八月二十三日条に「人々仰行幸事、可為貢見馬々等」とある。

(50) **高麗笛**　『御堂関白記』には他に、寛弘五年十月十六日条に「御送物三種、笙・笛・高麗笛」（一条天皇道長第行幸）、寛仁二年十月二十二日条に「次献御送物（中略）中宮権大夫取御笛筥、入笙笛・高麗笛等」（後一条天皇土御門第行幸）とあり、高麗笛はいずれも、行幸での道長から天皇への贈物とされている。

(51) **春宮大夫**　藤原斉信。正二位権大納言。四十九歳

(52) **太皇太后宮大夫**　正二位権大納言藤原公任。五十歳。

(53) **皇太后宮大夫**　正二位権中納言・治部卿源俊賢。五十七歳。

(54) **賞せらる**　行幸の恩賞としての臨時の叙位が行われた。

(55) **能信**　藤原道長男。左近中将兼左京大夫。二十一歳。

(56) **他の子等…**　頼通は正二位、教通・頼通は従二位。

(57) **多米国平**　道長家司。『御堂関白記』には、寛弘二年五月十七日条に「国平朝〔臣脱〕非時」、寛弘五年五月四日条に「国平朝臣為掅〔精イ〕料非時」、寛弘七年五月十八日条に「国平朝臣僧等送折櫃物」と、国平が道長法華三十講の非時に奉仕した記事が見える。

(58) **橘為義**　道文男。道長家司。『御堂関白記』には他に、寛弘三年三月四日条に「内蔵権頭為義、率殿上五位、硯賜公卿召人」（東三条第花宴に奉仕）、寛弘七年五月二十三日条に「為義朝臣儲非時」（道長法華三十講）、同十二月四日条に「為義朝臣許、馬七疋令飼」、長和元年十月二十日条に「従皇太后御額并御装束給、御使為義朝臣取額筥」（威子着裳に奉仕）、長和二年四月六日条に「為義朝臣給唐鞍具、是皇太后宮使也」（賀茂祭）、同七月十四日条に「御使為義朝臣」（禎子九夜御産養に奉仕）といった記事が見える。なお、正四位下には他に藤原兼経も叙

されていたことが『小右記』裏書に見え、「東宮賞、皇太后宮被申云々」とあることから、後に彰子の申し出があって叙されたことがわかる。

(59) **定頼**　藤原公任男。右中弁兼中宮権亮。中古三十六歌仙の一人。二十一歳。『御堂関白記』長和五年十月二日条に「申時上表（中略）右中弁定頼書之、其書様甚以美也」と、道長の上表文を書いた記事が見え、能書であったことがわかる。家集に『定頼卿集』がある。

(60) **菅原典雅**　典薬頭。道長家司。

(61) **平重義**　親信男。道長家司。『小右記』長和三年正月二十九日条に「重義者左府侍所職事」と記されている。『御堂関白記』には、寛弘元年九月二十七日条「上野守(介)重義献馬三疋、又少将一疋」、長和二年六月十一日条「除服、依物忌、冠・直衣等令持重義朝臣」といった記事が見える。

(62) **甘南備保資**　道長家司。

(63) **隆子**　道長女。母明子。後の師房室尊子に当たるか（『尊卑分脈』頭註）。

(64) **儼子**　藤原為光（後一条太政大臣）女。四の御方に当たるか（槇野廣造編『平安人名辞典—長保二年—』）。四の御方は、花山院が通っていた女性で、『栄花物語』巻八「はつはな」には「一条殿の四君は（中略）姫君の御具になしきこえ給にしかば、殿よろづにおぼし掟てきこえ給ふし程に、御心ざしいとまめやかに思ひきこえ給」と、花山院崩後妍子に仕え、道長の情人になったことが記されている。『大鏡』為光伝には「四の御方は、入道殿の俗におはしましし折の御子うみて、うせたまひにき」とある。

(65) **穠子**　藤原為光女。五の君に当たるか（槇野廣造編『平安人名辞典—長保二年—』）。五の君は『栄花物語』巻十一「つぼみ花」によると、妍子が禎子内親王を連れて入内した折、女房として出仕しており（「こたみは法住寺の大臣の五の君、やがて五の御方とて候ひ給」）、『御堂関白記』寛仁二年十月二十一日条によると、妍子の土御門第行啓に扈従している（「車後女房二人候、一人一条太政大臣五娘」）。なお、『小右記』長和五年四月二十四日条には「摂政不被参賀茂、依有妊者云々、法住寺太相府女懐妊、世号五君、故兼資妻也、懐妊後已十六箇月」と見える。

(66) **教子・時子**　ともに藤原氏。禎子内親王乳母。『小右記』によると、教子・時子・亮子・和子は、従五位上に叙されている。

(67) **亮子**　藤原氏。

(68) **和子**　源氏。

(69) **名ある人**　「名人」は、『御堂関白記』には他に例のない語。名だたる人物、という意に解しておく。

(70) **是れ等を…**　『小右記』に「秉燭後蔵人右少弁資業叙位簿二枚下右大臣、(中略)男一帋女一帋、左大臣手跡也、於御前書之、以蔵人資業下給也」とあるように、叙位簿二枚を道長が御前において書いて天皇に奏聞した後、蔵人に渡して、右大臣に下したのである。『御堂関白記』寛弘八年八月十一日条に「未召上〔卿〕御前召、参人〔入〕御前、可有叙位有仰、(中略)奏云、猶可被行、可給一両人者、仰、可然人々随申者、教通正三位・頼宗従三位・家司保昌四位・隆姫子女王従四位上・幸子従五位下、奏聞了退出、召道方朝臣、被仰右座〔府カ〕、是有初叙位、於御前可被行」(三条天皇新造内裏遷幸)とあるように、行幸の叙位の場合、予め道長の申し出に基づいて叙位者を天皇が決めた後、叙位の上卿である右大臣を召して叙位が執り行われる。叙位簿を書いて天皇に奏聞することは、『小右記』長和二年九月十六日条に「更召右大臣於簾下、次召硯有叙位、事了奏覧、返給、取副於笏退下」(三条天皇道長上東門第行幸)とあるように、本来右大臣の役目であった。当条の叙位では、叙位簿を書いて奏聞するという右大臣のなすべきことを道長が行っており、しかも道長は、叙位簿を蔵人に渡して、蔵人から右大臣に下すという前例のないことを行っているのである。こうした異例のやり方に対して、実資は「未知事也」「希有事也」と、批判の言葉を『小右記』に記している。

(71) **資業**　藤原有国男。従五位上蔵人右少弁左衛門権佐。二十八歳。

(72) **右大臣に下し**　『小右記』に「右大臣召大内記義忠朝臣、於殿上口下給」、『西宮記』巻一、五日叙位儀に「大臣以叙位簿給内記、々々一両並居、一々入眼」とあるように、右大臣は叙位簿を受け取った後、殿上の口で内記に渡し、入眼が行われる。

(73) **労き給ふ所**　『小右記』にも「若労御々目之間、自有非例事歟」とある。

(74) **戌時**　『小右記』によると、行幸の時は戌の二点。『小右記』によってまとめた当条の行幸次第は以下の通りである。①諸卿陣頭に向う。②右大臣以下列立。③御輿持立。④右大将階の前を渡り、階の坤に立つ。⑤闡司版につき、勅答の後退出。⑥少納言鈴の奏。勅答。⑦御輿を寄す。⑧帝、御輿に御す。⑨左大将警蹕。次に右大将、次に近仗応ず。⑩中門の外東門の内にて左大将御綱のことを仰す。⑪東門より出御。⑫上東門大路、大宮大路を経、陽明門を入り、建春門外に留む。⑬左右馬の史生、黄牛二頭を建春門外に牽き立つ。⑭神祇官御麻を献ず。⑮吉平朝臣牛の前に立ち、書を披いて読む。⑯吉平朝臣歩み入り、牛・御輿従う。建春・宣陽・日華門を入る。⑰二牛を紫宸殿の南の階の左右に牽き立つ。⑱吉平朝臣書を披いて読む。⑲二牛、各の方に牽いて退く。⑳御輿を寄す。㉑鈴の奏。勅答。㉒諸卿名謁。

(75) **中宮大夫** 正二位大納言藤原道綱。六十一歳。

(76) **権大納言** 藤原頼通。正二位春宮権大夫、二十四歳。

(77) **兼綱** 藤原道兼男。道綱養子。従四位上蔵人頭皇太后宮亮。二十八歳。

(78) **不覚** 『御堂関白記全註釈 長和二年』九月二十一日条註(139)によると、『御堂関白記』における「不覚」の用法は次の三通りである。①肉体的な病や精神的な動揺等で喪心状態に陥ること。②油断して失敗を招くこと、愚かなこと。③記憶していないの意で、「おぼえず」と訓むべきもの。当該例は①に当たり、三条天皇が『小右記』に「左大臣及進習(近)上達部候御辺、奉扶至尊、御進退依御不調歟」と記されているような状態であったことを指していると考えられる。『小右記』によると、三条天皇が御輿に御すに当たって、道長が「令暗火」と指示しているが、これも三条天皇の不調によるものと考えられる。

(79) **此のごとし** 「不覚」を指している。

(80) **上達部を…** 三条天皇の眼病のためと考えられる。『御堂関白記』本年九月二十一日条にも「不召御前」とある。なお、『新儀式』巻第四、天皇遷御事に「於御前有攤采之戯」とあり、『小右記』長和五年六月二日条に「摂政先候御前、以蔵人頭資平召諸卿、次第参入、(中略)次第打聚攤」(後一条天皇新造一条院遷幸)、『御堂関白記』寛仁二年四月二十八日条に「御前召上卿、有攤事」(後一条天皇新造内裏遷幸)と見えるように、遷幸に際しては、御前において攤が行われることが通例であるが、当条の遷幸では、東宮行啓のあと、『小右記』に

「各々前々置紙、不打攤」とあるように、殿上間に攤の用意はされたが、行われなかった。

(81) **殿上に於いて…** 『小右記』には「諸卿先参上殿上、有饗、暫候」とある。

(82) **宜陽殿** 宜陽殿の儀。『小右記』に「左大臣已下相引着宜陽殿饗、一献左中弁経通執左右両丞相続酌」と見える。

(83) **陣座** 『小右記』に「一献後左大臣起座移着左仗、諸卿次第同着」とある。

(84) **宣旨** 吉書宣旨。『小右記』には「左大臣以蔵人右少弁資業令奏吉〔書〕事、即宣旨下」とある。他にも『小右記』には、寛弘八年八月十一日条に「移着左仗、左大臣以右大弁奏文、即下給、依吉日奏吉書歟」、長和五年六月二日条に「着右仗座、蔵人頭資平奏宣旨於内大臣、吉書、歟」と、遷幸に際しての吉書の例が見える。

(85) **東宮** 道長の土御門第。『小右記』には「次左大臣・右大臣・内大臣及諸卿出従敷政門、参東宮、左大臣土御門第也」とある。

(86) **御入す** 『小右記』によると、東宮は、土御門第の西門を出て、富小路を北進し、土御門大路、大宮大路を経、陽明・朔平門を入り、凝華舎東面に至るという順路をとっている。

(87) **上達部…** 『小右記』には「殿上有饗、給諸饗禄、大掛」と見える。

(88) **人々退く** 『小右記』によると丑の一剋である。

(89) **禄…** 『小右記』には「左大臣已下候造宮所給禄、大掛」と見える。

(90) **紙等常のごとし** 昨日は、枇杷殿から新造内裏への遷幸があった。天皇の場合であれ、臣家の場合であれ、新宅への転居に当たっては、三日に亙る新宅の儀が催されることになっていた。その際は攤を打つことが恒例であり、その賭物としての紙が用意されることになっていた。以下の資料の通りである。『御堂関白記』寛仁二年二月十日(道長の東三条第への移徙)「戌時渡東三条、上卿十人許被来、(中略)有新宅作法、其後与(上)達部五六献後、召紙打攤」、『小右記』長和五年六月二日条(道長の土御門第から新造一条院内裏への後一条天皇の遷幸)「一両巡後献御料紙居高坏、次置上達部紙、摂政令立小燈台於御前、亦召菅円座一枚并筒・釆、次摂政及已次随身攤紙近進御所、従殿上人下臈至摂政献紙、次第打聚攤、二

度打対、自不給、摂政初度取御料紙一帖加攤紙、然而不令打給、攤了入御、諸卿退下」、三日条「摂政参上殿上、内大臣已下相従、経南殿階前、御前作法如昨、摂政先着御前座、次蔵人頭資平召諸卿、諸卿参御前、蔵人頭左中弁経通執御料紙参進、摂政云、先居突重、後可奉攤紙、経通云、突重儲者、摂政再三仰不可然之由、臨事何為、仍奉御料紙、次置諸卿紙、以円座一枚令敷御前、召筒・采、次摂政及諸卿随身紙、近侯御前、有聚攤興、一度、其後遞有擲采之戯、不幾入御、次諸卿退下、亥剋不儲衝重之事、問資平、答云、行事頭経通執行此間事、他人不知者、依冷泉院例所被行也、彼例三箇夜皆賜突重、有打攤、経通不甘前跡歟」、四日条「従今日四箇日物忌、今明固覆推、仍只開東門、今日不参之事、云遣頭中将資平許、大略昨日披露了、然而為令達摂政也」、五日条「昨日摂政不被侯御前、（中略）有御前攤」。なお、新宅の儀が三日続けられたことは、さらに以下の資料の通りである。『御堂関白記』寛弘二年二月十日条「戌時渡東三条、上卿十人許被来、（中略）有新宅作法、其御与(上)達部五六献後、召紙打攤」、十一日条「上達部十人許来」、十二日条「所立黄牛放、相求得之、如本立、上達部十余人来」、『小右記』寛仁元年十一月十日条「今夜前摂政被移二条第、（中略）戌終許渡給、小時参入、卿相参入、上達部・殿上人座在東渡殿、（中略）三巡後有擲采之戯薄様紙・上紙等」、十一日条「黄昏参大殿、秉燭後出客亭、摂政及諸卿参会如昨」、十二日条「黄昏参大殿、不幾左大臣被参、饗饌如両夜、（中略）盃酒四五巡後有聚攤」。

(91) **御前に召さず**　昨日にも、「上達部を御前に召さず」とあった。

(92) **東宮に参る**　東宮は、道長土御門第より前日に内裏凝華舎に入御した（『小右記』二十日条「参東宮左大臣土御門第也、（中略）御輦寄凝華舎東面垣戸東面北戸」）。

(93) **女方、相共に退く**　女方は、道長室倫子。東宮祖母。『小右記』二十日条に「太子、移給輦車、女房同移乗、若是相府北方歟、御輦寄凝華舎東面垣戸東面北戸」とあり、二十日の東宮の新造内裏への行啓の際に同輦して参内、三日間を御所で過ごしていたことが窺える。

(94) **庶政朝臣**　藤原典雅男。時に少納言兼皇太后宮大進。少納言であったことは、『御堂関白記』長和二年十二月二十九日条「少納言庶政」、『小右記』長和五年正月二十九日条「少納言庶政」などの記事により、皇太后大進であったことは、『御堂関白記』本年十一月十五日条「従皇太后宮、大進庶政朝臣、先日御経供養日雑物送文持来」、『小右記』長和五年六月二日条（道長の土御門第から新造一条院内裏への後一条天皇の遷幸の日、家主の賞）「藤原庶政・源行任已上二人皇太后宮大進」などの資料によって確認される。庶政が皇太后大進であるので、後文の「宮」が皇太后宮彰子であることが分かる。

(95) **宮**　皇太后宮彰子。御所は土御門第。『御堂関白記』八月二日条に「辰時許右衛門志宣明申云、皇太后宮北対与北屋間、小児頭身一手一足付侍、以下人令取出已了云々、所申様卅日穢也」、『小右記』同日条に「早朝帯刀頭輔云、宮有死穢犬喫入童云々宮則左相府、其穢一同」とある。

(96) **触穢の札を立つ**　『北山抄』四、雑穢部に「五体不具穢、其日数不定、或忌卅日、依其体已断一手足等、不具贖、或忌七日、唯有一手足等、依其体猶断贖、或不為穢、依其一手一足経数日贖」とあり、『法曹至要抄』下に「卅日穢事、説者云、雖為五体不具胎以下腹以上相連者、忌卅日、又云、全焼一身灰、尚可為卅日穢、（中略）七日穢事、説者云、死人頭若手足切、謂之五体不具、又云、死人灰少々、准五体不具穢、可忌七日」とある。『御堂関白記』長保元年九月八日条「道方朝臣来云、内有穢定、家宿所下有死人、八九歳許童也、所々喰犬者、被申右府云、可難五体不具者（古写本は「可為五体不具者」）、令申云、有身、難五体不具云、卅日被穢定了云々」などの資料から、人の足という部分遺体であったので、穢は三十日ではなく、七日であったであろう。八日後の三十日に皇太后宮御所で酒宴が催されていることからも確認できる。

(97) **権大納言**　藤原頼通。

(98) **中宮**　三条天皇の中宮藤原妍子。妍子の居所は、長和三年二月九日の内裏焼亡により、太政官朝所に、二月二十日、松本曹司へ、四月九日より枇杷殿。この間の移動は全て天皇に同伴している。この年の九月二十日に、天皇は一足早く新造内裏へ遷御している。

(99) **吉平朝臣**　阿倍吉平。清明男。正暦二年陰陽博士。

(100) **晦日**　九月三十日、丁丑の日。この日から五日間、十月四日まで天一神は西方に遊行、中宮妍子の枇杷殿からは御所は真西に当たる。したがって、九月三十日以降の五日間は、枇杷殿から御所へは塞がった状態になる。

（101）**天一は西に在り**　天一神は、『和名抄』に「天一神百忌経云天一神和名奈加々美天女化身也」とある通り、「なかがみ」とも呼ばれる。『源氏物語』帚木にも、「今宵なかがみ、内裏よりは塞がりてはべりけり」とあり、なじみの深い方角神であった。その遊行は、『簠簋内伝』第二、二十一、天一神方によれば、

己酉　丑寅陰過殿　乗蛇六日　（東北）
乙卯　東方招陽殿　乗鮒五日　（東）
庚申　辰巳秀陽殿　乗鷹六日　（東南）
丙寅　南方陽補殿　乗雉五日　（南）
辛未　未申陽過殿　乗鹿六日　（西南）
丁丑　西方招陰殿　乗虎五日　（西）
壬午　戌亥秀陰殿　乗龍六日　（西北）
戊子　北方陰補殿　乗亀五日　（北）

また、『暦林問答集』下、釈天一、第五十二でも、

　陰陽書云。天一者
己酉日従天来居東北維　六日化人頭蛇身
乙卯　移居正東　五日化人頭魚身
庚申日移居東南維　六日化人頭鷹身
丙寅日移居正南　五日化人頭鶏身
辛未日移居西南維　六日化人頭半身（牛身カ）
丁丑日移居正西　五日化人頭馬身
壬午日移居西北維　六日化人頭龍身
戊子日移居正北　五日化人頭亀身
癸巳日上天。十六日間招揺。大微星大紫房等宮遊行。
而従己酉日降地。

とあることから、丁丑の日から五日間は西にあることが確認される。

（102）**方を違へて参らるべし**　三条天皇は、方違えをさせることによってでも中宮妍子の入内を実現したいとの意向を示した。『栄花物語』巻十二「たまのむらぎく」にも「かくて内裏造り出づれば、十月(事実は九月)に入らせたまふ。その程のありさま例の如し。『中宮入らせたまへ。入らせたまへ』とあれど、とみに入らせたまはぬ程に」とある。道長と三条天皇との具体的な確執の一つである。十一月十七日に再び内裏は焼亡するので、中宮の入内は実現しなかった。

（103）**少納言に障り有りて**　『江家次第』十八、外記政に「先有申文、少納言一人・弁二人・外記一人・史三人、入自西廊西戸列立庭中版位、（中略）次有請印、少納言

着座経廊下、外記捧盛文筥、史生捧印櫃、各参上、(中略)上卿先見少納言方、畢仰曰給へ、少納言称唯」とある通り、少納言がいなければ外記政は成り立たない。

(104) **桂の家**　桂にある道長の別荘。『御堂関白記』長和二年十月十三日条に「至二条、可造作有様仰文信并豊高等、即行桂、可作有様示雅通朝臣」とあり、この時から造作が始まり、『小右記』長和三年五月二十九日に「或云、昨日左相国遊覧先朱雀院、次桂山庄云々」とあるので、翌年の五月末には竣工していた。

(105) **経久**　正しくは経救。興福寺僧(『小右記』寛弘二年五月二十四日)。天元元年~寛徳元年(『僧綱補任』)。但し、『小右記』寛仁三年四月七日条には「年三十九」とあり、逆算すると天元四年生まれということになる。『御堂関白記』寛弘元年三月二十九日条に「(季御読経)御論議如常、有七番。(中略)経久・観印尤美」として、道長はその才を称揚している。

(106) **広業朝臣**　藤原有国男。承元元年~長元元年。儒学者。寛弘五年から六年にかけて文章博士を勤める。この時、正四位下式部大輔。三十九歳。

# 十月

〔本文〕

**一日**、戊寅、雨下、從宮後參大內、退出、

**二日**、己卯、行二條、小雨降、從公則許、獻馬二疋、又子法師三疋、牛三頭志、新五尺屛風八帖送侍從中納言許、爲令書《色》紙形也、天牛一頭志之、

**三日**、庚辰、參大內、遷宮後政初、從午後深雨下、從內出間不能、尹許送少米、重惱可修善事、仍所送、

**四日**、辛巳、彈正尹時光未時許薨云〻、

**五日**、壬午、午後深雨大風、

**六日**、癸未、帥宮大井遊覽云〻、參大內、候宿、

**七日**、甲申、從內退出、以戌時着服、

**八日**、乙酉、春季讀經初、修於土御門堂、入夜參內、退、式部卿親王以菊供大內云〻、使者也、給勅祿者、御弓云〻、未聞如此者祿給弓、甚以輕〻也、有所衆人聞歟、

**十一日**、戊子、讀經結願、

**十二日**、己丑、早朝行宇治、上達部八九人許同道、從舟道歸來、亥時許、月甚以淸明、舟中有和哥事、

**十三日**、庚寅、參大內、候宿、除服衣、

**十四日**、辛卯、從夜深雨下、維摩會明年立義者兼範、以此由示送左中弁經通許、又講師布施如常、從內退出、於宿所定御讀經僧名、奏聞、頭中將書之卽奏、返給下資業、

十五日、壬辰、頭中將來云、右大弁依服非可奉五節、其代可奉五節者、申承由了、
十七日、甲午、皇太后宮參、人々有作文事、題菊殘似老人、為晴、通直作序、未前參大內、退出、
十八日、乙未、午時許講作文、
十九日、丙申、依物忌無他行、
廿日、丁酉、依物忌籠居、一兩有詩人有作文、題早寒生重衾、韻知、
廿一日、戊戌、此日造宮被行賞、余一人參御前、書敍位如常、垂御簾、敍位了、春宮大夫給下名、有勞事、依不奉仕內弁也、自餘事如式、子時許事了、參大內、候宿、仰云、京官除目、惱御間、於宿所可奉仕、日來雖有此仰、依有恐不承、人々猶可奉仕由相示、仍承之、公信宰相行事也、而去夏間、依不奉仕伊勢使、有勘當、被留此列、又修理大夫・木工頭期日不造了、仍不給賞、此兩白生也、不覺者此等也、
廿三日、庚子、中宮大夫・春宮大夫・太皇太后宮大夫・權大納言・權中納言・新中納言・三位中將參皇太后宮、可書屛風邊和哥云々、侍從中納言書之者、
廿四日、辛丑、參大內、退出、參皇太后宮、有明日殿上裝束事、
廿五日、壬寅、曉女方相共參皇太后宮西對、此日被供養大般若一部・壽命經五十卷・二界曼陁羅、導師大僧都慶命、呪願少僧都扶公、唄少僧都文慶・如源、散花律師心譽・法橋源賢、引頭律師尋圓・永圓、堂達內供定基・尋淸、此外百僧、納衆卌人、讃衆廿人、頭仁海・庄命、梵音衆廿人、頭智眞・院慶、錫杖衆廿人、頭延尋・賢壽、堂具階（皆歟）悉新、殿上裝束有寢殿、僧座有東廂、七僧座南廂、高座・禮盤有母室、唄師座

當佛前有廂、構舞臺、其上立行香具二具、散花机舞臺東西立各二脚、堂童子座有庭、上達部座有東對、時刻打鐘、衆集會馬場、東西相分參上、左方經埒邊幷橋・舞臺等着座、右方經中嶋・堂・簀子敷・舞臺着座後、導師・呪師登高座、堂童子着座、唄師着座後、堂童《子》經舞臺引《賦歟》花筥、散花出立、發音、引頭立座、衆僧又同、降東西階行道廻池、昇從同階着座、讃衆昇舞臺供了、次〻又同、他法用如常、上達部有簀子敷、左近中將資平行道後、着導高下、仰拔取給由、所〻御諷誦使、內裏左近少將經親、皇太后宮、中宮定頼、亮、東宮左中弁經通、亮、以上五百端、內方三百〻、一條北方手作布二、尚侍二百、大納言・左衛門督・權中納言・三位中將以上百〻、是等內方各二百、近衛御門二百〻、東宮御匣殿百事《〻》、了召《於》諸卿御前、取東方僧前机、候母室幷東廂、西上北面、數獻後、太皇太后宮取盃進、有余賀心和哥、侍從中納言取筆、

あひおひのまつをいとゝもいのるかなちとせのかけにかくるへけれは

我

おいぬとも しるひとなくはいたつらにたにの《ま》つとそとしをつまゝし

人〻此哥有褒譽氣、度〻吟詠、其上達部・殿上人・宮司・侍者・主殿寮給祿有各差《レ》、西對前引出物馬一疋、人〻隨身等有頭《纏歟》事、大將隨身・我隨身從宮方賜疋絹、事了西對歸後、權大夫令持調度來、授祿、我居所〻有東北渡殿、新立屛風、撤件屛風等他持來所物者、其退出、女方又同、

**廿六日**、癸卯、大內記義忠明日宣命持來、賜黃紙、是依有內裏佛事、參大內、候宿、女方參東宮、

**廿七日**、甲辰、春日社奉幣、修理大夫使、左衛門陣賜宣命、是內裏依有佛事也、從今日除目召仰、此前資

平朝臣來仰云、可仰太皇太后宮大夫、以左大臣准攝政令行除目・官奏事等者、宣旨書了云〻、仰大弁幷外記云〻、飛香舍除目、舍南廂四間敷座、廂西二間子午妻懸簾、其敷錦端疊、南面一枚、爲大臣座、簾敷圓座、我座、其東柱敷圓、執筆大弁料、東二間對座敷疊、公卿着座、資業朝臣、內大臣以下候陣座相示云、有所勞不能遠行、爲之如何、諸卿等相引來向、大臣以下座（着歟）、弁等置筥文後、示左大弁、唯稱着圓座後如常書、亥時事了、人〻退出、內府暫留被示、明日參事不定、大將辭申也、是中納言已闕、以實成爲被任也、宰相中將歟實成同參議、彼人位階高也、兼官又任納言所也、件返上將軍申件事、何無朝恩哉、

**廿八日**、乙巳、今日不參大臣、議如昨日、右近少將公成內大臣大將辭申文持來、即奏聞、留御所、公卿參入、申時議初、亥時了、參弓場殿、奏慶賀、是權大納言依兼大將也、即退出、至大將家、女方此前渡、大將上達相引來、次將以下府生以上庭中拜着座、此間大將有便所、着座、次〻將着座、三位中將後着座、上達部着座、數獻後從近衞給祿如常、庭中積中持布、家司給之、次官人、次〻將、次垣下達、三位中將女裝束、中將綾褂・袴、四位少將小褂・袴、少將白褂・袴、大納言女裝束、（加綾褂）中納言女裝束、宰相綾褂・袴、官人如常、次將立座後、余出座、取盃、授太皇太后宮大夫、次取盃、次源中將取盃、後余引出馬、大將以釼授大納言、人〻官人等纏頭、我〻重方・公助等給之、祿物有（在）我從レ方、女方出之、權中納言取（之）、大納言祿、從大將方和琴・琵琶等新中納言・源宰相取之持來、事了歸、又同還、大將來申慶賀、隨身給疋見有各差、申中宮御方、參皇太后宮云〻、兩宮隨身給物云〻、除目了、大將於弓場奏慶賀由、次官人奏可給御酒由、資平仰侍從中納言云、淸書上新中納言奏淸書、後ゟ令持外記來、即返給、加封給外記云〻、件儲事

不定、無其用意、而四條大納言去廿六日來云、大將事已有一定由云〻、儲事如何、余答、事不定、又不承、兼於儲非可有者、納言云、彼内府被申、猶可被用意、有忽《在者》、何有難哉、事又有興、府官等以如此事爲奉、早可被儲者、随彼命所儲也、

**廿九日**、丙午、大將所〻申慶、依物忌籠居、東《宮》使道雅申障、仍經通奉仕、是行事弁也、

〔註釈〕

**一日**、戊寅。雨下る。宮(1)より後、大内に参る。退出す。

**二日**、己卯。二(2)条に行く。小雨降る。公(3)則の許より馬二疋を献ず。又、子(4)の法師に三疋、牛三頭を志す。新たなる五尺の屏風八帖を侍(5)従中納言の許に送る。色紙形を書かしめんが為なり。天(6)牛一頭之を志す。

**三日**、庚辰。大内に参る。遷宮の後の政初め。午後より深雨下る。内(7)より出づる間、能はず。尹(8)の許に少しの米を送る。重く悩み修善すべき事、仍りて送る所なり。

**四日**、辛巳。弾正尹時光、未時ばかり薨ず、と云々。

**五日**、壬午。午の後、深雨大風なり。

**六日**、癸未。帥(9)宮、大井遊覧、と云々。大内に参り、候宿す。

**七日**、甲申。内より退出す。戌時を以て着(10)服す。

**八日**、乙酉。春(11)季の読経を初む。土(12)御門の堂に於いて修す。夜に入りて内に参り、退く。式(13)部卿親王、菊(14)を以て大内に供ず、と云々。使(15)者なり。勅(16)禄を給ふ、てへり。御弓、と云々。此(17)のごとき者の禄に弓を給ふこと、

未だ聞かず。甚[18]だ以て軽々なり。衆[19]人の聞く所有るか。
**十一日**、戊子。読経結願す。
**十二日**、己丑。早朝、宇[20]治に行く。上[21]達部八九人ばかり同道す。舟[22]道より帰り来たる。亥時ばかり、月甚だ以て清明なり。舟中、和歌の事有り。
**十三日**、庚寅。大内に参り、候宿す。服衣を除く。
**十四日**、辛卯。夜より深雨下る。維[23]摩会明年[24]の立義は兼範[25]。此の由を以て、左[26]中弁経通の許に示し送る。又、講[27]師の布施常のごとし。内[28]より退出す。宿[29]所に於いて御[30]読経の僧名を定め、奏聞す。頭[31]中将、之を書きて即ち奏す。返し給ひて、資[32]業に下す。
**十五日**、壬辰。頭中将来たりて云はく、右[33]大弁、服[34]に依りて五[35]節を奉るべきに非ず。其[36]の代わりに、五節を奉るべし、てへり。承[37]る由を申し了んぬ。
**十七日**、甲午。皇[38]太后宮に参る。人々作[39]文の事有り。題、菊残りて老人に似る。晴[40]たり。通[41]直、序を作る。未[42]前、大内に参り、退出す。
**十八日**、乙未。午時ばかり作文[43]を講ず。
**十九日**、丙申。物[44]忌に依りて他行無し。
**二十日**、丁酉。物忌に依りて籠居す。一両の詩人有り。作[45]文有り。題[46]は早寒生じて衾を重ぬ。韻は知。
**二十一日**、戊戌。此の日造[47]宮の賞を行はる。余[48]、一人御前に参り、叙[49]位を書くこと常のごとし。御簾を垂る。叙位了りて、春[50]宮大夫下[51]名を給ふ。労[52]はる事有りて、内弁を奉仕せざるに依りてなり。自余の事は式のごとし。子時ばかり事了んぬ。大内に参りて、候[53]宿す。仰せて云はく、京官除目、悩み御す間、宿所に於いて奉仕すべし。日来、此の仰せ有りと雖も、恐れ有るに依りて承らず。[54]人々猶ほ奉仕すべき由を相示す。仍りて之を承る。[55]公信宰相は[56]行事なり。而るに去る夏の間、[57]伊勢の使を奉仕せざるに依りて、勘当有り。此の列を留めらる。又、[58]修理大夫・[59]木工頭は期日に造り了らず。仍りて賞を給はらず。此の両は[60]白生なり。[61]不覚の者は此れ等なり。

**二十三日**、庚子。[62]中宮大夫・春宮大夫・[63]太皇太后宮大夫・[64]権大納言・[65]権中納言・[66]新中納言・[67]三位中将、[68]皇太后宮に参る。[69]屏風の辺に和歌を書くべし、と云々。[70]侍従中納言之を書く、てへり。

**二十四日**、辛丑。[71]大内に参る。退出す。皇太后宮に参る。[72]明日の殿上の装束の事有り。

**二十五日**、壬寅。暁、[73]女方と相共に皇太后宮西対に参る。[74]此の日、大般若一部・寿命経五十巻・二界曼陀羅を供養せらる。[75]導師大僧都慶命。[76]呪願少僧都扶公。[77]唄少僧都文慶・如源。[78]散花律師心誉・法橋源賢。[79]引頭律師尋円、永円・[80]堂達内供定基・尋清。[81]此の外百僧、[82]衲衆四十人、[83]讃衆二十人、頭仁海・庄命、[84]梵音衆二十人、頭智真・院慶、[85]錫杖衆二十人、頭延尋・賢寿。[86]堂具皆悉く新らし。[87]殿上の装束寝殿に有り。僧の座東廂に有り。[88]七僧の座南廂(に有り)。[89]高座・礼盤母室に有り。唄師の座仏前に当たり廂に有り。[90]舞台を構へ、[91]其の上に行香の具二具を立つ。散花の机舞台の東西に各二脚を立つ。[92]堂童子の座庭に有り。上達部の座東対に有り。時刻鐘を打つ。[93]衆(僧)馬場に集会し、東西に相分かれ参上す。左方埒の辺并びに橋・舞台等を経、着座す。右方中嶋・堂・簀子敷・舞台を経、着座の後、導師・呪師高座に登り、堂童子着座す。唄師着座の後、堂童子舞台を経、花筥を引く。散花出で立ち、発音す。引頭座を立ち、衆僧又同じ。東西の階より降り、[94]行道し、池を廻り、同じ階より昇り着座す。讃衆舞台に昇り、供へ了んぬ。次々又同じ。他の法用常のごとし。[95]上達部簀子敷に有り。[96]左近中将資平行道の後、導(師)高(座)の下に着し、杖取を給ふ由を仰す。[97]所々の御諷誦の使、[98]内裏左近少将経親、[99]皇太后宮、[100]中宮定頼、亮、[101]東宮左中弁経通、亮、以上五百端。[102]内方三百端。[103]一条北方手作布二(百)。

尚侍[104]二百。大納言[105]・左衛門督・権中納言・三位中将、以上百端。是れ等の内方各二百。近衛御門[106]二百端。東宮[107]御匣殿百端。事了りて諸卿を御前に召す。東方の僧前[108]の机を取り、母室并びに東廂に候ず。西を上とし、北に面す。数献の後、太皇太后宮[109](大夫)盃を取りて進み、余の賀心の和歌有り。侍従中納言[110]筆を取る。

[111]あひおひのまつをいとゝもいのるかなちとせのかけにかくるへけれは

我

[112]おいぬともしるひとなくはいたつらにたにのまつとそとしをつまゝし

人々此の歌褒誉の気有り。度々吟詠す。其の(後)、上達部・殿上人・宮司[113]・侍者・主殿寮に禄を給ふこと各差有り。西対前の引出物馬一疋。人々の随身等に纏頭の事有り。大将[114]の随身・我の随身に宮方より疋絹を賜はる。事了りて西対に帰る後、権大夫[115]調度を持ち来たらしむ。禄を授く。我の居所[116]又東北の渡殿に有り。新たに屏風[117]を立つ。件屏風等の他、持ち来たる所の物を撤せよ、てへり。その(後)退出す。女方又同じ。

**二十六日**、癸卯。大内記義忠[118]、明日の宣命[119]を持ち来たる[120]。黄紙[121]を賜はる。是れ内裏仏事[122]有るに依る。大内[123]に参り、候宿す。女方、東宮[124]に参る。

**二十七日**、甲辰。春日社奉幣[125]なり。修理大夫[126]、使。左衛門陣[127]にて宣命を賜ふ。是れ内裏仏事有るに依りてなり。今日より除目[128]の召仰。此の前に、資平朝臣[129]来たり仰せて[130]云はく、太皇太后宮大夫に[131]、左大臣[132]を以て摂政に准じて除目・官奏の事等を行はしめよと仰すべし、てへり、宣旨書き了んぬ、と云々。大弁[133]并びに外記[134]に仰す、と云々。飛香舎[135]の除目あり。舎の南廂[136]の四間に座を敷く。廂の西二間に子午[137]を妻として簾を懸く。其の錦端畳[138]を敷く、南面して一枚、大臣の座と為す。簾の(下)に円座を敷く。我が座。其の東柱に円(座)を敷く、執筆の大弁の料なり。東の二間に対座して畳を敷き、公卿着座す。資業朝臣[139]を(以)て、内大臣以下の陣座に候ずるに相示して云はく、所労有りて遠行すること能はず、之を如何とす、と。諸卿等相引きて来たり向ふ。大臣以下着座す。弁等、筥文を置きて後、[140]左大弁に示す。唯称して円座に着きて後、常のごとく書く。亥時事了んぬ。人々退出す。[141]内府[142]暫く留まりて示さる、[143]明日参る事定まらず、大将辞し申すなり、是れ、[144]中納言已に闕す、[145]実成を以て任じられんがためなり、[146]宰相中将、実成と同じく参議、彼の人位階高きなり、[147]兼官も又納言に任ずる所なり、[148]件は、将軍を返上して件の事を申すなり、何ぞ、朝恩無からんや、と。

**二十八日**、乙巳。[149]今日大臣参らず。議、昨日のごとし。[150]右近少将公成、[151]内大臣の大将を辞し申す文を持ち来たる。即ち奏聞す。[152]御所に留む。公卿参入す。[153]申時議初む。亥時了んぬ。弓場殿に参りて[154]慶賀を奏す。是れ権大納言大将を兼ぬるに依りてなり。即ち退出す。[155]大将家に至る。女方、此の前に渡る。[156]大将、上達(部)を相引き来たる。[157]次将以下府生以上庭中に拝し座に着く。此の間、大将便所に有り。座に着く。次いで次将座に着く。三位中将後に座に着く。上達部座に着く。数献の後、近衛より[158]禄を給ふこと常のごとし。庭中に[159]中持の布を積む。家司之を給ふ。次に官人。次に次将。次に[160]垣下達。三位中将は女装束、中将は綾褂・袴、四位少将は小褂・袴、少将は白褂・袴、大納言は女装束綾褂を加ふ、中納言は女装束、宰相は綾褂・袴、官人は常のごとし。[161]次将座を立つ後、余、出座す。盃を取り、[162]太皇太后宮大夫に授く。次に盃を取る。次に[163]源中将盃を取る。後に余、馬を引き出だす。大将、釼を以て大納言に授く。人々官人等に纏頭す。我も[164]重方・公助等に之を給ふ。禄物我が方より在り。[165]女方之を出だす。権中納言之を取り、大納言に禄す。[166]大将方より和琴・琵琶等、新中納言・源宰相之を取り持ち来る。[167]事了りて帰る。又同じく還る。[168]大将来たりて慶賀を申す。[169]随身に疋見を給ふこと各差有り。[170]中宮御方に申し、皇太后宮に参る、と云々。両宮随身に物を給ふ、と云々。[171]除目了りて、大将弓場に於いて慶賀の由を奏す。次に官人に御酒を給ふべき由を奏す。[172]資平、侍従中納言に仰すと云ふ。[173]清書の上新中納言清書を奏する後に、外記に持たしめ来たる。即[174]ち返し給ふ。封を加へ外記に給ふ、と云々。件[175]の儲けの事定まらず。其の用意無し。而るに四条大納言去ぬる二十六日来たりて云はく、大将、事已に一定の由有り、と云々、儲けの事如何、と。余、答ふるに、事定まらず、又承らず、兼ねて儲くるに於いては有るべきに非ず、てへり。納言云はく、彼の内府申さるは、猶ほ用意さるべし、忽[176]に有れば何ぞ難有るべきや、事又興[177]有り、府官等此くのごとき事を以て奉と為す、早く儲けらるべし、てへり。彼の命に随ひ儲くる所なり。

**二十九日**、丙午。大将、所々に慶を申す。物忌に依りて籠居す。東[178]宮の使道雅障を申す。仍りて経[179]通奉仕す。是[180]れ行事弁なり。

（1）**宮より後**　宮は皇太后宮彰子。道長は、皇太后宮御所に昨日から候宿していた。その宮の御所を出てからという意。なお、宮の御所は土御門第、同じ土御門第内の小南第をこの頃の道長は居宅にしていた。

（2）**二条**　道長が造営している二条第。小二条殿とも呼ばれた。『御堂関白記』長和二年十月十三日条に「至二条、可造作有様仰文信并豊高等、即行桂、可作有様示雅通朝臣」とあり、この時から桂山荘と同時に工事の始まったことが確認できる。しかし工事の進捗ははかばかしくなく、或いは、庭園・築山の工事から着手されたのか、ようやく『小右記』の長和三年十月十一日に「左大臣（道長）二条家、造立数屋」とあり、『御堂関白記』本年三月二十四日条「至二条」、七月十七日条「行二条見造作、右衛門督（懐平）同車、足同依難堪、従車不下」（同日『小右記』「今日左相府与右衛門督同車、見給二条第造作者」）、同二十七日条「次到二条」、八月二日条「到二条見造作」、同二十日条「行二条」、同三十日条「行二条」、九月一日条「行二条見造作」、同九日条「到二条」、十一月三日条「行二条」、十二月十七日条「行二条還」など、長和四年の秋頃に造営の山場が来た様子で、道長は盛んに視察に出掛けている。そして、長和五年二月二十七日の『御堂関白記』には「召吉平朝臣可渡二条令勘日、来月二十三日者、問大饗日、四月九日者、渡二条事、是為大饗也」とあり、ようやく三条天皇退位後の長和五年二月末に至って竣工の目処がたった様子である。この長和五年の時点では、道長にとって、二条第は新帝の摂政として初の大饗を催す邸第と目され、後に新帝の皇后となる威子の里第となるという政治的に重要な位置が与えられることになる。長和四年九月の時点で、すでに道長には三条天皇退位後のシナリオが構想され、二条第造営もその中に組み込まれていたものと見ることができる。

（3）**公則**　藤原公則。『小右記』長和元年六月二十九日条に「昨日虹立皇太后宮枇杷殿、資平云、相親左府人々宅多立之由云々、（中略）虹所々、随聞得所記、是為後鑑、（中略）施薬院使公則宅東町一所左大臣舎人長宅」という記事があり、道長に親しい人物としてその名が挙げられている（『小右記』寛仁元年九月一日条にも「公則朝臣前摂政（道長）近習者也」とされている）。『御堂関白記』長和元年八月十一日条に「有除目事、欠国三箇国、信濃公則、民部分、今年依国少留、依別功初任之」とあり、この時任信濃の守。九月十六日条「公則申罷申、給馬并装束等」、同十七日条「雅通・公則、今日下向」の記事より、下向の日が確認できる。この長和四年にも、信濃守とある。長和二年四月十九日にも、『御堂関白記』に「公則朝臣献馬十疋、東宮（敦成）・三宮（敦良）・左衛門督（頼通）・権大夫（教通）各二疋、三位中将（頼宗）・少納言（能信）又一疋云々」とあり、信濃の国から馬を所々に贈っている。

（4）**子の法師**　道長息顕信。二十二歳。本年八月九日に大原に遷っている。

（5）**侍従中納言**　正二位権中納言藤原行成。四十四歳。

（6）**天牛**　あめうし。普通は、黄牛と書く。『十巻本和名抄』七に、「黄牛　弁色立成云阿米宇之」とある。『枕草子』にげなきものに「月の明きに、屋形なき車のあひたる。また、さる車にあめ牛かけたる」とある通り、粗末な車には似合わない立派な牛である。

（7）**内より出づる間、能はず**　必ずしも意味が明解でないが、大雨のため退出しようとしても出来なかったということか。

（8）**尹**　藤原時光。関白兼通男。顕光弟、朝光兄。母中納言大江維時女。長徳三年七月五日、中納言。寛弘元年八月二十九日、弾正尹。長和二年正月七日、従二位。翌十月四日に薨ず。六十八歳。『日本紀略』十月四日条に

「従二位中納言弾正尹藤原朝臣時光薨年六十八」とあり、『小右記』五日条に「昨日中納言時光薨、六十八」とある。

(9) **帥宮、大井遊覧** 帥宮は敦康親王。一条天皇第一皇子。母藤原定子。一品。大宰帥。当時十七歳。『小右記』七日条に「資平云、昨日帥宮於大井逍遥、大納言頼通、中納言俊賢・行成・教通・頼宗・経房、参議道方、三位中将能信、参議頼定及殿上人等追従」とある。

(10) **着服** 四日に薨じた時光のための服喪。『喪葬令』によれば、「凡服紀者、(中略) 衆孫、従父兄弟姉妹、兄弟子、七日」とあり、時光は道長の従兄弟であるため、七日間の服喪となる。『御堂関白記』十三日条に「除服衣」とある。

(11) **春季の読経** 『小右記』同日条にも「今日左相府読経始云々」とあり、道長家の家の読経。結願は十一日である。春季が二月、秋季が十月が通例だが、本年は春季の読経が十月にずれこんでいる。『御堂関白記』長和元年十二月二十二日条によれば、「家初秋季読経」とあるが、翌二年九月二十日条には「家春季読経」とあり、春季分が九月となっている。長和三年は『御堂関白記』が現存しないため不明だが、本年四月二十九日条には「家読経初、件読経去年秋季也」とあり、長和三年の秋季分を本年四月に行ったため、長和四年分の春季が十月にずれこんだのである。なお、本年十二月二十五日条には「初秋季並懺法読経等、季堂」とあり、長和四年分は完結している。しかし、翌五年十月十一日条では「春季御(衍字)読経初」とあり、再びずれこんでいる。家の読経はかなり恣意的であったようである。

(12) **土御門の堂** 土御門第は、平安左京一条四坊十五・六町、土御門大路北、近衛大路南、東京極大路西にあった道長の邸宅。現在の京都御苑内大宮御所の北部に相当する。その土御門第内の堂の位置だが、角田文衞『紫式部の身辺』(古代学協会、昭和四十年、のち『角田文衞著作集7―紫式部の世界―』所収、角川書店、昭和五十九年)、杉山信三『院家建築の研究』(吉川弘文館、昭和五十六年)、太田静六『寝殿造の研究』(吉川弘文館、昭和六十二年)の三説がある。このうち、角田説が、萩谷朴『紫式部日記全注釈 下』(角川書店、昭和四十八年)、池浩三『源氏物語―その住まいの世界―』)(中央公論美術出版、平成元年)などに継承されており、最も妥当なようである。すなわちその位置は、西中門より南廊でつな

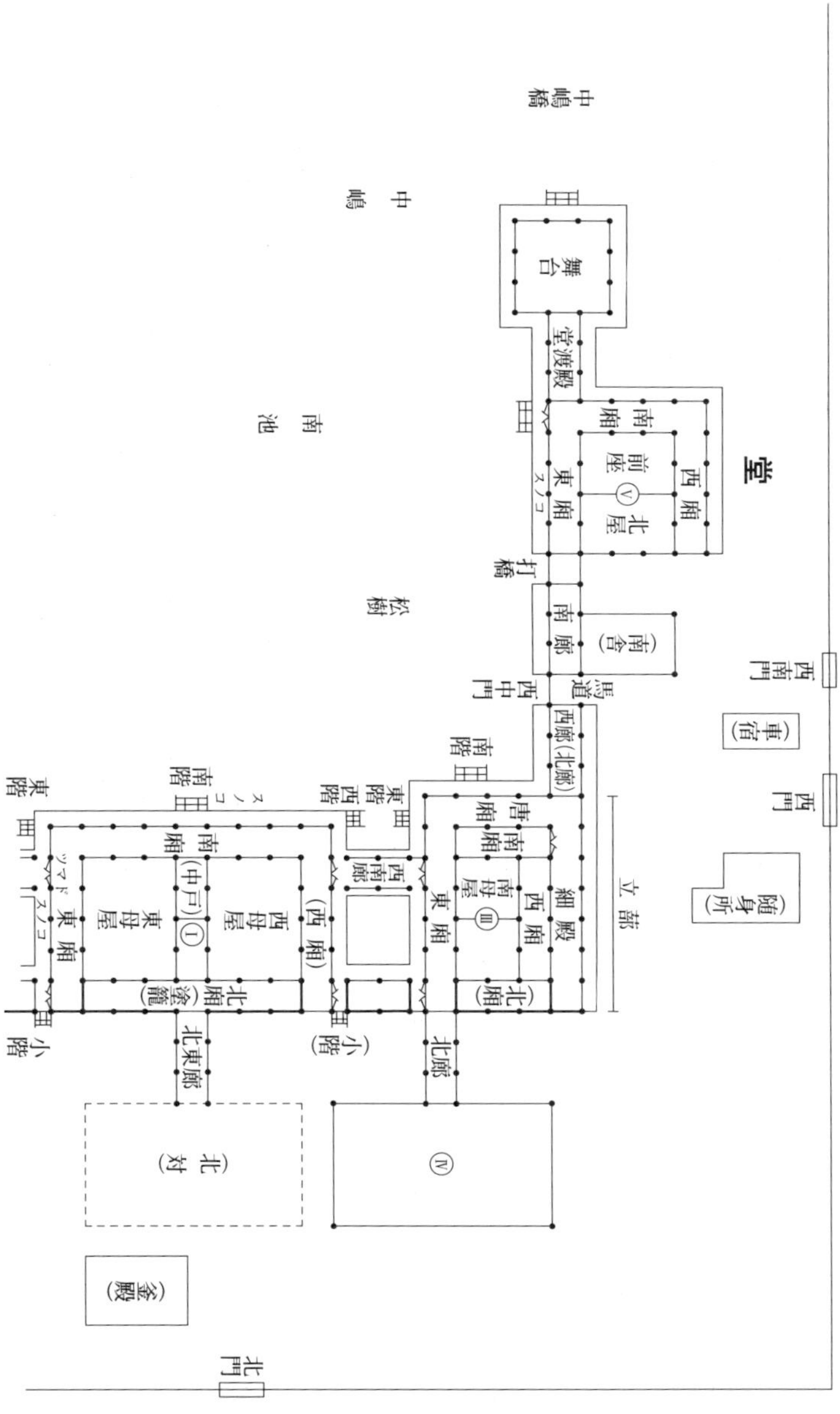


第1図　土御門の堂の位置（萩谷朴『紫式部日記全注釈』より転載）

がった南池の西のほとり、ということになる(第1図参照)。

(13) **式部卿親王**　敦明親王。三条天皇第一皇子。母藤原娍子。一品。当時二十二歳。

(14) **菊を以て大内に供ず**　内裏に菊を献上した具体的な意味は不明。残菊宴や、『古今著聞集』巻十九、草木、六四七・六四九話などに見える宮中での菊合などとの関連はないようであり、単に季節柄、菊を献上したと解しておく。

(15) **使者なり**　この部分、唐突だが、使者が菊を持ってきたということであろうか。

(16) **勅禄を給ふ、てへり**　勅禄とは天皇からの禄物だが、この部分、「給ふ勅禄は」とも読めるであろう。

(17) **此のごとき者の禄に…**　このような場合の禄物は、疋絹や装束などが普通だが、ここでは弓という奇異なものであったのである。

(18) **甚だ以て軽々なり**　弓を禄物とした三条天皇に対する道長の非難である。

(19) **衆人の聞く所有るか**　読みも意味もわかりづらい。上のように読めば、『御堂関白記』寛弘八年正月五日条では、「衆人」とは皆人と同義のため、勅禄としては異例の弓を与えた理由を、天皇周辺の人々は聞き及んでいるのか、という意味になろう。また、「衆人」を世間と理解し、世間の聞こえが悪い、とも解釈できよう。一方、「所衆人」を蔵人所や検非違使所の衆にからめる解釈も不可能ではないが、無理があろう。

(20) **宇治に行く**　『小右記』十二日条に「今日左大臣被向宇治、去夜資平示送可騎之馬事、早旦云遣雑事、其報云、(中略)宇治事去夕俄承之、仍只今参入者」とあり、翌十三日条にも「早朝資平来云、昨日左相府被坐宇治」とある。なお、『小右記』長和四年九月二十七日条によれば、今日の宇治行きは、その頃から計画されていたようである。

(21) **上達部**　『小右記』十三日条には「大納言斉信・頼通・公任、中納言俊賢・行成・教通、参議公信等追従」とある。

(22) **舟道より…**　「舟より道を帰り来たる」と読むことも可能であろう。いずれにしろ、道長一行が舟で帰洛し、舟中で和歌を詠んだことは、『小右記』十三日条からも知られるが、舟で賀茂川を遡って帰洛したのであろう。

なお、この日の宇治行きに、道長は実資の同行を希望していたようだが、実資は実際に、また心情的にも拒否したことが、『小右記』長和四年九月二十七日・十月五日・十二日・十三日条などから知られる。しかも十二日条では、様々な理由を挙げて、道長の宇治行きを非難している。その理由とは、十二日が「道空日」「帰忌日」などの忌日に当たっていること(「道空日」は不明だが、『御堂関白記』長徳四年具注暦下の註に、「帰忌　其日不可遠行」とある)。外記庁に烏が入り、その中を荒らしたことによる外記の物忌中であったこと(詳細は『小右記』長和四年九月十六日条参照)。また、十日から始まった興福寺維摩会の最中(後述)であったこと、などである。しかし、この宇治行きは、『小右記』長和四年九月二十七日・十月十二日条に、それぞれ「経宿之逍遙」「出洛隔宿之興」とあるように、当初は泊まりがけの予定であったようだが、『小右記』十二日条に「今日内可帰給云々」とあるように、日帰りに変更となっている。この変更の裏には、『小右記』十四日条に「内々命云、宇治興隔宿事、上臈誠可無便者」とあるように、道長自身の反省があったようである。なお、この場合の「命云」の主体を天皇と見て、道長の行動に対する天皇の非難と解せないこともない。ただ、いずれにしろ、変更の直接的な理由を確定するのは困難だが、実資が道長を非難した上記の理由や、三条天皇自身の目の状態が思わしくないなどの事情が考えられよう。

(23) **維摩会** 『延喜式』玄蕃寮に「凡興福寺維摩会、十月十日始、十六日終、(中略)其竪義者、探題試之、及第者即叙満位」とあるが、興福寺において毎年十月十日から十六日までの七日間、「維摩経」(または「無垢称経」)を講説する法会。十六日は藤原鎌足の忌日に当たる。講師が維摩経義を講説し、探題が経義より選定した論議を出題し、研学竪義(単に竪義、また立義とも)が義を立てて答え、探題がその及第を判定するものである。宮中の御斎会(正月)、薬師寺最勝会(三月)とともに三会と呼ばれ、当会の講師を勤めた者が翌年の二会の講師を勤め、三会の講師を勤めた学僧を「三会の已講」と呼び、僧綱への道が開かれた。

(24) **明年の立義者** 『御堂関白記』長和二年十月十五日条に「立義僧等相定」、同長和五年十月八日条に「仰明年立義者事、清(誉カ)・円縁等也」とあるように、会の最中または直前に、来年の立義者を決定するのが例であったようである。

(25) **兼範** 興福寺僧。当時三十六歳。『権記』寛弘八年六月二十五日条によれば、一条天皇の「七々御法事」の百僧のひとりに定められている。

(26) **左中弁経通** 小野宮流藤原氏。懐平男。母中納言源保光女。正四位下。当時三十四歳。『西宮記』巻六、維摩会に「差氏弁為勅使」とあり、『今昔物語集』巻十二第三語にも「藤原ノ氏ノ弁官ヲ以テ勅使トシテ、于今下シ遣シテ被行ル」とあるように、維摩会の勅使は、藤原氏の弁官が勤めるのが例であった。なお、経通が、本年の維摩会の勅使であることは、『維摩会講師研学竪義次第』『三会定一記』『僧綱補任』などにも見える(以上、『大日本史料』二編之七)。

(27) **講師の布施** 『西宮記』(同上)に「氏公卿已下出禄被」とあり、また、『今昔物語集』(同上)にも「藤原ノ氏ノ上達部ヨリ始メテ、五位ニ至マデ、衾ヲ縫テ此ノ会ノ僧ニ施ス」とあるように、講師以下の布施(禄の被)は、藤原氏の人々が調達するのである。その具体例として、『小右記』三日条に「内匠頭理国朝臣来、催維摩会掛」、翌四日条に「維摩会料掛一領送之」とあり、また前掲『御堂関白記』長和二年十月十五日条にも「被等又以送之如常」とある。なお、『北山抄』巻三、維摩会には「会欲畢之比、送講師布施」とある。

(28) **内より退出す** 記述が前後しているが、僧名定の後に退出したのであろう。

(29) **宿所** 『御堂関白記』および『小右記』二十七日条によれば、道長はその日、摂政に準じて京官除目・官奏を、飛香舎(藤壺)で行っているが、道長の宿所(直廬)がそこであることがわかる。

(30) **御読経の僧名を定め…** 二十九日に結願となる(『小右記』同日条)、宮中の秋季の御読経の僧名定である。御読経始の記事はないが、通常四日間で結願のため、初日は二十六日であろう。

(31) **頭中将、之を書きて…** 頭中将は藤原資平。懐平男。実資養子。母源保光女。左中将・蔵人頭。当時二十九歳。二十一日の造宮叙位で、正四位下に叙せられている(『小右記』二十二日条)。『北山抄』巻六、臨時御読経には、「令参議書僧名」とあり、本来僧名を書くのは参議であったようである。なお、これは臨時御読経の例だが、

『北山抄』の記事の末尾に「是季御読経例也」とあるように、この例は季の御読経に適用される。

(32) **資業に下す** 真夏流藤原氏。有国男。『御堂関白記』本年三月二十七日条に「蔵人右少弁資業」と見える。従五位上、二十八歳。前掲の『北山抄』によれば、僧名に、陰陽寮が勘申した日時を加えて奏聞した後、「返給、給弁」とあるのに該当しよう。

(33) **右大弁** 藤原朝経。兼通孫。朝光男。四日に薨去した時光の甥に当たる。正四位下、参議。当時四十三歳。

(34) **服** 『喪葬令』によれば、伯叔父の服喪は三か月間である。

(35) **五節を奉るべきに非ず** 五節とは、新嘗祭の翌日(十一月中の辰日、大嘗祭の場合は、中の午日)の豊明節会において、舞を奉仕する五節舞姫のことで、新嘗祭の場合は、公卿分二名、受領分二名の四名(大嘗祭の場合は、公卿分が一名増えて五名)の舞姫が献上された。『小右記』長和四年九月十日条によれば、その日、五節定があり、朝経は、中納言源経房とともに、公卿分の舞姫を献上することになった。しかし、伯父時光の服喪により、献上できなくなったのである。

(36) **其の代わりに…** 舞姫を献上できなくなった朝経の代わりに、公卿分の舞姫の献上が、道長に要請されたのである。なお、『小右記』五日条によれば、源経房の言として、「以右大弁朝経依尹服不可献五節、左相府可被献之由被命」とあり、すでに時光薨去の翌日の段階で、道長への要請が決まっていたようである。

(37) **承る由を申す** 道長は要請を承諾した。しかし、五節舞姫の献上は、舞姫の装束はもちろん、舞姫に従う童女や下使などの装束その他を調達せねばならず、かなりの物入りであった。そのため、『小右記』十九日条に「左相府被示卿相云、彼是御経営必有問申、而俄出五節、何無被相訪乎者、四条納言所送也、余献五節之時、有被相訪、今問此事、黙而何罷、受彼御訪之人、兼可存酬報之心歟、被披露事太不便也」とあるように、道長といえども、他の公卿に援助(「訪」)を求めている。実資も求められたが、かつて実資自身が五節舞姫献上の際、道長の援助(「御訪」)を受けたことがあり、それに報いるのは当然とし、却って援助(「訪」)を要請(「披露」)した道長を非難している。すなわち、「訪」は、院政期以降、公卿間の相互依存による公役用途調達の一形態として確立するが、

「小右記」の記事からは、すでにこの時期に、公卿間の相互依存の関係が存在していたことが窺われる。「訪」については、遠藤基郎「中世における扶助的贈与と収取」『歴史学研究』第636号、平成四年)を参照。なお、本年の新嘗祭は、十一月十七日の内裏焼亡により、中止となっている。

(38) **皇太后宮** 藤原彰子。道長女。母源倫子。二十八歳。当時の居所は土御門第。

(39) **作文** 『小右記』十七日条にも「伝聞、左相府及属文卿相、会皇太后宮作文云々」とあるが、天皇の眼の状態は悪く、実資は、「主上不豫之間遊宴如何」と非難している。

(40) **晴たり** 韻が「晴」であったということ。

(41) **通直** 大江澄江男。文章博士。『御堂関白記』本年十二月四日条によれば、敦良親王の御読書始の作文では題を献上している。

(42) **未前** 「みぜん」と読み、作文が終わる以前ということ。

(43) **作文** 前日の皇太后藤原彰子の土御門第で催された作文の披講が午前十二時頃になって行われたのである。

(44) **物忌** 十九日・二十日の両日、道長は物忌のために外出を慎んでいる。但し、十九日には、十五日に承諾した五節献上について公卿に助力を求める動きを見せている(『小右記』十九日条、『御堂関白記』十五日条)。両日の干支は丙申・丁酉で、本年の十一月節(十月十八日〔大雪〕~十一月十八日)における丙・丁の日は道長の物忌の日であった。十月二十九日丙午、十一月一日丁未、十一月十日丙辰、十一日丁巳も全て物忌となっている。なお、十一月十六日壬戌、十七日癸亥も物忌であり、壬・癸の日も物忌の日だったようである。但し、十月二十五日壬寅、二十六日癸卯、十一月六日壬子、七日癸丑の日には物忌のことが見えない。後考を期す。物忌については加納重文「平安中期の『物忌』について」(『古代文化』第23巻第12号、昭和四十六年)、長和四年における二十四節気の日付については湯浅吉美編『日本暦日便覧上』(汲古書院、昭和六十三年)三四〇頁を参照。

(45) **作文** 物忌だったためもあって、一、二人の詩才のある者を呼んで作文をさせたのであろう。道長主催の作文で彼の物忌の時に行われた事例としては、『御堂関白記』寛弘元年閏九月九日条(庚申作文でもあった)、同七年十月一日条、同八年三月三十日条を参照。「一両」の「詩人」がどのような人々であるかは不明だが、『御堂関白記』寛弘七年十月一日条の物忌の日の作文において「下﨟男共七八人許」、同年六月七日条の作文において「文殿人々」が見えているので、道長第の文殿に候していた下﨟の人々といったところであるかもしれない。

(46) **題は…** 「早寒」には「寒さが他所よりも早く来ること」と「例年より早く寒くなること」の二義がある(諸橋轍次『大漢和辞典』巻五、七四五頁)が、ここでは十月という季節柄後者の意であろう。「重衾」の意味は「重いふすま。かさね夜具。夜着をかさねて着る」(諸橋轍次『大漢和辞典』巻十一、四一九頁)。この一節の意味は、「例年より早く寒さがやってきたので、夜着をかさねて着ることだ」ということであろう。なお、その直接的な出典については後考を期したい。

(47) **造宮の賞** 九月二十日に三条天皇が道長の枇杷殿から遷った新造内裏(『御堂関白記』『小右記』『日本紀略』同日条)の造宮の賞が行われたのである。なお、前の内裏の焼亡は長和三年二月九日である。

(48) **余、一人御前に参り…御簾を垂る** 『西宮記』巻一や『北山抄』巻第一によれば、正月五日の定例の叙位議は、御簾を垂らし、その内側の天皇と外側の大臣とのやりとりによって行われていたらしい。したがって、この造宮叙位についても御簾を垂らして行ってしかるべきであり、実際道長は「垂御簾」と記している。一方『小右記』十月二十二日条では、二十一日の造宮叙位について、「叙位議垂御簾召大臣、須巻　御簾、而御躰不豫、依時議垂御簾云々、」と記されている。これによれば叙位議は御簾を巻いて行うべしとする意見であるとも解釈され、当該期の叙位議の作法を考える上で興味深い。しかしここで考えなければならないのが、御簾と道長の位置関係である。道長が御簾の外側にいるとすると、三条天皇は眼病であるから、道長との間のやりとりは大変不便で、そのことは御簾の外側の人々にもわかってしまうであろう。一方道長が御簾の内側に入っているとすれば、天皇との間に障害物のない形でやりとりができることは言うまでもないし、そう考えた方が道長の「余一人参御前」もより実感のこもった記述として理解できるように思われる。ただ実資の立場から見ればそれは異例であり、そのような場合は御簾を巻いておくべきだと評言したのであろう。

そうは言っても、御簾を巻いておけば眼病の三条天皇の有様が外側から見えてしまうので、結局それでは具合が悪いから、時議によって御簾を垂らすことになったということではあるまいか。したがって、この日の叙位議の在り方は三条天皇の眼病という特別な事情によるもので、御簾を垂らしてその内側の天皇と外側の大臣とがやりとりをするという形が一般的であったことを否定するものではないと考えられる。なお『雲図抄』正月、五日叙位議事(『年中行事絵巻』巻十二の「叙位」はその差図と合致しており、天皇は簾中に描かれている)は、簾の外側の「殿下御座」について「或簾中」と記している。関白が簾中にあって叙位議に臨む場合があるとしているという点で注目される。

(49) **叙位**　ここでは、叙位議において、大臣が位階ごとに新たにその位階に叙せられる官人を書き上げる叙位簿のこと。京都大学文学部博物館編『公家と儀式』(『京都大学文学部博物館図録』第5冊、思文閣出版、平成三年)一九、七一頁に載せられている叙位簿(写)の写真とその釈文参照。

(50) **春宮大夫**　藤原斉信。為光男。正二位権大納言。四十九歳。春宮は敦成親王（後の後一条天皇）。

(51) **下名**　「叙位・除目の議ののち、四位以下の叙人・任人の姓名を、文官・武官各別紙に参議が列記して、文官分は式部丞、武官分は兵部丞に下し、それぞれ早く各人を召し出して叙位・任官を実施させるための文書。」（藤木邦彦「下名」〔『平安時代史辞典』、角川書店、平成六年〕)。

(52) **労はる事有りて…**　叙位の結果を披露する儀式において内弁の役(承明門内で儀式の進行を主導する役)を勤めるのには体調が悪かったため、その役を春宮大夫にやらせることとし、したがって、春宮大夫が(道長から受け取った)下名を式部省と兵部省に下したのである。

(53) **候宿す**　内裏における道長の宿所は飛香舎にあった。『小右記』十月二十七日条を参照。

(54) **人々猶ほ…之を承る**　『小右記』十月十五日条に、「黄昏資平来云、左相府云、去夜月蝕正見者、若臨子剋正見歟、傳相府命云、清慎《(藤原実頼)》公関白之時、於職被行除目之時、彼御日記可写送者、主上依御恙不可令行給歟、相府於宿所可被行者」、十六日条に、「故殿《實頼》安和元・二両年職御曹司除目御日記、抄写為宗之事、早旦以資平奉左相府」と

あり、参照すべき先例を集めることができたことも、宿所において除目を行えと命ずる三条天皇の仰せを道長が承諾したことの背景として考慮すべきであろう。道長は二十七日に摂政に准じて除目・官奏等を行うことを正式に命ぜられることになる。

(55) **公信宰相** 藤原公信。為光男。参議正四位下美作権守。三十九歳。

(56) **行事** 藤原公信は造宮別当であった。長和三年五月二十四日の造内裏定により任命された。

(57) **伊勢の使を…** 伊勢使は三条天皇の眼病平癒祈願のための伊勢神宮への使のこと。公信は伊勢使を仰せつかった(『小右記』閏六月一・二・六・十・二十三日条)にも拘らず、穢のことが出来し(『御堂関白記』同月二十三日条、『小右記』同月二十四日条)、さらに腫物を患って勤仕できないと奏上し(『小右記』同月二十七日条)、結局天皇から不忠者と咎められ(『小右記』同月二十九日条)、勘当されていたためにこの日の造宮叙位にあずかることができなかったのである。『小右記』十月二十二日条にも「行事参議公信依不勤伊勢使、不給加階」とある。しかし結局十二月になって造宮行事賞追叙として従三位に叙せられている(『小右記』十二月二十八日条、『公卿補任』長和四年条)。

(58) **修理大夫** 藤原通任。済時男。参議従三位備前守。四十三歳。通任が期日に造り了えられなかったのは紫宸殿(南殿)。『栄花物語』巻十一「つぼみ花」に「そのおりの修理のかみには皇后宮(藤原娍子)の御せうとのみちたうのきみ、南殿つくるへくおほせらる」とある。紫宸殿造作の不進捗の様子は『御堂関白記』六月十四日条に見える。また新造内裏が十一月十七日に再び焼亡し、再び内裏を新造することになった際には、左大弁源道方を修理職別当に任じて造作の実務から通任をはずしている(『御堂関白記』長和五年二月二十六日条)。

(59) **木工頭** 藤原周頼。道隆男。周頼が期日に造り了えられなかったのは清涼殿。『栄花物語』巻十一「つぼみ花」に「もくのかみには、この宮(禎子内親王)の御めのとのおとこ中務大輔ちかよりとありし君を、このつかさめしになさせたまへりしかは、せいらう殿をはそれつくる」とある。清涼殿造作の不進捗の様子は『小右記』六月十二日〜十五日条、『御堂関白記』六月十四日条に見える。『小右記』六月十四日条によれば木工頭を他の者に交替させようとする三条天皇の意向のあったことがわかり、『御堂関白記』同日条には天皇は遷宮の延期を決断することを余儀なくされていることが見えている。新造内裏が十一月十七日に再焼亡して再び新造することになった際には、左中弁藤原経通を木工寮別当に任じて造作の実務から周頼をはずしている(『御堂関白記』長和五年二月二十六日条)。

(60) **白生** 「生」は或いは「物」の「牛」を古写本が誤ったものであるかもしれない。「白物」で良いとすれば「しれもの」で「愚か者」の意。『御堂関白記』長和五年二月二十六日条においても、長和四年の内裏新造で不始末を犯した通任と周頼に対して「白物」という評価が下されている。飯沼清子「『白物攷』(『風俗史学』一号、平成十年)を参照。

(61) **不覚** 「油断して失敗を招くこと、愚かなこと」(『御堂関白記全註釈 長和二年』九月二十一日条註(139)による)。

(62) **中宮大夫** 藤原道綱。兼家男。正二位大納言。六十一歳。中宮は藤原妍子(三条天皇中宮)。

(63) **太皇太后宮大夫** 藤原公任。頼忠男。正二位権大納言。五十歳。太皇太后は藤原遵子(故円融天皇中宮)。

(64) **権大納言** 藤原頼通。道長男。正二位春宮権大夫。二十四歳。

(65) **権中納言** 藤原頼宗。道長男。従二位。二十三歳。

(66) **新中納言** 源経房。高明男。従二位権中納言中宮権大夫。四十七歳。権中納言任命は本年二月十八日。

(67) **三位中将** 藤原能信。道長男。従三位左近衛権中将。二十一歳。

(68) **皇太后宮** 皇太后藤原彰子(道長女。故一条天皇中宮)の土御門第。

(69) **屏風の辺に…** 「屏風のふちに和歌を書くのだそうだ」の意。語感からすれば色紙形に書くのではなく屏風に直接書き込むということであろうか。二十五日に行われる皇太后藤原彰子主催の道長五十賀の法会の準備であることは間違いなかろう。

(70) **侍従中納言** 藤原行成。義孝男。正二位権中納言太皇太后宮権大夫。四十四歳。

(71) **大内に…** 『小右記』によれば冷泉天皇国忌の儀式が行われていることが知られるが、道長の動きは特記されていない。道長にとっては翌日のことが重要なのであり、それが「参る。退出す」という記述の仕方となっているのであろうし、実際早々に退出したのではなかろうか。

(72) **明日の…** 娘の皇太后藤原彰子の主催による自らの五十賀の法会を翌日に控えて、彼女の土御門第で行われていた殿上の装束の様子を見に行ったのであろう。

(73) **女方と相共に皇太后宮西対に参る** 女方は道長の妻源倫子。皇太后宮は藤原彰子の土御門第(上東門第)で、左京一条四坊十五・十六町(土御門大路北、近衛大路南、富小路東、東京極大路西)にある。道長・倫子は小南第より土御門第に移った。

(74) **此の日、大般若一部・寿命経五十巻・二界曼陁羅を供養せらる** 道長の五十賀として経典・曼荼羅を供養する法会が営まれた。道長生誕は康保三年。長和三年には、道長は彰子・妍子が計画していた五十賀を辞退している(『小右記』長和三年十二月八日条)が、この日、彰子により道長の五十賀が実施された。このような法会の先例としては、延喜十九年十月十一日に女御藤原穏子が主催した兄忠平の四十賀、天暦元年二月十七日に女御藤原安子が行った父師輔の四十賀、天徳元年四月二十二日に女御安子が行った師輔の五十賀などがあり、また寛弘二年十一月には道長の四十の賀があった。大般若は正式には大般若波羅蜜多経と呼び、六百巻からなる。鎮護国家・除災招福の経典として読誦・書写された。寿命経は(一切如来)金剛寿命陀羅尼経である。

(75) **導師大僧都慶命** 導師は願文・表白などを読み上げ、法会を主導する僧。慶命は大宰少弐藤原孝友男で、天台宗、延暦寺僧。長元元年には天台座主になる。

(76) **呪願少僧都扶公** 呪願師は導師の願文に基づいて呪願文を読む。扶公は左衛門督藤原重扶男で、法相宗、興福寺僧。万寿二年には興福寺別当に補任される。

(77) **唄少僧都文慶・如源** 唄師は梵唄の任に当たり、如来唄などを歌詠する。文慶は左兵衛佐藤原助雅男で、天台宗、園城寺僧。後に園城寺長吏となる。如源は内大臣藤原公季男で、天台宗、延暦寺僧。

(78) **散花律師心誉・法橋源督** 散花は梵唄の後、樒の葉または紙でできた蓮弁形の花びらを散布する役。心誉は右衛門佐藤原重輔男で、天台宗、園城寺僧。源賢は源満仲男で、天台宗、延暦寺僧。

(79) **引頭律師尋円・永円** 引頭は衆僧を先導する役。尋円は中納言藤原義懐男で、天台宗、延暦寺僧。永円は兵部卿致平親王の第二子で、俗名は源成信。長保三年、二十三歳の時園城寺で出家。

(80) **堂達内供定基・尋清**　堂達は唄師・散花などの下で諸事を行う役。定基は散位源助成男で、天台宗、園城寺僧。尋清は右京大夫藤原遠光男で、真言宗、東寺僧。

(81) **此の外百僧**　百僧とはこの後に記されている衲衆四十人・讃衆二十人・梵音衆二十人・錫杖衆二十人。この法会では請僧は導師以下百十名に上り、南都・天台・真言の僧侶が勤仕している。『拾芥抄』第十二では、導師・呪願・唄師・散花・引頭・堂達・衲衆・梵音・錫杖が置かれている法会を「大法会」としているが、この場合、さらに讃衆が加わっており、かなり大規模な法会といえよう。

(82) **衲衆四十人**　衲衆は持金剛衆ともいい、金剛杵を持って阿闍梨に随従する役。

(83) **讃衆二十人、頭仁海・庄命**　讃衆は讃誦を勤める役。仁海は真言宗、東寺僧。庄命は天台宗、延暦寺僧。

(84) **梵音衆二十人、頭智真・院慶**　梵音衆は散花の後に梵音を唱える役。智真は法相宗、興福寺僧。院慶は天台宗の僧。

(85) **錫杖衆二十人、頭延尋・賢寿**　錫杖衆は錫杖を振り、偈を唱える役。延尋は参議源扶義男で、真言宗、東寺僧。万寿四年には東寺別当に補任されている。

(86) **堂具皆悉く新らし**　『小右記』同日条には「仏具新調、幡・花縵代同調、花縵代殿上人調進云々」とある。

(87) **殿上の装束寝殿に有り**　『小右記』同日条には「撤御在所寝殿、為法会堂」とあり、彰子の御在所である寝殿で法会が行われた。

(88) **七僧の座南廂(に有り)**　七僧とは講師、呪願、読師、三礼、唄、散花、堂達のことであり(『二中歴』第四・『拾芥抄』第十二)、七僧により営まれる法会を七僧法会と呼ぶ。道長五十賀は経典の講読を行う七僧法会ではない。七僧の座が高座・礼盤の置かれた母屋の南廂にあることより、この場合、七僧は導師、呪願、唄、散花、引頭、堂達を指すのではなかろうか。

(89) **高座・礼盤**　いずれも導師・呪願がすわる座で、高座の南に礼盤が置かれたと考えられる。

(90) **舞台を構へ**　『小右記』同日条に「庭中構舞台、其北属南階、件舞台賛衆・梵音・錫杖衆等立所料」とあり、寝殿南階の南の庭に舞台が構えられ、讃衆、梵音衆、錫杖衆等が立つ場所であった。

(91) **其の上に行香の具二具を立つ** 『小右記』同日条には行香机を舞台の上に立てたとある。行香とは香を持って配り参会の人々に焼香させること、また香をたきながら殿中を巡ること。

(92) **堂童子の座庭に有り** 堂童子は四位・五位の殿上人などから選ばれ、散花の花筥を配るなどの役を行う。

(93) **衆(僧)馬場に集会し** 馬場は土御門第内の馬場。寝殿・池の南にあったと考えられる。『小右記』同日条では馬場殿に集会したとする。

(94) **行道し** 行道とは、僧が行列し、読経しながら仏像や会場の周囲をめぐることで、この場合は池の回りを行道している。

(95) **上達部簀子敷に有り** 『小右記』同日条には「左大臣・内大臣・…等着饗座東対、…、僧不着座之前、左大臣已下起饗座着堂前座、作法云々」とあり、上達部は衆僧の着座以前に東対より寝殿南簀子敷に移った。『小右記』によると、法会に参加した上達部は左大臣藤原道長、内大臣藤原公季、大納言藤原道綱・実資・斉信・頼通・公任、中納言源俊賢・藤原行成・懐平・教通・頼宗・源経房、参議藤原兼隆・実成・通任・源頼定、散位源憲定・藤原能信である。

(96) **左近中将資平行道の後、…杖取を給ふ由を仰す** 藤原資平は蔵人頭として、天皇より道長に杖を給う由を仰せたと考えられる。

(97) **所々の御諷誦の使** 『小右記』同日条には「内御誦経勅使・中宮・東宮御使、当御諷誦時着座南階簀子敷円座」とあり、導師が諷誦を読み上げる際にはそれぞれの諷誦の使が南階簀子敷円座に着した。以下に記されている諷誦はいずれも道長の親族により捧げられている。

(98) **内裏左近少将経親** 内裏は三条天皇。源経親は従五位上、蔵人、左近衛少将。ここは蔵人として三条天皇の諷誦使を勤仕したもの。

(99) **皇太后宮** 皇太后宮彰子はこの法会を主催し参会しているため、諷誦の使は立てられなかったと考えられる。倫子以下の諷誦も同様である。

(100) **中宮定頼、亮** 中宮は道長女妍子。藤原定頼は従四位上、右中弁、中宮権亮。二十一歳。中宮権亮として諷誦使を勤仕した。

(101) **東宮左中弁経通、亮** 東宮は敦成親王で、彰子の子。藤原経通は東宮亮として諷誦使を勤仕した。

(102) **内方** 道長の妻倫子。

(103) **一条北方** 藤原朝忠女穆子で、道長妻倫子の母。

(104) **尚侍** 道長女威子。

(105) **大納言・左衛門督・権中納言・三位中将** 大納言は藤原頼通、右衛門督は教通、権中納言は頼宗、三位中将は能信で、いずれも道長男。

(106) **近衛御門** 源高明女で、道長の妻明子。

(107) **東宮御匣殿** 道長女寛子と考えられる。

(108) **東方の僧前の机を取り** 僧の座は東廂にあったと前記されており、東廂には僧侶の食膳を乗せる机が置かれていたと考えられる。

(109) **太皇太后宮大夫** 太皇太后宮大夫藤原公任。

(110) **侍従中納言** 藤原行成。

(111) **あひおひの…かくるへけれは** 本文より、藤原公任の歌と考えられるが、『公任集』など他史料ではこの歌は確認できない。

(112) **おいぬとも…としをつまゝし** 『続詞花和歌集』第七賀には、「上東門院入道前太政大臣の六十賀せさせ給ひける時院にたてまつり給ひける」との詞書に続けて、「かぞへ知る君なかりせば奥山の谷の松とや年を積ままし」との道長の歌が収められており、『千載和歌集』巻第十六雑歌上には、詞書「上東門院より六十賀おこなひ給ひける時よみ侍りける」、道長の歌「かぞへしる人なかりせばおく山の谷の松とや年をつままし」が収録されている。道長六十賀は行われたとは考えられず、両歌集の歌は五十の賀の時の歌が元になっていると考えられる。

(113) **宮司** 皇太后宮司。

(114) **大将の随身・我の随身宮方より疋絹を賜はる** 『小右記』同日条には「立明主殿寮官人・左大臣随身・左大将随身・余随身疋絹云々、宮所給歟如何」とあり、「大将の随身」とは左大将藤原公季の随身と右大将藤原実資の随身を指すと考えられる。宮方は皇太后宮彰子。

(115) **権大夫** 皇太后宮権大夫藤原教通。

(116) **我の居所又東北の渡殿に有り** 『小右記』同日条には「左大臣直廬設寝殿與東対渡殿」とあり、道長の居所は寝殿と東対を結ぶ東北の渡殿にあった。

(117) **新たに屏風を立つ。件屏風等の他、持ち来たる所の物を撤せよ、てへり** 『小右記』同日条には「左大臣直廬設寝殿與東対渡殿、四尺御屏風六帖、其和歌近習上達部読、書読人名、他雑具辞而不承、仍被停止了者」とあり、賀を祝う歌が記された四尺の屏風六帖以外の雑具を道長は受取らなかったという。『御堂関白記』の「屏風」は和歌が記された四尺屏風六帖で、「持ち来たる所の物」は家族らが道長に献じた「雑具」と考え、上記のように読むこととした。なお、「撤せよ」とは道長の命と解釈する。

(118) **大内記義忠**　藤原為文男。大内記として詔勅の作成に当たっている。

(119) **明日の宣命**　翌二十七日の春日社奉幣のための宣命草。これが宣命草案であることは『御堂関白記』本年九月十三日条「四条大納言以大納言義忠、送明日奉幣宣命草、即返送」の記事と状況が同じであることから明らかである。

(120) **持ち来たる**　宣命草を道長の所へ持って来た。これは『西宮記』巻七、臨時奉幣に「先一日、上卿奏宣命草外記以ト串申上卿披之、申一大臣者、或於里亭開」とあるのに当たるか。また、道長はこの時内覧でもあった。道長の居所は枇杷殿(『小右記』十月二十三日「早朝参左相府枇杷殿」)である。

(121) **黄紙を賜はる**　道長が春日社奉幣の宣命の料紙として黄紙を義忠に与えた。奉幣の宣命の紙の色は伊勢神宮は縹、賀茂神社は紅、他は黄と定まっていた(『西宮記』臨時七、臨時奉幣参照)。

(122) **是れ内裏仏事有るに依る**　道長が宣命の料紙を義忠に与えた理由の説明。内裏仏事は金剛般若不断経御読経が二十三日から行われていることを指す。『小右記』十月二十三日条に「今日金剛般若不断経御読経始」、同二十九日条に「今日御読経結願」とある。次に内裏仏事と道長が宣命紙を与えたこととの関係は、『西宮記』臨時六、臨時奉幣に「上卿著侍従所行奉幣事内穢宣命紙用陣外紙、清書不奏」(史籍集覧本・傍線筆者)とあるように、内裏が穢の場合に宣命紙は陣外の紙を用いる、とあるのに准じていると考えられる。内裏仏事を穢という言葉に含めるのは適当ではないかも知れないが、神事と仏事とが相容れない関係にあったことは、天皇即位の折に天神地祇を祭る大嘗祭の時に仏事を忌むこと(『儀式』三、四践祚大嘗祭儀)や、斎宮忌詞などの例を想起すればまずは首肯されてよいかと思う。また「陣外紙」については、例えば、『日本紀略』仁和二年九月十二日条に、「為発遣奉伊勢太神宮幣使、天皇欲御大極殿、乗輿未出、有人奏聞、画所犬死、於是、太政大臣及諸卿議曰、画所者、在宮門左右衛門陣之内、立於衛門陣告知事由、不聴出入、為潔禁中也、依此論之、可謂禁中穢也、仍不臨御、即遣中納言従三位藤原山陰於建春門前、召幸世王、授告文令発行、其告文取太政大臣里第紙、召在外之内記令書之」（傍線筆者）とあるように、衛門陣を境として、その内側を禁中の穢と意識していたように考えられる（同志社大学院生中井めぐみ氏の御教示による）ので、「陣外」は衛門陣より外の意と思われる。よって、『御堂関白記』の当該条では、内裏の穢（内裏仏事）により陣外の紙、ここは、上の『日本紀略』の例にあるように、大臣の里第の紙を用いたということであろう。

(123) **大内**　本年九月二十日、天皇は枇杷殿から新造内裏に遷御した。

(124) **東宮**　敦成親王。一条天皇第二皇子、母藤原彰子。八歳。同じく九月二十日、上東門第から新造内裏の凝華舎に入御した（『御堂関白記』『小右記』同日条）。

(125) **春日社奉幣**　三条天皇の御眼病平癒のための奉弊。三条天皇の御悩による諸社奉幣は、伊勢・賀茂・松尾・平野・石清水・大原野へは本年九月十四日に使がすでに発遣されていたのだが、この時何故か春日社だけが漏れていた（『御堂関白記』同日条、および『康富記』宝徳元年三月十六日条「長和四年十月廿七日、有春日一社幣、去月十四日、依御目事、被立奉幣使、而件社漏彼日幣、仍追奉遣之」）。因みに、この九月十四日の諸社奉幣のうちの伊勢への発遣は七回もの延期の結果であり、その他の賀茂・松尾・平野・石清水・大原野は閏六月二十八日の予定が延引されていたものである。本日条の春日社奉幣も初め十月十四日の予定であったが、月食のためにこの日に延引されていたもの（『小右記』十月十二日条）で、延引続きの結果の最後に当たるこの日の奉幣使の発遣であった。ところで、『大日本史料』は、本日条の春日社奉幣の関連記事として『小右記』の次の記事も挙げている。長和四年九月二十八日条「頭中将云、主上御目未御減気、吉平朝臣占申云、依旧御願未奉果給、巽方大神祟歟」、十月二日条「資平云、（中略）、春日御祈使参議朝経右大弁、被奉御馬、明日可仰大納言公任者、彼社行幸行事也、旧御願祟之由依占申被立之使也、行幸未遂給、是依御目事、其由殊可被祈申也、（下略）」（傍線筆者）。これは、三条天皇が旧御願を果たされていないために巽方大神の祟りで御目が良くならないのだという吉平朝臣の占があったので、十月二日に春日社へ御祈使が発遣されたというものである。『大日本史料』が、これを関連記事として挙げた意図を推測するに、九月十四日の諸社奉幣に春日社だけが漏れた理由、また、春日社だけに何故追加して奉幣使が発遣されたのかが明らかではないため、恐らくこの「旧御願」未達成故の「巽方大神祟」も、今回の春日社奉幣の遠因の一つと見たのであろう。しかし、今回の春日社奉幣の理由に「旧御願」が関係しているのであろうか。少々長くなるが、以下、これについて検討を加えておく。先ず、「旧御願」とは何なのか。『小右記』の次の記事の「御願」に注目される。長和二年九月六日条に「右金吾示送云、去夕皇后宮命云、行幸無便事、下官・為任等難申之由、左府命云々、昨日大略主上被仰金(吾)之由、於内所承也、金吾同所告也、為任・下官対誰人有所難乎、計也荒涼説歟、不可聞容、主上只被告仰也、還有恩言云々、愚無追従之心、仍有如此之事歟、万人云、御即位之初、先有可幸八幡・賀茂・春日之御願、而未有其事前、幸左僕射第可無便宜者、若是云負無追従之愚者歟、何為々々、無実事等時々出来、太奇々々、不可聞入耳」(傍線筆者)とある。これは長和二年九月十六日に行われる三条天皇の道長の土御門第行幸について、実資などが非難しているという風説があったというものだが、この中の万人の言葉に「ご即位の初めに、まず石清水八幡と賀茂と春日の各神社に行幸すべきとの御願があったのに、それを果たさずして先に道長第に行幸するのは宜しくない」とある。十月二日条の「行幸未遂給」の言葉との関連から見て、「御願」というのはこのことと思われる。さて、石清水・賀茂・春日への三条天皇の行幸を追っていくと、石清水へは長和二年十一月二十八日に、賀茂社へは同十二月十五日に行幸が果たされている。しかし、春日社行幸は長和三年二月四日の時点で同三月二十二日に予定されていたのだが、同二月九日に内裏が焼亡したため延引になり、その後、同十二月十五日の時点で長和四年三月二十七日の予定になっていたものが、また三条天皇の所労により延引され(『御堂関白記』)、九月二十八日の時点では未だ果たされていなかったのである。この御願の達成が、十月二日の御祈使発遣なのである。つまり、春日社行幸の御願を果たすという目的は、本年十月二日の時点で達成されていたことになる。とすると、今回の御眼病平癒祈願のための春日社奉幣と、

「旧御願」未達成故の「巽方大神祟」とは一応切り離して考えるべきだろうと思われる。

(126) **修理大夫、使** 藤原通任。春日社奉幣使。春日社以外の使は全て中納言であった(『御堂関白記』『小右記』の九月十四日条および『小右記』十一月六日条参照)。

(127) **左衛門陣にて…** 『小右記』本日条に「今日春日使於左衛(門)陣被立、依有禁中 御読経、依御目祈所被立也、件事大納言公任行之、使参議通任、次官右衛門権佐頼任殿上人」とある。これも註(122)と同じく、内裏仏事によって、通例(本来は、八省東廊から使は発遣される)とは異なる処置である(『大日本史料』延喜十五年九月七日条・同十九年六月二十二日条参照)。

(128) **除目** 京官除目。三条天皇眼病のため、除目・官奏を御前で行うことが難しい状態が続いていた(『御堂関白記』四月十三日・九月十七日条、『小右記』九月二十八日条および『小右記』十月十五日・十六日条参照)。このように除目や官奏が停滞して支障をきたしていたので、以前から道長に、御眼疾の間官奏を見るべしとの要請が三条天皇から出ていた(『小右記』八月一日条「頭中将云、(中略)官奏左大臣可見下之由、今日可仰、是小野宮太政大臣例也」)。しかし、道長はそれを固辞し、あくまで三条天皇の譲位を迫っていたのである(『小右記』八月四日・十日・十九日・二十二日条)。それが、十月二十一日に宿所での除目を道長が承知し(『御堂関白記』)、そして二十七日に道長に准摂政の宣旨が下って官奏・除目を道長が行うという運びになったのである(『小右記』十月二十六日条「資平来云、准摂政之宣旨、明日可被下也、(中略)准摂政例、見官奏事・可行除目事・可行一上事々等、明日可被仰也、是相府誂也」)。ところで、この准摂政の宣旨が下るについては『小右記』は実資が宣旨に「御悩間」の文言がないことを批判し、また、斉信や行成にも非難の意があったことを記している。

(129) **資平朝臣…** 資平の言葉は「仰云、……仰大弁并外記云々」までである。

(130) **仰せて云はく** 三条天皇の言葉。「令行除目・官奏事等」まで。

(131) **太皇太后宮大夫** 藤原公任。

(132) **左大臣を以て摂政に准じて** 『小右記』本日条に「今朝、官奏・除目雑事准摂政儀宣令左大臣行之由、被下宣旨、大納言公任奉下之、官奏事仰左大弁、除目雑事之仰

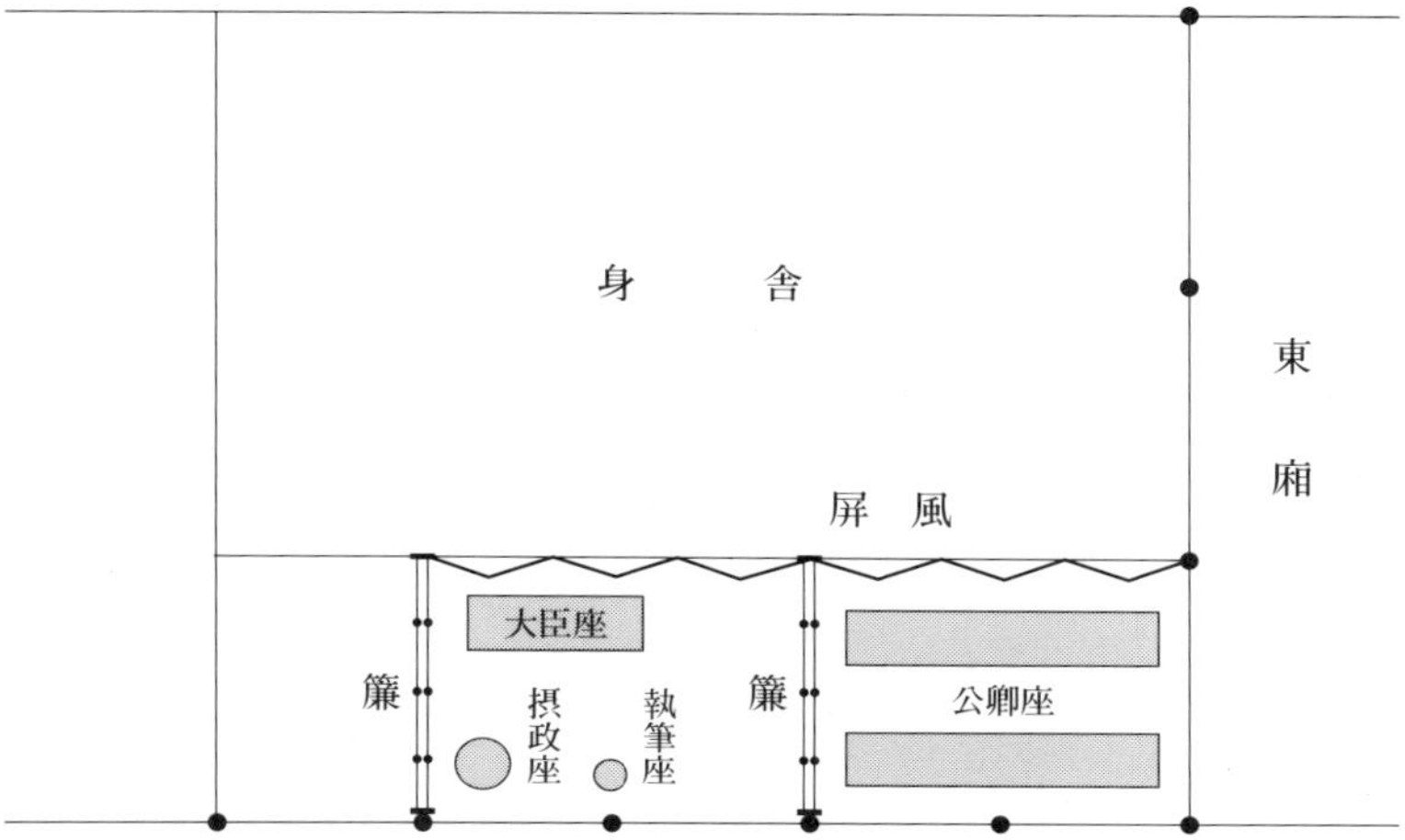


**第2図　飛香舎**

『中右記』天仁元年十一月二十日叙位儀の図をもとに想定復元

大外記文義、大納言所談也、余問云、若労御間とやあると、云、不然者、／正二位行権大納言兼太皇太后宮大夫藤原朝臣公任宣、奉勅、除目等雑事、宣令左大臣准摂政儀行之者、／長和四年十月廿七日、大外記小野朝臣文義奉、／外記方宣旨、後日尋取写注」とある。

(133) **大弁**　源道方。正三位参議・左大弁。四十八歳。註(132)参照。

(134) **外記**　小野文義。大外記。註(132)参照。

(135) **飛香舎の除目**　摂政がいる時の除目は摂政の直廬で行われる(『江家次第』巻四、秋除目摂政儀参照)。道長の直廬は飛香舎であった。『小右記』本日条参照。除目に関する記事は「亥時事了」まで。

(136) **舎の南廂の四間に…**　飛香舎(藤壺)は「身舎は東西五間、南北二間で構成され、四方にはそれぞれ廂の間が設けられており、更に東・西・北には孫廂が、また南・東には簀子の施設があり、五舎のうち最大の規模を有した」(『平安時代史事典』角川書店、平成六年)。『中右記』天仁元年十一月二十日の叙位の時も飛香舎の南廂が用いられ、その指図が載せられている。この除目の場に基本的に合致していて参考になる。ここではその図を参考にして本日の除目の場を図示しておく(第2図)。

(137) **子午を妻として**　畳や厨子の置き方を言うのに、こういう表現をしている例は多い。例えば、『山槐記』応保元年十二月十七日従三位香子入内の時の記事に、同じく飛香舎の詳しい指図を載せているが「御帳東間南北妻敷高禮二枚」とか「其北方東西妻立御厨子二脚」といった表現がある。それを指図で確認すると、長方形のものを「南北妻」の場合は短辺を南と北になるように置き、また「東西妻」は東と西が短辺になるように置いてある。これから考えると、この場合、南廂の五間と四間の境、三間と二間の境に御簾を懸けたものと考えられる。

(138) **其の**　「其」の次に「下」などの脱字が予想される。

(139) **資業朝臣**　ここでは蔵人として、以下の「有所労不能遠行、為之如何」という摂政の命を伝えにやって来た。『江家次第』巻四、秋除目摂政時儀に「蔵人、来陣、伝摂政命其詞曰、有障不罷着陣人人此方爾」とある。『小右記』本日条に「大納言道綱已下向左仗、此間内大臣被参着陣、左相府以右少弁資業被聞内府云、今日可行除目、有所労不参陣、何為者、内府答云、可参其方歟者、諸卿云、先被云合彼是、可被申返事歟、更不可被申返事、只可被参入也、少時資業招出中納言俊賢云、相府御消息云、令申可坐由有所憚者、聞此御消息、内大臣引諸卿参入左府直盧」とある。

(140) **左大弁**　源道方。執筆。

(141) **内府**　内大臣藤原公季。師輔男。母醍醐天皇皇女康子内親王。左大将。五十九歳。

(142) **暫く留まりて示さる**　公季が除目終了後もその場に留まり、道長に以下の左大将辞退の意向を示したのである。以下「何無朝恩哉」まで全てを公季の言葉と考える。

(143) **明日参る事定まらず**　翌二十八日の除目二日目に参上するか否か決めていないということ。『北山抄』巻一、外官除目に「大臣初日以後、有障不参」とあって、除目の第二夜には大臣は障があれば欠席可能と見えるのだが、ここにいう公季の欠席の理由は「大将辞申也」と取るのが自然であろう。実は公季はこれ以前から何度も自分が左大将を辞すことによって息男の実成の中納言任官を請うていた(『小右記』長和三年二月二十三日条)。これに絡んで、道長も、公季の辞したあとの左大将に頼通を、能信を参議にと希望しており、その上にまた、右大将実資が左大将に転ずるのが順当というので、実資の意向も無視できないというような、公季の左大将辞任をめぐって三者間にいろいろな駆け引きがあった。元々公季が左大将を辞すことで息男実成に中納言の任官を願うことが少々無理でもあったのだが、それがあとにもあるように中納言時光の薨去があったので、再び辞任を申し出るタイミングを計っていたようである。ところで、話題を戻して、公季の左大将の辞任と除目の欠席との関連だが、例えば、実資の左大将への転任の意向を道長が確認する言葉が『小右記』十月二十八日条に「早旦資平告送云、左府命云、左右間事昨申大将、答云、被示不可転任之由、一定歟、又有所聞乎者、申云、去夕示不可遷任之趣者、命云、然者可申達可早参由者、若有転任不可参之由、去夕所含資平、午剋許参内」とある。つまり、道長は実資に、もし左大将に転任する気がないのなら参入すべきであるし、また、転任するのであれば参入すべきではないというのである。これによれば、辞任(転任・遷任等)を申し出る本人は除目の場には参入しないことのようである。それで、公季は自身の左大将辞任を道長に諮るため、こういう表現を取ったのだと思われる。

(144) **中納言已に闕す**　藤原時光が本年十月四日に薨じて、中納言が欠員となっていた(『小右記』十月五日・七日条参照)。

(145) **実成**　公季男。母有明親王女。正三位参議・左兵衛督・検非違使別当。四十一歳。『小右記』長和三年十一月七日条に「参議左兵衛督実成蒙検非違使宣旨、左衛門督教通辞退替」とある。

(146) **宰相中将、実成と同じく参議、彼の人位階高きなり**　宰相中将は藤原兼隆。道兼男であるが、祖父兼家の子となっていた。参議、右近衛権中将、兼伊予守。三十一歳。本年十月二十一日、造宮行事賞により従二位に叙せられていた(『公卿補任』)。

(147) **兼官も又納言に任ずる所なり**　これも兼隆のことについて述べたものと解される。兼隆が実成と同じ参議であり、位は兼隆の方が高い。その上に兼隆の兼官である右権中将という官も納言に当然任じられる官である。公季は、中納言として任官されるべきは実成より兼隆であることをよく承知していることを示している言葉なのだろう。だからこそ以下の言葉を続けたのだと思われる。

(148) **件は…**　以下の公季の言葉は、同趣のものが、『御堂関白記』長和二年九月十六日条の土御門第への三条天皇の行幸の折の叙位の記事に「召右大臣有叙位、(中略)

正三位左兵衛督(実成)、是事無由、而内府云、付我経年、此間必可有恩、身又一家長也、此間可有一度恩者、仍奏聞」と見えている。公季の男実成の昇進を願う切なる思いの故だろうが、ゴリ押しとも感じられる強弁のようだ。ただ、註(143)でも触れたように、公季の左大将辞任は道長にとっても頼通の左大将昇進の道が開けて都合がよく、この間の事情は『小右記』十月二十五日・二十六日・二十七日・二十八日の記事に詳しい。恰かも道長と公季との間に共通の思惑で通い合うものがあったかのようである。

(149) **今日大臣参らず。議昨日のごとし**　昨日より京官除目。三条天皇の眼病のために道長が摂政に准じられ、除目を行ったことは昨日条を参照。『小右記』同日条にも、「公任卿云、今日大臣示(不カ)被参、須近招大納言達可被議除目、而独身任意補任事太不便也」とあり、道長以外の大臣(右大臣顕光・内大臣公季)はともに不参で、除目はほとんど道長の意のままであった。

(150) **右近少将公成**　公季孫、実成男。従四位下。十七歳。長和二年六月二十三日、右少将に任じられる。

(151) **内大臣の大将を辞し申す文を持ち来たる**　右近少将公成が、内大臣公季の右大将を辞任する旨の申文を持って来た。公季が大将を辞すことは『御堂関白記』前日条、『小右記』今月十一日条以下に詳しい。

(152) **御所に留む**　辞大将の上表を御所に留めてこれを許可したの意。例えば『日本紀略』貞元二年十一月三日条に「左大臣(藤原頼忠)被辞左大将、上表留御所、即勅授帯剣」とある。

(153) **申の時議初む**　昨日に引き続き除目の議を行った。

(154) **慶賀を奏す**　道長が、男頼通の任左大将に対して天皇に慶賀を奏した。この後頼通自身が天皇に慶を奏し、饗禄を行うのを請うたことは、この日条の後、「除目了」以下に見える。

(155) **大将家に至る**　以下新任の左大将家で任大将の饗が催された。『小右記』今月二十九日条にも、資平の報告としてこの時の饗の内容が記されている(以下、随時参照するのはこの日の条)。この時の頼通の邸第は、『日本紀略』長和三年三月二十日条に「皇太后宮(彰子)遷御権大納言頼通卿高倉第」とあるように、左京一条四坊一町(土御門南東洞院東)にあった高倉第である。

(156) **大将、上達(部)を相引き来たる**　新任大将は、射場殿で天皇に慶を相し拝舞の後公卿・次将以下を率いて敷政門から退出、里邸に向かい饗となる(『西宮記』巻九、『北山抄』八、『侍中群要』九)。

(157) **次将以下府生以上庭中に拝し座に着く** 『小右記』では「次将已下拝礼、依左相府命云々、更不聞之事也」と批判されているところ。

(158) **禄を給ふこと常のごとし** 近衛府官人の下位より禄を賜わった。

(159) **中持** 長持に同じ。蓋の付いた長方形の箱で衣類・調度などを保存する。禄物として給うために布を入れて庭中に積んだ。『中外抄』保延三年十一月十四日条に「名来の本脇を少々づつ、砂立てたる様に中持の蓋に立て」とある。

(160) **垣下達** 正客ではなく、相伴の人たち。

(161) **次将座を立つの後、余、出座す** 次将が退出して後、道長が座に加わった。任大将の公的な饗が終わり、道長を中心とした賀宴になったのであろう。『小右記』には「此間左相府出居客亭」とある。

(162) **太皇太后宮大夫** 大納言藤原公任。『小右記』に「大納言公任為上首」とあり、饗宴客中の上首であった。

(163) **源中将** 源朝任か。従四位下右近衛中将。

(164) **重方・公助等** 重方は茨田重方。左近将監。公助は下毛野公助。将監。

(165) **女方之を出だす…** 道長の禄物を女方(倫子)から出したが、それを権中納言頼宗が取り継いで、大納言公任に禄した。

(166) **大将方より和琴・琵琶等…** 頼通から道長に対して礼物として和琴・琵琶等の楽器が贈られた。『小右記』には「献琵琶・和琴於相府」とある。

(167) **事了りて帰る。又同じく還る** 饗禄が終わって、席に臨んだ公卿・次将以下が帰って行った、また自分も自邸に還った、の意であろう。「帰」と「還」が使い分けられている。この時の道長の邸宅は、この記事より少し前の『御堂関白記』九月二十七日条に「以戌時渡枇杷殿」とあり、さらに『小右記』十月二十三日条にも「早朝参左相府、枇杷殿」とあるので、枇杷殿という想定が可能であるが、反対にこの記事より少し後の、十一月十七日に内裏焼亡があった際、『日本紀略』が「東宮自朝所渡坐左大臣上東門第」(十九日条)と記しているので、土御門第の考えも捨て切れない。というのも、この頃道長は土御門第敷地内南方の小南第をも住居としているからである（例えば『御堂関白記』本年四月十日・八月二十九日条には宋の商客から送られた孔雀が自邸で卵を産んだことをかなり詳細に記すが、この道長邸とは『日本紀略』閏六月二十五日によると小南第であった）。今はともに決め手がないので、両説の可能性を併記しておく。小南第については、角田文衞「土御門殿と紫式部」（『紫式部の身辺』所収、古代学協会、昭和四十年）参照。

(168) **大将来たりて慶賀を申す**　自邸に戻った道長の所へ頼通が礼を言いにやってきた。

(169) **随身**　大将で納言・参議兼帯の者には、番長一人・舎人五人の計六人の随身を賜わった（『北山抄』）。

(170) **中宮御方に申し…**　中宮は妍子。この時、枇杷殿にあった（八月二十二日条註参照）。皇太后宮は彰子。土御門第西対にあった。中宮には「申す」、皇太后宮には「参る」という言葉の使い分けが気になるところではあるが、道長の所へ来る前に、すでに両所の元へ赴き、両所で随身に物を賜わったという理解が自然であろう。

(171) **除目了りて…**　以下、時間的には最初の「参弓場殿、奏慶賀」の後に戻る。道長自身は除目が終わって退出すると頼通邸に赴いたので、そのまま見たことを日記に続けて書いたが、その後に、内裏における頼通の除目以後の行動を聞き伝えて記したのである。『小右記』の「左相府被奏大将慶、次大将奏慶、又奏官人已下饗禄事〈此事詞、不殊／有奏聞云々〉」という個所に対応する。大将新任の際、大将は慶賀を奏する次いでに、次将以下の官人に酒を給うことの裁許を請う（『西宮記』九「除目以前兼日奉勅語、用意饗禄」）。『侍中群要』九にも「近衛大将新任之時、令奏慶賀之後、又召蔵人令奏聊可給酒肴於士卒之状、奏聞之後、蔵人召検非違使下宣旨」とある。

(172) **資平、侍従中納言に仰す**　天皇の裁許の言葉を受けて、蔵人頭の資平が、任大将の饗禄を行う命を上卿の侍従中納言行成に伝えた、という意。前註にあるように、饗禄のことは新大将が蔵人をして天皇に奏するが、具体的には上卿に命じて実行される。『小右記』の「抑可行饗禄之事、仰上卿之由、含資平了」（二十八日条）、「資平仰中納言行成、将等到大将家」（二十九日条）という文言に対応している。

(173) **清書の上新中納言…**　「清書上」は除目における「清書上卿」のこと。新中納言は経房。大間を清書した召名を天皇に奏上し（実資は『小右記』同日条で「又大間先可被奏歟、而只可奏清書者」と本来大間を奏覧の上、清書すべきであると批判している)、その後外記が道長の所へその召名を持ってきた。

(174) **即ち返し給ふ** 「即返給」の主体は道長とみて、道長がそのまま返した、という意、「給」は大間を御覧じた天皇に対する尊敬が誤った用法で使われたものと解したい。次の「加封給外記云々」は、天皇が召名の清書に封を加えてそのまま返された、という外記の道長に伝えた言葉と考えたい。『江家次第』の秋除目、摂政時儀には特に規定は見られないが、春除目の儀式の一部分に比較的よく合致する。そこで普通は、大間に任ずべき人の名を書き終わると、これを巻いて天皇に奏上し、叡覧の後返されたのを、こよりで結ばれた成文とともに清書の上卿に給い、清書の上卿は議所または陣座に着いて外記に召名を清書せしむ、という段取りで進められる。

(175) **件の儲けの事定まらず…** 通常、新任大将の場合、除目以前に予め勅語があって、饗の準備をする。ところが春秋の定期的な除目で大将が任じられる場合は、饗禄を儲けず、後日慶を申すのみであったらしく(『江家次第』等)、当該記事の場合も本来は饗禄はないはずであった。『中右記』元永二年二月六日条には、『御堂関白記』のこの日条を定期的な除目での任大将における饗禄が行われた例外として挙げている。実資が「就中此度可無賞翫」というのも、このことをいうのであろう(『小右記』二十九日条)。『御堂関白記』によると、道長自身は初め饗を行わないつもりであったが、大納言公任が来て内大臣公季の言としてしきりに饗を儲けることを勧めたので、その言に従った、ということになる。

(176) **忽に有れば何ぞ難有るべきや** 原文は「勿」であるが、「忽」の誤りとみて釈文のように訓み、急な事なのだから、何の難がありましょうか、といった意味に解した。

(177) **事又興有り…** 諸司の官吏が新任に際して饗宴を催すことは習慣としてしばしば行われ、かつて「焼尾荒鎮」として禁止の対象にもなった(貞観八年正月二十三日付太政官符)。衛府の場合、特にこのことが盛んに行われ、貞観十六年九月十四日には配下の士卒の志気を高めるために、旧例に準じて新任の長官の時一度に限っての饗宴が許されることになった(『三代実録』)。「此くの如き事を以て奉と為す」は、こういうことをしておくから宮仕えに精を出すのだ、という意味。

(178) **東宮の使道雅障を申す**　道雅が翌日の春日祭使の障を申した。道雅は藤原伊周男。母大納言源重光女。東宮権亮。東宮は敦成親王。

(179) **経通**　藤原懐平男。母源保光女。左中弁兼東宮亮。

(180) **是れ行事弁なり**　春日祭の行事弁であった経通が東宮の祭使を兼ねたという意であろう。

# 十一月

〔本文〕

一日、丁未、雨下、物忌也、近衛府使朝任送下重幷疋絹析、有憚所不立神馬使、
二日、戊申、出東河解除、是有所憚不奉幣由、即參大內、退出、
三日、己酉、梅宮不奉幣由解除、參皇太后宮、行二條、將軍維良獻馬十疋、
四日、庚戌、城介奉好獻馬二疋、參大內、候宿、
五日、辛亥、從內退出、通夜雨下、
六日、壬子、人々來向、爲作文、題鶴爲百鳥兄、以年爲韻、辰時許來集、子時許分散、
七日、癸丑、參大內、候宿、女方渡一條宿、通夜深雨下、
八日、甲寅、從內退出、女方還來、皇后宮親王達智着裳・元服日被勘、
九日、乙卯、三宮御文初令勘日、來月四日、定其雜事、與源中納言行三條後院、見有樣、可立室西北對・西廊等也、所有室等皆可加修理、
十日、丙辰、依物忌籠居、
十一日、丁巳、依物忌籠居、
十二日、戊午、參大內、候宿、
十三日、己未、從內退出、入夜又參、候御前間、兵部卿親王枇杷殿（向給）れへしぬと云々、是（渡）姫宮御許給云々、依返車後、還不出、與三位中將御座也、還給間被獻野釼云々、候中宮釼也、奉入女方給云々、皇太后宮女

方給絹、是三宮御文初饌物析也、

**十四日**、庚申、從卯辰時許雪下、取初雪見參、後退出間大雪也、申時許有晴氣、積庭三寸許、出河原解除、有憚事不奉幣也、

**十五日**、辛酉、天晴、昨日初雪見參隨身給祿、疋絹、從皇太后宮、大進庶政朝臣先日御經供養日雜物送文持來、佛・經・堂具等幷予所候雜具、螺鈿蒔繪二階厨一雙・懸子筥・冠筥・泔盃器一具等雜物也、

**十六日**、壬戌、依物忌籠居、

**十七日**、癸亥、依物忌籠居、亥時許人爲職申云、有內裏火出來者、驚出見、寄南方、馳參間、從南廊燒、宣陽門南方許燒、仍馳北陣方、入中重、玄輝門下東宮御〻輦出會給、安心神、令御縫殿寮、參西方、問御在所、御後涼殿西馬道口云、足參、式部・兵部卿等親王懸給、又殊無人御、以隨身等召手輿、南方依有火勢、御桂芳、其後人〻多參入、御官司、從中重行西、從北門御松下、東宮相從、御朝所、北風拂〻、火遲〻燒、此間定御在所、可御枇杷殿由被仰、吉平申云、來十九日者、

**十八日**、甲子、從內出、行枇杷殿、所〻作改、加修理、

**十九日**、乙丑、以戌時行幸、從早朝雨降甚、御裝束了、依雨大不合也、參內、御出間深雨、雖然依無事也、殿上・女方有饗、又參東宮、渡土門給、此間雨止、天氣晴、

**廿一日**、丁卯、觸穢間、諸祭停止由大秡、左大弁行之、

**廿五日**、辛未、參大內、候宿、

**廿七日**、癸酉、早朝參內、臨時祭事催行、給裝束、舞人下重尙侍奉仕、人〻依障申、近日有仰而奉仕之、從辰時許深雨下、南殿北砌內敷舞人・陪從座、申時着、此間雨脚盛、陪從座獻盃、從殿北簀子敷往返、三獻後賜挿頭花、退出、近年間如此深雨時又無舞時、御禊間御簾內御坐、是依御目也、日來間如暗夜云〻、事了人〻被宿所來、以少食饌之、各有子人〻返來相待、依雨無御神樂、

**廿八日**、甲戌、初外記廳政、依先日宣旨、見官奏文、如攝政儀、宿所東面見之、左中弁經通以廣業令申奏由、上達部五六人許被來、寄便所之見、事了退出、參皇太后宮、三宮御書初博士・文人等相定、

**廿九日**、乙亥、依物忌籠居、

〔註釈〕

**一日**、丁未。雨下る。物忌なり。近衛府[1]の使、朝任[2]に下重并びに疋絹の料を送る。憚[3]る所有りて神馬使を立てず。

**二日**、戊申。東河に出でて解除す。是れ憚[4]る所有りて奉幣せざる由なり。即ち大内に参る。退出す。

**三日**、己酉。梅宮に奉幣せざる由を解除す。皇太后宮に参る。二条[5]に行く。将軍[6]維良[7]、馬十疋[8]を献ず。

**四日**、庚戌。城介[9]奉好[10]、馬二疋を献ず。大内に参る。候宿す。

**五日**、辛亥。内より退出す。夜を通して雨下る。

**六日**、壬子。人々来向す。作文[11]を為す。題は鶴は百鳥の兄為り。年を以て韻と為す。辰時ばかりに来集し、子時ばかり、

分散す。
**七日**、癸丑。大内に参る。候宿す。女方[12]、一条[13]に渡りて宿す。夜を通して深雨下る。
**八日**、甲寅。内より退出す。女方、還り来たる。皇后宮[14]の親王達[15]智の着裳[16]・元服の日を勘ぜらる。
**九日**、乙卯。三宮[17]の御文初め[18]、日を勘ぜしむ。来月四日なり。其の雑事を定む。源中納言[19]と三条院[20]に行きし後、有様を見る。立つべき室は西北の対・西廊等なり。所有[21]の室等、皆修理を加ふべし。
**十日**、丙辰。物忌に依りて籠居す。
**十一日**、丁巳。物忌に依りて籠居す。
**十二日**、戊午。大内に参る。候宿す。
**十三日**、己未。内より退出す。夜に入りて又参る。御前に候ずる間、兵部卿親王[22]、枇杷殿に向ひ給ひおはしぬ、と云々。是れ姫宮[23]の御許に渡り給ふ、と云々。車を返して後に依りて、還り出でず。三位の中将[24]と御座しますなり。還り給ふ間、野釼[25]を献ぜらる、と云々。中宮に候ずる釼なり。女方[26]入れ奉り給ふ、と云々。皇太后宮の女方に絹を給ふ。是れ三宮の御文初めの饌物の料なり。
**十四日**、庚申。卯辰時ばかりより雪下る。初雪見参[27]を取る。後に退出の間、大雪なり。申時ばかり晴れの気有り。庭に積もること三寸ばかり。河原[28]に出でて解除す。憚る事[29]有りて奉幣せざるなり。
**十五日**、辛酉。天晴る。昨日[30]の初雪見参の随身に禄を給ふ。疋絹[31]。皇太后宮[32]より、大進[33]庶政朝臣、先日[34]の御経供養の日の雑物送文を持ち来たる。仏・経・堂具并びに予の候ずる所の雑具[35]、螺鈿[36]蒔絵[37]の二階厨(子)[38]一双・懸子筥[39]・冠筥[40]・泔盃[41]一具等の雑物なり。
**十六日**、壬戌。物忌[42]に依りて籠居す。

**十七日**、癸亥。物忌に依りて籠居す。亥時ばかり、人為職[43]、申して云はく、内裏に火出で来たる有り、てへり。驚き出でて見るに、南方[44]に寄す。馳せ参る間、南の廊より焼け、宣陽門(院)[45]の南方ばかりを焼く。仍りて北陣[46]の方に馳せ、中重[47]に入る。玄輝門[48]の下にて東宮御輦[49]に御[50]して出で会ひ給ふ。心神を安んず。縫殿寮[51]に御せしむ。西方に参りて、御在所[52]を問ふ。後涼殿[53]の西の馬道口に御す、と云ふ。足参[54]す。式部・兵部卿[55]等親王に懸かり給ふ。又殊に人なく御す。随身等を以て手輿[56]を召す。南方に火勢有るに依りて、桂芳(坊)[57]に御す。其の後、人々多く参入す。官司[58]に御す。中重より西に行き、北門より松下[59]に御す。東宮相従ひて、朝所[60]に御す。北風払々[61]として、火遅々に焼く。此の間、御在所[62]を定む。枇杷殿に御すべき由、仰せらる。吉平[63]申して云はく、来たる十九日[64]、てへり。

**十八日**、甲子。内より出でて枇杷殿[65]に行く。所々[66]を作り改め、修理を加ふ。

**十九日**、乙丑。戌時[67]を以て行幸[68]す。早朝より雨降ること甚だし。御装束了んぬ。雨[69]に依りて大いに合はざるなり。内[70]に参る。御出の間、深雨なり。然りと雖も、事無きに依りてなり。殿上・女方[71]、饗有り。又、東宮[72]に参る。土(御)門[73]に渡り給ふ。此の間、雨止む。天気晴る。

**二十一日**、丁卯。触穢[74]の間、諸祭[75]停止せる由の大祓[76]、左大弁[77]、之を行ふ。

**二十五日**、辛未。大内[78]に参り、候宿す。

**二十七日**、癸酉。早朝、内に参る。臨時祭[79]の事、催し行ふ。装束[80]を給ふ。舞人の下重は尚侍[81]奉仕す。人々障りを申すに依りて、近日[82]仰せ有りて之を奉仕す。辰の時ばかりより深雨下る。南殿の北の砌[83]の内に舞人・陪従の座を敷く。申時[84]に着す。此の間、雨脚盛んなり。陪従の座に献盃あり。殿の北の簀子敷より往き返る。三献の後、挿頭花[85]を賜はる。退出す。近年の間、此くのごとき深雨の時、又舞無き時、御禊[86]の間、御簾の内に御坐す。

是れ御目に依りてなり。日来の間、暗夜のごとし、と云々。事了りて人々[87]宿所[88]に来らる。少食を以て之を饌す。各子[89]有る人々、返り来たりて相待つ。雨に依りて御神楽[90]無し。

**二十八日**、甲戌。外記庁政[91]を初む。先日の宣旨[92]に依りて官奏[93]の文を見る。摂政の儀[94]のごとし。宿所の東面にて之を見る。左中弁経通[95]、広業[96]を以て奏の由を申せしむ。上達部五六人ばかり来らる。便所[97]に寄りて見る。事了りて退出す。皇太后宮に参る。三宮[98]御書初[99]の博士[100]・文人等を相定む。

**二十九日**、乙亥。物忌に依りて籠居す。

（1）**近衛府の使**　翌日（上の申の日）に行われる春日祭の祭使を勤める近衛府の使。

（2）**朝任**　源時中男。母藤原安親女。源雅信孫。二十七歳。長和二年正月六日、従四位下。同三年三月二十八日、右中将。『小右記』には「春日使府中将朝任従師納言郁芳門家出立、送摺袴」とあり、春日祭使朝任は藤原隆家の郁芳門邸より出立したことがわかる。実資が摺袴を贈ったことに対する御礼を朝任が述べたのは四日であった（『小右記』四日条）。

（3）（4）**憚る所**　「憚」の文字を『御堂関白記』自筆本に当たると五例見られる。その内容が具体的に記されているのは、㋐寛弘八年六月二日条、㋑長和元年五月二十一日条の二例（㋒寛弘元年正月十日、㋓同二年正月二十二日、㋔同四年十月七日の各条は不明）。『小右記』は道長が「御物忌」であった旨を記すが、『御堂関白記』寛弘七年四月十二日条に「昨日今依物忌不他行、梅宮馬神使自馬場立、木工助永道」と見える。したがって、当条の「憚る所」と「物忌」とは別の記事であると考えられ、やはりその内容は不明である。

（5）**二条に行く**　『御堂関白記』における二条邸に関する記事は四二条と多い。長和二年十月十三日条に「至二条、可造作有様仰文信并豊高等」と見えてから寛仁元年十一月十日の新宅儀に至るまで、その造作の過程を見に行ったと思われる記事は二五回に及ぶ。当条も造作の進行具合を見に行ったものと考えられる。

(6) **将軍**　鎮守府将軍。

(7) **維良**　平維良。兼忠男。『小記目録』によれば、治安二年四月十二日死去。

(8) **馬十疋を献ず**　維良が馬を献じたことは、他にも、㋐長和元年閏十月「六疋」(『御堂関白記』)、㋑長和三年二月七日「二十疋」(『小右記』)、㋒長和五年十一月六日「五疋」(『御堂関白記』)と見える。中でも㋑の『小右記』は、馬以外の財物を左府に献じたことを「随身数万物詣蓮府、道路成市見之、巨万云々」と記し、続いて「件維良初蒙追捕官符、不経幾関栄爵、又任将軍、財貨之力也」と述べる。財貨の力によって将軍の地位を得たという維良の一面を伝えている。

(9) **城介**　秋田城介。蝦夷経営・鎮撫のため秋田城鎮城国司として駐在した出羽介。

(10) **奉好**　当条にのみ登場。

(11) **作文を為す…**　「鶴は百鳥の兄たり」の題で漢詩を作った。詩題は翌月の五十の賀を念頭に置いたものか。『御堂関白記』本文は来集から分散までの時間を辰の時(午前七〜九時)から子の時(午後十一時〜午前一時)と記し、ほぼ一日中作文に費したことを示すのみだが、『小右記』六日条には「入夜資平来云、今日左府有作文、管絃之興。主上被仰云、我昨談譲位事。是有不豫事之故。而今有絲竹等之遊、心頗不安」と記される。管絃の興を伴った道長邸の作文が三条天皇の不安な心情に追い打ちをかけた旨が資平を通して語られている。

(12) **女方**　道長の妻源倫子。

(13) **一条に渡りて宿す**　一条は倫子の母穆子の住む一条第。翌長和五年七月二十六日、穆子が八十六歳で没する。穆子の死に至る不調と、母を見舞う倫子の行動は長和五年六月二十八日条に「此暁女方渡一条殿。彼上有悩気」と記されるのを初めとして、以後七月二日・三日・四日・八日・十一日・十八日・十九日・二十一日・二十四日・二十五日と関連記事が続いている。この日も、倫子は高齢の母を見舞うべく一条第を訪れたのであろう。

(14) **皇后宮**　藤原娍子。済時女。長和元年四月二十七日立后。

(15) **親王達智**　「達智《(治)》」は「達(たち)」の意。㋐寛弘四年二月二十八日「就宇智有饗」、㋑寛弘七年六月二十日「上達知部相率参大内」、㋒長和四年正月十三日「上卿達智」、㋓寛仁二年正月二十一日「被来与上達智部相定」などの用例が存在する。その「親王達」とは、Ⓐ師明親王。三条天皇第四皇子。寛弘二年誕生。十一歳。同四年十二月二十六日着袴。後年の法名「性信」は有名。Ⓑ当子内親王。三条天皇第一皇女。長保二年誕生。十六歳。長和元年十月二十五日着裳定あるも、同十二月四日斎宮卜定。同五年正月二十九日斎宮退下。Ⓒ禔子内親王。三条天皇第二皇女。長保五年誕生。十三歳。寛仁三年二月二十九日着裳。

(16) **着裳・元服の日…** 『小右記』六日条に三条天皇の言葉が「今年中斎宮着裳并童親王元服・女親王着裳等事必可有也、仰左大臣了」と見える。また八日条には「頭中将云、来月十四日斎宮御着裳、二十六日女二宮御着裳・四宮御元服・今日吉平朝臣勘申也、後聞、件日々皆彼宮達衰日、仍可改勘者」と見え、安倍吉平が日を勘じたが、その日が宮達の衰日に当たっているため日を改めて勘じさせようとしていることがわかる。十一月十四日条には資平の言として「斎宮御笄并宮々御元服等事、延引及明春」が記され、さらに延引されている。また十二月十六日条には「官達御元服・着裳等事、令委付相府給、至斎宮御着裳事不可知」と見える。譲位を決定し、親王達の先行きを案じて元服・着裳の儀を何とか確定したい三条天皇と、道長の感情の行き違いとが明瞭にされている。

(17) **三宮** 一条天皇第三皇子敦良親王。母は彰子。寛弘六年誕生。七歳。

(18) **御文初め** 読書初。初めて書物を読む儀式。

(19) **源中納言** 源俊賢。高明男。五十七歳。寛弘元年正月二十四日宰相中将。正二位権中納言。

(20) **三条院に行きし後、有様を見る…** 『小右記』長和五年正月二十八日条には「資平従内示送云、後院別当外、以右衛門督(懐平)并資平可為院別当之由、今(日略)定、右府被奏也」と見え、譲位の前日、後院別当・院別当が定められている。『御堂関白記』長和五年三月五日条に「到二条并三条院見造作」とあり、同年十月二十日条には「三条院初渡三条院給、戌時」と見える。以上の点から、道長は三条天皇退位後の住居(後院)とすべき三条院の建物の検分に行ったと考えられる。

(21) **所有の室…** 「所有」は漢語で、「全部」の意。検分の結果、全ての室を修理しなければならないと判断したのである。

(22) **兵部卿親王**　三条天皇第三皇子敦平親王。母娍子。長保元年誕生。十七歳。寛弘八年十月五日親王宣下。長和二年三月二十三日元服。同年六月二十三日兵部卿。

(23) **姫宮**　三条天皇第三皇女禎子内親王。母道長女中宮妍子。長和二年七月六日誕生。三歳。

(24) **三位の中将**　藤原能信。道長男。母源明子。長徳元年誕生。二十一歳。長和元年二月十四日、妍子が中宮となった日に中宮亮、同二年六月二十三日左中将、長和四年九月二十日正三位。この日、敦平親王は中宮亮である能信とともに、中宮妍子の許にいる妹宮禎子内親王を訪れたものと考えられる。

(25) **野釼を献ぜらる…**　野太刀・野剣とも。公家佩用の兵杖の太刀の総称。「飾抄」(『群書類従』巻第百十四)に「近衛次将・外衛佐等常令持之。束帯出仕之時相具笏。率爾随役之時。多用此釼也。或宿老公卿。高位之人常令持之。或付護。(下略)」と、その佩用の決まりが記されている。『御堂関白記』には当条を含め一〇回記録が見えるが、寛弘四年十一月八日の例が「蒔絵野刀」である他は「野釼」の表記である。以下に年月日のみ示す。Ⓐ寛弘元年二月七日、Ⓑ同年三月十八日、Ⓒ同二年四月十九日、Ⓓ同四年十一月八日、Ⓔ同七年正月三日、Ⓕ同年七月十七日、Ⓖ同年十二月二日、Ⓗ長和四年十一月十三日(当条)、Ⓘ同五年七月二十日、Ⓙ寛仁二年二月十八日。これらは「送物」という言葉を伴っていることがあり、ここでも中宮妍子のところにあった野釼が敦平親王への贈り物とされたのである。

(26) **女方**　道長妻倫子。

(27) **初雪見参**　初雪が降った日に、諸陣等の見参を取り、禄を賜わった儀式。『公事根源』十月に「初雪見参　昔初雪のふる日、群臣参内し侍るを初雪見参と申也。桓武天皇延暦十一年十一月よりはじまる。初雪にかぎらず深雪の時は、必諸陣見参をとるといへり。此事絶て久し」と見える。これによれば、降雪の際の諸陣見参には、大雪・初雪の両方の場合のものがあったらしい。前田家本『西宮記』侍中事の勅計(天皇を主体とする人員の確認)記事である「触事有勅計。分遣侍臣諸陣、令取見参賜祿。(中略)但大雪之時、殿上男女房及内侍所・主殿寮男女官同預之」の部分でも、「大雪」に「若初雪歟」と傍記されている(なお『西宮記』の同記述は、『天暦蔵人式』の逸文と考えられ、『侍中群要』巻七等に同様のものが見られる)。摂関期の初雪見参の次第は『左経記』寛仁元年十二月七日条より知られるが、ほぼ『西宮記』等の内容に相応する。本来大雪時の警衛を目的とする諸陣見参が、後に初雪を愛でる宮廷儀礼へ変化したものと考えられる。儀礼の始期を延暦十一年十一月とする記述は、『政事要略』巻二十五、年中行事十月にも見え、儀礼の中絶については、『禁秘抄』下に「初雪見参近代絶畢」とあり、鎌倉期までには行われなくなった儀礼のようである。なお『御堂関白記』における他の初雪見参の記事は、寛弘七年十月二十二日条・寛弘八年十一月八日条(但し実施せず)・長和五年十二月八日条に見える。目崎徳衛「王朝の雪」(山中裕編『平安時代の歴史と文学 歴史編』吉川弘文館、昭和五十六年)を参照。

(28) **河原に出でて解除す** この日行われた吉田祭(『小右記』本日条参照)の奉幣を道長が取り止めたことによる由の祓。

(29) **憚る事有りて奉幣せざるなり** 奉幣の中止の因となった憚りの内容は不明である。なお古写本は「不」の上の「依」を抹消しているが、そのまま活かして「奉幣せざるに依りてなり」と読むことも可能である。

(30) **昨日の初雪見参の随身に禄を給ふ** 前日の初雪見参に衛府の官人として参仕した道長の随身に対して禄が与えられたことを示す。見参の翌日に賜禄を行う遣り方が原則であったのか否か、および道長が賜禄を行ったのは天皇の代行者としてであったか随身の主者としてであったかは必ずしも明瞭ではない。なお、古写本は「初雪」の下に挿入点を付し、「随身」以下の部分とを結ぶ線を記す。或いは「昨日初雪随身見参給禄」などのように訂正して読まれたのかも知れない。

(31) **疋絹** 一疋(二反)ずつ巻いてある絹。高級品として被物等に用いられた。

(32) **皇太后宮** 藤原彰子。道長女。母源倫子。この時二十八歳。

(33) **大進庶政朝臣** 藤原典雅男。母中宮大進連直女。

(34) **先日の御経供養** 十月二十五日、藤原彰子居所土御門第で行われた道長五十賀の法会。

(35) **予の候ずる所** 道長の詰めていた部屋の意か。

(36) **螺鈿** 薄くすり減らした貝殻を種々の紋様に作り、器物の面に嵌め込んで細工した装飾。

(37) **蒔絵** 漆で紋様を描き、金銀の粉末等で絵を表現する技法。

(38) **二階厨子**　観音開きの戸を持ち、上に棚のついた収納を目的とする家具。「一双」とあるごとく二台一組で用いられる。

(39) **懸子筥**　櫃や箱の内側に外の縁にかけて吊り下げる内箱を持つ調度品。櫛や鋏等を入れるのに用いられた。

(40) **冠筥**　冠を収める箱。

(41) **泔盃**　古写本は「盃」の傍に「器」の字がある。泔《ゆする》を入れる容器。泔は、米のとぎ汁、或いは強飯を蒸した後の湯で、養毛・頭熱を下げる効用があると信じられ、洗髪の際に用いられた。以上一連の調度品は道長の用いたものであろうが、その具体的形態については、平安末期成立の『類聚雑要抄』（『群書類従　雑部』所収。角田文衛監修、(財)古代学協会・古代学研究所編『平安時代史事典』資料・索引編〔角川書店、平成六年〕に元禄年間成立の彩色図が収められている）が参考となる。

(42) **物忌**　この月の始めより多く見える道長の物忌の理由は不詳。

(43) **為職**　菅原理詮男。一説に親職男。道長家司。

(44) **南方に寄す**　『小右記』本月十八日条には、この時の内裏焼亡の出火地点が「主殿寮内侍」であったとする伝聞が記されており、また『日本紀略』本月十七日条にも、「火主殿寮内侍所より起こる」という記事が見える（『国史大系』本の句読点は訂正を要する）。『西宮記』巻八、所々事、「内侍所」の項の割註に、「在温明殿。（中略）主殿・掃部女官同候」という記述があり、「主殿寮内侍」との関連が想起される。その所在する温明殿は宣陽門に正対する位置にあり、一応は出火場所として考えられよう。また、同じく、「内候」の項には、内裏東南廊に主殿の内候があったことが見える（故実叢書『大内裡図』にも、内裏内郭の南東角に「主殿内候」が記されている）。これは、主殿寮男官の内裏における詰所であり、「南廊より焼く」という延焼の状況から見て、出火場所としてはこちらが該当すると見るべきかも知れない。なお『栄花物語』巻十二「たまのむらぎく」には、この時の焼亡に関する「皇后宮の御湯殿仕うまつりけるに、いかゞしけん、火出で来て内焼けぬ。かゝる事はさても夜などこそあれ、昼なればいといみじうかたはらいたく、あはたゞしき事多かり」という記述がある。道長が火事の報告に接したのは亥の時（午後十時前後）であり、昼の火事とする記述は明らかに史実と反する。直後の三条退位を念頭に置き、事件の不吉さを強調しようとする余りの誤りか。ただ、出火の事情については、「主殿寮内侍」と関連づけることが可能かも知れない。

(45) **宣陽門(院)** 内裏内郭十二門の一つ。東面中央にあって外郭の建春門院に正対する。東陣ともいう。

(46) **北陣** 内裏外郭北正面に位置する朔平門にあった兵衛府。転じて朔平門そのものを指す。

(47) **中重** なかのへ。中隔とも。内裏の内郭と外郭の間の空間領域。

(48) **玄輝門** 内裏内郭十二門の一つ。北面中央に位置し、朔平門に正対する。

(49) **東宮** 敦成親王。一条天皇第二皇子。母藤原彰子。この時八歳。

(50) **御輦** 輦車。方形の屋形に付属する轅の中央に車をつけたもの。

(51) **縫殿寮** 中務省被官の官司の一つ。女官の衣服等を掌った。ここではその官衙自体を指す。内裏の北に接する位置にあり、朔平門より内裏を出た東宮敦成親王の緊急避難所とされたのである。

(52) **御在所** 三条天皇の在所。

(53) **後涼殿の西の馬道口** 後涼殿(内裏殿舎の一つ。清涼殿の西に連なる)の中央にあった馬道の西の口。

(54) **足参** 徒歩で参った、の意か。

(55) **式部・兵部卿等親王に懸かり給ふ** 眼が不自由であった天皇が、式部卿親王(敦明親王。三条天皇第一皇子。母藤原娍子。この時二十二歳)と兵部卿親王(敦平親王。三条天皇第三皇子。母藤原娍子。この時十七歳)の介護を得て避難する様を表すか。

(56) **手輿** 腰輿とも。轅の位置が、担ぎ手の腰の位置に当たる形態の輿。

(57) **桂芳(坊)** 内裏中重の北辺に位置した坊の一つで、楽所が置かれた。『小右記』本日条には、桂芳坊への移御以前に一旦中和院(内裏西側に接する院)に天皇が入ったとする伝聞が記されている。

(58) **官司** ここでは太政官にある殿舎の意か。

(59) **松下** 松下曹司。松本曹司とも。内裏焼亡時の天皇等の移御先として記録に散見する。文脈上、太政官庁内の曹司の一つと考えられるが、『平安時代史事典』(前出)「松本曹司」の項にも、「太政官左大弁曹司」にあたると説明されている(伊藤延男執筆)。若干補足すると、まず『御堂関白記』寛弘二年十一月十五日条の内裏焼亡記事の中では、一条天皇等の移御の場として松本曹司が太政官の朝所(儀式の際に参議以上が会食する場。政務の場としても用いられた)や造曹所と併記されている。また、『小右記』長和三年二月二十日条には、内裏焼亡時に太政官朝所へ移った三条天皇が、松本曹司へ居所を転ずる記事が見られるが、それによれば、天皇は朝所より直接に松本曹司の南門を通って移御している。ところで、『大内裏図考証』によれば、太政官北東の一角を占める朝所の内部がさらに二つに区画され、その北側部分は「弁官曹司及厨屋等」とされている(太政官に弁官曹司というものがあったことは、記録の他に『三代実録』や『新儀式』にも見える)。これらの事柄を勘案すると、松本曹司とは、太政官北東部に朝所と垣を隔ててその北側に存在した、弁官(左大弁に限らず)等の曹司の異名であったことが知られる。

(60) **朝所** 前註(59)参照。

(61) **北風払々** 「払々」とは風の吹く様を示す。内裏南側からの延焼も、北風が吹いたことでようやくその勢いが衰え始めた。

(62) **此の間、御在所を定む** 『小右記』本日条に、左大臣藤原道長・右大臣藤原顕光・内大臣藤原公季他の公卿等による天皇御在所定の記事が見える。それによれば、そのまま太政官を在所とすべきか、または道長邸枇杷殿に移るべきかが議論され、太政官修理の煩わしさを避けて枇杷殿への移御を是とする大納言藤原実資の意見、三条天皇の枇杷殿に対する不快の念を懸念する道長の意見等が出たものの結論は出ず、結局奏聞の後、天皇自身が枇杷殿への移御を決定したことが知られる。

(63) **吉平** 安倍晴明男。陰陽師。この時六十二歳。

(64) **十九日** 『小右記』本日条によれば、吉平は十九日・二十八日の両日を吉日として占申したが、延引すれば太政官修理の煩いありとする実資の意見を道長が受け入れ、十九日に決定した事情が知られる。

(65) **枇杷殿** 近衛北・東洞院西に所在(左京一条三坊十五町)、一町を占地する。寝殿を中心に北対・東対・東対代・西一対・西二対などが配置され、南方に池があった。移御の日程について安倍吉平(清明男、正五位下主計頭〔カ〕、六十二歳)は十九日もしくは二十八日と勘申したが、道長は実資の意見を容れて十九日に決定した。

(66) **所々を作り改め、修理を加ふ**　三条天皇遷幸に先立つ作事。恐らくその理由で道長は修理大夫の従三位参議備前守藤原通任(師尹孫。済時男。母源能正〔或いは兼忠〕女、四十三歳)を随行したのであろう(『小右記』)。

(67) **戌の時**　『小右記』十一月十八日条によれば、従五位上蔵人右少弁兼左衛門権佐春宮学士備中介藤原資業(有国男。母橘仲遠女徳子。二十八歳。三事兼帯)は「戌二點、亥二點」という勘文をまず実資に見せてから道長に奉じている。実資は大外記小野文義(伝説男)を召して行幸雑事・供奉諸衛・御輿などを仰せ、また蔵人藤原資業に御装束・作路事を仰せているので、行幸上卿を勤めたのであろう。

(68) **行幸**　『小右記』による三条天皇の移御次第は以下の通りである。出立に先立ち安倍吉平が反閇を奉仕する。太政官院の東門を出て北行し右折して待賢門を出る。大宮大路を北上して上東門大路を東行し、洞院東大路を南に折れる。枇杷殿東門において神祇官が御麻を献じた後、門を入って南殿に御輿を寄せる。雨儀のため諸卿は東門の北廊に列立し、左大将藤原頼通は左近陣西庇、右大将藤原実資は西対階隠に立つ。前日に道長と実資は打ち合わせをして(「明日警蹕有無事、頗有疑慮、火事三箇日内行幸、警蹕・鈴奏無便歟、以此趣申相府、〻〻諾、大納言公任同諾耳」)、警蹕・鈴奏・名謁を停め、御綱も仰せなかった。扈従した公卿は正二位左大臣藤原道長(五十歳)・正二位大納言中宮大夫藤原道綱(六十一歳)・正二位大納言右近衛大将藤原実資(斉敏男。母藤原尹文女。実頼養子。五十九歳)・正二位権大納言春宮大夫藤原斉信(四十九歳)・正二位権大納言春宮権大夫左近衛大将藤原頼通(二十四歳)・正二位権中納言皇太后宮大夫治部卿源俊賢(高明男。母藤原師輔女。五十七歳)・正二位権中納言太皇太后宮権大夫侍従藤原行成(義孝男。母源保光女。四十四歳)・権中納言藤原懐平・正二位権中納言左衛門督皇太后宮権大夫藤原教通(二十歳)・従二位権中納言藤原頼宗(二十三歳)・正三位権中納言左兵衛督検非違使別当藤原実成(公季男。母有明親王女。四十一歳)・正三位参議左大弁宮内卿源道方(四十八歳)・参議藤原通任・正三位左近衛中将左京大夫近江権守藤原能信(二十一歳)・従三位右兵衛督源憲定(村上源氏。為平親王男。母源高明女。四十歳代)・正四位下参議右大弁大蔵卿藤原朝経（兼通孫。朝光男。母重明親王女。四十三歳）ら一六名であった。

(69) **雨に依りて大いに合はざるなり** 三条天皇の遷幸に備えて殿舎などの設えを終えたが、深雨のために充分とは言えない、という意か。

(70) **内に参る** 内裏焼亡後の三条天皇の御在所は太政官朝所である。『小右記』によれば、まず右衛門督（実頼孫。斉敏男。母藤原尹文女。従二位権中納言兼皇后宮大夫藤原懐平。六十三歳）、秉燭後に諸卿が参入してから道長が参内している。

(71) **殿上・女方、饗有り** 『小右記』に「資平云、殿上侍所有饗」とあり、枇杷殿「侍所」にて殿上人・女房に対する饗宴が行われた。

(72) **東宮** 内裏焼亡により皇太子敦成親王（八歳）は縫殿寮を経て太政官朝所に移御し、この日亥剋に土御門第西対（母后藤原彰子の御在所、寝殿を本宮とする）に遷御している。なお、東宮行啓に際して東宮大夫藤原斉信に失態があり、道長の怒りをかっている（『小右記』十一月二十日条）。

(73) **土（御）門** 土御門南、東京極西（左京一条四坊十五町・十六町）に所在、二町を占地する。藤原道長の邸宅で、上東門第・京極第とも称す。当初は一町のみであったが、長保元年二月頃に二町に拡張し、馬場・馬場殿などを新設している。

(74) **触穢** 内裏焼亡による穢れ。『延喜式』臨時祭・失火条に「凡触失火所者、当神事時忌七日」とある。『拾芥抄』下に「焼亡ノ穢者七日。無甲乙丙之穢」とあり、死穢と異なり伝染しない穢と観念されていた。

(75) **諸祭停止** 停止された祭祀は二十日鎮魂祭のみで、十八日大原野祭は三十日に挙行されている。二十一日大殿祭は『日本紀略』所引の或記に「大殿祭可用下子云々」とあり、三十日丙子に挙行する予定であったが、追行した明証はない。

(76) **由の大祓** 触穢・服喪などによって祭祀が執行できなかった時、或いは祭祀に参加できなかった時にその理由を神に申して行う祓え。重服の人は行わない場合もある。

(77) **左大弁** 正三位参議左大弁兼宮内卿勘解由長官美作守源道方。宇多源氏重信五男。四十八歳。由の大祓の上卿を参議源道方が勤めたのである。

(78) **大内に参り、候宿す** 『小右記』によれば、この日（二十五日)は賀茂臨時祭の御馬御覧・試楽が予定されていたが、前者は三条天皇の眼疾、後者は内裏焼亡のため停止されている。なお、翌二十六日に道長の面前にて御馬目録に註記を加えている。

(79) **臨時祭** 賀茂臨時祭。祭使は正四位下左近衛少将播磨介藤原兼経。道綱男。母源雅信女。十六歳。十一月下酉に挙行される賀茂別雷・賀茂御祖社の祭。宇多天皇による寛平元年十一月二十一日の奉幣を嚆矢として、昌泰二年以降は恒例化する。式次第は以下の通りである。祭の三十日前に祭使以下の諸役、及びその装束を調進する者を定め、調楽、四日前の十列御覧、三日前に試楽があり、当日に御禊儀・庭中盃酌儀・歌舞儀・社頭儀・還立御神楽・賜禄をもって終了する。三橋正「賀茂・石清水・平野臨時祭について」(二十二社研究会編『平安時代の神社と祭祀』、国書刊行会、昭和六十一年)参照。なお、種々の遣り取りから道長が上卿であったと推察される。

(80) **装束を給ふ** 『政事要略』巻二十八、蔵人式逸文によれば、祭日早朝、使に御衣、舞人・陪従らに公卿・女官らの調進した装束が下賜される。舞人は竹文青摺袍・蒲萄染下襲・地摺袴、陪従は櫻櫚文青摺袍・柳色下襲・白表袴・合大口であった。道長は舞人の袍・袴のみ調進したのであろうか。但し、雨天のため舞は中止されている。同十一月二十九日条によれば「幄具焼亡無其儲之故也」とあり、内裏焼亡による幄具不備が主因であった。なお、『小右記』十一月二十八日条に「使左少将兼経於宅装束、左相府頗有不快気者」とあり、道長は祭使の違例に不快な様子であった。

(81) **尚侍** 従二位藤原威子。道長女、母源倫子。十七歳。寛弘七年十一月二十八日正四位下、長和元年八月二十一日尚侍に任じ、同十月二十日着裳、長和二年九月十六日行幸賞にて従二位に昇叙。長和四年十月二十五日道長五十賀に諷誦料布二百端を奉っている。

(82) **近日仰せ…** 奉仕すべき人々が障りを申したので三条天皇の仰せがあり、道長が舞人の下襲を調進したのである。

(83) **南殿の北の砌の内** 雨儀では、祭使・舞人・垣下王卿座は仁寿殿西砌下、陪従座は南廊壁下であるが、枇杷殿のため儀式書の殿舎と異なるのであろう。寝殿を紫宸殿とし、「殿北簀子敷」とあるので北廂・簀子敷が存在し、そこを舞人・陪従の座としたのであろう。

(84) **申時に着す**　主体は道長、もしくは祭使・舞人・陪従と推測されるが、後者か。

(85) **挿頭花を賜はる**　賜わる次第について『蔵人式』『北山抄』は「七八巡後」とする。なお、『蔵人式』では作物所が挿頭花二十三枝(祭使料藤花一、舞人料桜花十、陪従料山吹花十二)を蔵人所に進める規定である。

(86) **御禊の間、御簾の内に御坐す**　御禊の場は、『蔵人式』などによれば清涼殿(東廂に御簾を垂れ、孫廂南第三間に御座を設く)であるが、三条天皇は眼疾が悪化して以来、深雨および舞がない時は御座に着さずに御簾内に留まっていた。

(87) **人々**　『小右記』十一月二十八日条によれば、参入した公卿は左大臣藤原道長・大納言藤原道綱・権大納言藤原頼通・権中納言源俊賢・従二位権中納言左近衛権中将中宮権大夫源経房(高明男。母藤原師輔女。四十七歳)・参議源道方である。

(88) **宿所**　『小右記』長和五年正月六日条に「左相府直廬〈中宮御在所依為直廬〉」とあるが、殿舎の特定は困難である。

(89) **各子有る人々**　舞人を出した親か。

(90) **御神楽無し**　『西宮記』によれば還立御神楽は降雨・御物忌により中止されることが多かった。なお、『小右記』十一月二十六日条により、道長は重杯・御神楽の停止を主張したが、三条天皇は御神楽を行う意向であったことが知られる。資平は二十八〜九日が御物忌なので「難有」という意見であった。同記二十八日条にも「出納義光(中原)云、無御神楽、只於射場給禄」とある。三橋正氏は還立御神楽の性格について、天皇個人の祭(賀茂臨時祭)における天皇(内蔵寮)主催の還饗ではないかと述べている(註(79)前掲論文)。

(91) **外記庁政**　諸司の上申する事項を決裁する公卿聴政の一形態。制度的な「外記政」の成立は、太政官曹司庁を儀式の場、外記直侍の場として成立した太政官候庁＝外記庁を日常的公卿聴政の場と位置付けた弘仁十三年四月二十七日宣旨を契機とする。つまり、太政官候庁での聴政を太政官曹司庁における聴政と作法の上で区別し、略儀として制度化されたのである。十世紀後半には開催回数が減少する傾向を見せ、その励行を督促する宣旨も出されるが、後には実質を失い年頭の政務儀礼たる政始として行われるに過ぎなくなった。橋本義則「『外記政』の成立」(『平安宮成立史の研究』所収、塙書房、平成七年)参照。この場合、道長が准摂政として初めて官奏を見るために開催したのであろう。

(92) **先日の宣旨** 『御堂関白記』十月二十七日条に「以左大臣准摂政令行除目・官奏等者、宣旨書了云々、仰大弁并外記云々」とあり、十月二十七日道長に対して出された、摂政に准じて直廬にて除目・官奏を行うことを認めた宣旨を指す。三条天皇は七月初旬に実資に、実頼が天皇に代わって官奏を見た時の先例を尋ねており、道長にかかる意向を八月一日に示したが、道長は辞退を繰り返し、十月になって受諾するに至る。但し、『小右記』十月二十六日条に「准摂政例、見官奏事・可行除目事・可行一上事々等、明日可被仰也、是相府詞也」とあり、道長は一上(公事執行の筆頭公卿)の権能を握ったままであった。そのことは『小右記』十二月十日条の「今日左大臣着左仗、令中大粮文云々、准摂政亦行一上儀、是宣旨趣耳」からも確認できる。道長が一上を辞すのは後一条天皇の即位により摂政に補された長和五年三月十六日である。

(93) **官奏** 太政官が地方政治や諸国の申請などを天皇に奏上する儀。九世紀末頃までは日常的に行われていたが、次第に儀式化・形式化が進んで回数が減少し、それに伴い官奏項目が主として不堪佃田・減省・鎰匙に限定されるようになっていく。森田悌「奏請制度の展開」(『日本古代の政治と地方』、高科書店、昭和六十三年)参照。但し、この度の官奏内容は不詳。

(94) **摂政の儀のごとし** 『小右記』十一月二十七日条によれば、左中弁藤原経通は予め摂政藤原道隆(正暦元年五月二十六日～長徳元年三月九日)の時に弁官(右少弁～右中弁〔正暦元年八月三十日任〕～権左中弁〔正暦五年九月八日任〕)であった権中納言源俊賢に先例の指南を仰いで官奏に候している(左右大弁が参議を帯しているためか)。或いは、実資の指示によるか。

(95) **左中弁経通** 藤原経通。懐平男。母源保光女。三十四歳。正四位下春宮亮播磨権守氏院別当。長和五年二月八日東宮敦成親王(後一条)践祚に伴い蔵人頭となる。

(96) **広業** 『大日本史料』は藤原広業に比定する。とすれば有国男で、生母は越前守斯成女(『尊卑分脈』)、もしくは周防守藤原義友女(『公卿補任』)である。正四位下式部大輔。四十歳。省試の題者をしばしば勤め、敦良親王読書始では博士として奉仕するなど、当時有数の文人であった。但し、広業が如何なる職務で関与(「令申奏由」)したのか不詳であること、「朝臣」が付されていない点に注意するならば別人の可能性も否定できない。神道大系本『西宮記』官奏(三九九頁)によれば、「政了、日上着南所、申文了之後、史申奏由、御摂政之時、奏者弁・大弁見文之後、摂起座、次史令持文杖等、於史部同起座、共参摂政在所云々」とあり、政を終えた後に史が「申奏由」すことになっており、摂政がいる時は弁・史が摂政在所に赴いて奏文を内覧に供することになっていた。この次第に従うならば、広業は「史」として奏者の弁たる経通とともに官奏に奉仕し、准摂政たる道長に奏文を奉呈したと理解することができるだろう。しかし、該期の「史」に広業は確認できない。また、長和四~五年の藤原広業の記事で「朝臣」がない例(五年七月一日条・六七頁、同十月二日条・七六頁)は、道長辞表作文なので藤原広業に比定できる。したがって、単なる可能性に留まるか。

(97) **便所に寄りて…** 上達部五、六人が宿所にやって来たので、手狭になったか何かの理由で少し移動した意か。

(98) **三宮** 敦良親王。一条天皇第三皇子、母皇太后藤原彰子。七歳。寛仁元年八月九日に東宮敦明親王の皇太子辞退により立太子し、後に後朱雀天皇となる。

(99) **御書初** 皇族・貴族の子弟が初めて書物を読む儀式。七~十歳で行う例が多い。先ず師となる博士、助手の尚復が定められ、次いで書物(『御注孝経』『古文孝経』『史記』五帝本紀等)を選定する。儀式次第は『江家次第』御読書始事に詳しい。因みに敦良親王読書始は天徳四年三月十九日の村上天皇第四皇子為平親王読書始を記した『九暦』に準拠して行われた。

(100) **博士・文人等** 『小右記』十二月四日条によれば、敦良親王読書始の博士は藤原広業、尚復は文章生平定親(理義男。二十一歳)が勤め、召された文人は四位では慶滋為政(保章男。従四位下〔カ〕内蔵権頭)・大江通直(澄江男。従四位下文章博士)・文室如正(従四位下〔カ〕大学頭)、五位では藤原輔尹(興方男。懐忠養子)・藤原敦信(合茂男。母源等女。正五位下〔カ〕)・大江挙周(匡衡男。母赤染衛門。正五位下〔カ〕東宮学士、長和三年十一月二十八日東宮敦成親王読書始では博士として奉仕)・藤原章信(知章男。母源孝女。右衛門権佐〔カ〕)・藤原義忠(為文男、大内記)、六位では文章得業生藤原国成(則友男。母藤原景舒女)・文章生平定親らである。

# 十二月

〔本文〕

**二日**、戊寅、御文初文人等相定、給庶政、

**四日**、庚辰、三宮御文初、午上雨下、東對南面二間・母屋一間西面繧繝端疊二枚・土敷二。茵一枚、御座西面立文机、置御文・點葉子等、南唐廂敷公卿座、西上北面、南廊敷殿上座、西殿上人、東文人、相對着之、母御簾中皇后、并東宮渡御、早朝女方參入、西廂二間置唐匣御調度、御裝束給所也、御裝束了、人々參入、時刻御裝束給着座、公卿着座、次博士・尚復、依召、渡東池橋、對西面昇從階着座、博士押上、從南第二柱下着圓座、尚復着簀子敷圓座、當御座、次博士開書、次尚復開、次親王又開給、博士・尚復讀五字、不言文、己々未天、又了退出、次進上達部饌、次親王饌、御前物御臺六基、陪膳資平朝臣、次々殿上人四位・五位取之、用銀器、次置紙筆、召文章博士通直朝臣、令獻題、承仰退、書出獻之、題云、侍　先朝第三皇子初讀御注孝經、次召内藏權頭爲政朝臣、仰可序作由、次立文臺、唐廂西第一間押上後、殿上人・上達部中任管絃人々文臺母室上押上、北面群居講文、廣業朝臣講師、示大夫令次第、講了復本座、又有絃哥事、從文人給祿、納言綾褂・袴、宰相小褂・袴、殿上人無祿、是前例也、上達部饌折敷・高机、座用茵・土敷等、是依親王家事也、立明用近衞官人、賜疋見、未前從大内給孝經、青色羅・銀枝等也、資平朝臣御使、給女裝束、小舍人疋絹、其書以銀作文形、事了人々退出、御博士廣業朝臣、尚復文章生平定親也、博士褂・袴、尚復白褂一重、四位文人白褂・袴、五位單重、六位袴、

**八日**、甲申、主上有御惱、候內、日來御地《心》非例、今日重御坐也、

十日、丙戌、着陣座、令申文、御此院給初也、候宿、女方參入、
十一日、丁亥、從內早朝退出、參東宮、候宿、賴任朝臣公卿給持來、入夜外記元規來申、神今食申可參左兵衞督由、而只今申觸穢由不參者、仰云、入夜有障、以宰相行例如何、申云、去長德四年春宮大夫宰相時一人行之者、即仰云、奏聞此由、有被免、以右大弁令行、
十二日、戊子、大將日來有惱氣、而今日極重者、是時行欲愈歟、彼家物忌、仍到門外問案內、示重由、仍西門帥宮御方門開、仍彼方到、依有尙重由、以馬五疋、八幡・賀茂上下・祇薗・北野等令諷誦、宿大將家、
十三日、己丑、春宮大夫相示、令定荷前使等、臨曉行大將方、惱氣尙重、邪氣重見由、仍令成祈間、遷人頗宜、可立塔立願、巡方帶以一兩帶爲造、後其心地宜、宿大將家、
十四日、庚寅、大將心地今日無殊事、昨今日問來人有數、從內度〻有仰、入夜還來、
十六日、壬辰、參大內、候宿、荷前使立、
十七日、癸巳、從內外、行二條還、
十八日、甲午、大內秋季御讀經初、春宮大夫行之、依物忌不參、皇太后宮春秋御讀初、從內上卿參入初之、從去十月例講事指相不修、而今日以講師二人、三月析供養、
十九日、乙未、地獄變御屛風畫〻師等賜祿、
廿日、丙申、有官奏事、
廿一日、丁酉、御佛名初參入、

**廿二日**、戊戌、參慈德寺、齋食如常、寺別當實誓律師寺修治無幷、仍事了志馬一疋、參入上達部十一人、

**廿三日**、己亥、大內參御佛名、有御導師闕、事了後、以阿闍梨慧壽被補、件僧此度參初野臥、而從前者頗宜、仍被補也、行香後退出、

**廿四日**、庚子、皇太后宮御讀經結願、春秋御讀經一度被行(之、)春宮秋季御讀經初、其後人〻來、欲參中御佛名間、戌時許人云、有東宮晝御座火事者、乍驚人〻足參、火滅後、御簾一間・御帳帷一面・壁代一燒、天井火附、而殿上人滅了、

**廿五日**、辛丑、初秋季幷懺法讀經等、季堂、懺法住所、行香上達(部)兩所被來、其後參內、有官奏事、經通朝臣爲之、入夜退出、行堂會供養法、

**廿六日**、壬寅、送興福寺五十賀佛・經・卷數、使僧施褂(一)重、職掌人疋絹、自餘給信濃(布歟)、法性寺・極樂寺・慧心院・天台同卷數送、使等僧給單重一重、官司於法性寺修卷數、右少弁資業持來、賜大褂、

**廿七日**、癸卯、從勸學院、有官別當敦舒又同卷數・經等持來、賜祿、參大內、行直物事、又定陣座作宮國充、令勘申可入杣日・作造初日、返給下弁、撿挍太皇太后宮大夫・右大弁朝經、行事弁資業、史行信、後參上御前、仰云、可有御讓位日、令勘申者、着殿上、以資平朝臣、仰吉平令勘申、正月廿九日者、早朝宿所山階寺權別當少僧都扶公・少僧都林懷・已講明空・日觀・融碩・五師法師等來云、大內卌御賀御佛・御經・卷數・和哥等持參者、僧綱等相會、御佛等以頭中將資平、令奉覽、御佛・御經等返給、被仰可寺レ候由、卷數・和哥留御所、仰云、嚴寒間法師等參着由、悅尊比給者、各賜祿、僧都大褂一重、已講・五師黃衾各

一條、雑色人信濃各二端、三人、退出、

廿九日、乙巳、此月中旬小鳥群飛北數日、従午後及晩景、

〔註釈〕

**二日**、戊寅。御文初め[1]の文人等を相定む。庶政[2]に給ふ。

**四日**、庚辰。三宮[3]の御文初め。午上[4]、雨下る。東対[5]の南面二間・母屋の一間の西面に繧繝端畳[6]二枚・土敷二(枚)を(敷く)。茵一枚。御座の西面に文机[7]を立て、御文・点[8]の葉子等を置く。南唐廂[9]に公卿の座を敷く。西を上とし北面す。南廊[10]に殿上(人)の座を敷く。西は殿上人、東は文人。相対して之に着す。母(屋)[11]の御簾の中に皇(太)后[12]并びに東宮渡御す。早朝[13]に女方参入す。西廂[14]の二間に唐匣の御調度を置く。御装束し給ふ所なり。御装束[15]了んぬ。人々参入す。時刻に御装束[16]し着座し給ふ。公卿、着座す。次いで博士・尚復。召に依りて東の池の橋を渡りて、対の西面を階より昇りて着座す。博士押し上がり、南の第二の柱の下より円座に着す。尚復、簀子敷の円座に着す。御座[17]に当れり。次いで博士、書を開く。次いで尚復、又開く。次いで親王、又開き給ふ。博士[18]・尚復、五字を読む。文[19]、又ここまでを言はず。了[20]りて退出す。次いで上達部の饌を進む。次いで親王の饌。御前の物の御台[21]は六基。陪膳は資平[22]朝臣。次々に殿上人の四位・五位、之を取る。銀器を用ゐる。次いで紙筆を置く。文章博士[23]通直朝臣を召し、題を献ぜしむ。仰せを承りて退く。書き出して之を献ず。題に云はく、先朝[24]の第三皇子、初めて御注孝経を読むに侍す。次いで内蔵権頭為政[25]朝臣を召し、序を作るべき由を仰す。次いで文台に立つ。唐廂の西第一間に押し上ぐる後、殿上人・上達部の中、管弦に任ずる人々、文台を母室の上に押し上ぐ。北面に

群居して文を講ず。広業朝臣(26)、講師たり。大夫(27)に示して次第せしむ。講(28)了りて本座に復す。又弦歌の事有り。文人より禄を給ふ。納言は綾褂・袴。宰相は小褂・袴。殿上人禄無し。是れ前例なり。上達部の饌は折敷・高机。座は茵・土敷等を用ゐる。是れ親王家の事に依るなり。立ち明かし(29)は近衛の官人を用ゐる。疋見を賜はる。未前(30)に大内より孝経を給ふ。青色の羅・銀枝等なり。資平朝臣、御使たり。女装束を給ふ。小舎人(31)は疋絹。其の書は銀を以て文の形を作る。事了りて人々退出す。御博士は広業朝臣。尚復は文章生平定親なり。博士は褂・袴。尚復は白褂一重。四位の文人は白褂・袴。五位は単重。六位は袴。

**八日**、甲申。主上(32)御悩(33)有り。内(34)に候ず。日来(35)、御心地例に非ず。今日重く御坐すなり。

**十日**、丙戌。陣(36)の座に着す。文(37)を申さしむ。此の院(38)に御し給ひて初めてなり。候宿す。女方(39)参入す。

**十一日**、丁亥。内(40)より早朝退出す。東宮(41)に参る。候宿す。頼任朝臣(42)、公卿給(43)を持ち来たる。夜に入りて外記元規(44)来たり申す。神今食(45)に左兵衛督(46)参るべき由を申す、而るに、只今触穢(47)の由を申し、参らず、てへり。仰せ(48)て云はく、夜に入りて障り有り。宰相(49)を以て行ふの例は如何。申して云はく、去ぬる長徳四年(50)、春宮大夫宰相の時、一人之を行ふ、てへり。即ち(51)仰せて云はく、此の由を奏聞し、免さるること有らば、右大弁(52)を以て行はしめよ、と。

**十二日**、戊子。大将(53)、日来悩気(54)有り。而るに今日極めて重し、てへり。是れ時行(55)愈さんと欲するか。彼の家(56)は物忌、仍りて門外(57)に到り、案内(58)を問ふ。重き由を示す。仍りて西門帥宮(59)の御方の門を開く。仍りて彼方に到る。尚ほ重く有る由に依りて、馬五疋(60)を以て、八幡・賀茂上下・祇園・北野等に諷誦せしむ。大将家に宿す。

**十三日**、己丑。春宮大夫(61)に相示し、荷前使(62)等を定めしむ。暁に臨み大将の方に行く。悩気尚ほ重し。邪気(63)重く見ゆる由なり。仍りて祈りを成さしむる間、人(64)に遷すに頗る宜し。塔(65)を立つべき願を立つ。巡方(66)の帯、一両(67)の帯を以て、造り為す。後、其の[68]心地宜し。大将家に宿す。
**十四日**、庚寅。[69]大将の心地、今日は殊なる事無し。昨・今日、[70]問ひ来たる人、数有り。[71]内より度々仰せ有り。
夜に入りて[72]還り来たる。
**十六日**、壬辰。[73]大内に参り、候宿す。[74]荷前使を立つ。
**十七日**、癸巳。内より[75]外づ。[76]二条に行き、還る。
**十八日**、甲午。[77]大内の秋季の御読経を初む。[78]春宮大夫、之を行ふ。物忌に依りて参らず。[79]皇太后宮の春秋の御読(経)を初む。内より上卿参入し、之を初む。去ぬる十月より[80]例講の事、[81]指し相ひて修さず。而して今日、講師二人を以て、三月料を供養す。
**十九日**、乙未。[82]地獄変の御屏風画の[83]画師等に禄を賜ふ。
**二十日**、丙申。[84]官奏の事有り。
**二十一日**、丁酉。[85]御仏名初めに参入す。
**二十二日**、戊戌。[86]慈徳寺に参る。斎食常のごとし。[87]寺の別当実誓律師、寺の修治并び無し。仍りて事了りて馬一疋を志す。参入の上達部十一人。
**二十三日**、己亥。大内の御仏名に参る。[88]御導師の闕有り。[89]事了りて後、[90]阿闍梨慧寿を以て補せらる。件の僧、此の度初めて[91]野臥に参る。而して[92]前の者より頗る宜し。仍りて補せらるるなり。[93]行香の後、退出す。
**二十四日**、庚子、[94]皇太后宮の[95]御読経、結願す。[96]春秋の御読経、一度に之を行はる。[97]春宮の秋季の御読経を初む。其の後、[98]人々来たる。[99]中(宮)の御仏名に参らんと欲する間、戌時ばかりに人云はく、東宮の昼御座に火事有り、てへり。驚きながら[100]人々足にて参る。火滅する後なり。御簾一間・御帳の帷一面・壁代一つ焼け、天井に火付く。而るに殿上人滅し了んぬ。

**二十五日**、辛丑。秋季并びに懺法[101]の読経等を初む。季[102]は堂、懺法は住所[103]なり。行香[104]の上達部は両所に来らる。其の後[105]、内に参る。官奏[106]の事有り。経通朝臣[107]、之を為す。夜に入りて退出す。堂に行きて供養法[108]に会す。

**二十六日**、壬寅。興福寺[109]五十賀[110]の仏・経・巻数[111]を送る。使[112]の僧に褂一重[113]を施す。職掌の人には疋絹、自余には信濃布を給ふ。法性寺[114]・極楽寺・慧心院[115]・天台[116]、同じく巻数を送る。使等の僧に単重一重を給ふ。官司[117]、法性寺に於いて巻数を修し、右少弁資業[118]、持ち来たる。大褂[119]を賜ふ。

**二十七日**、癸卯。勧学院[120]より、有官別当[121]敦舒[122]、又同じく巻数・経等を持ち来たる。禄を賜ふ。大内[123]に参り、直物[124]の事を行ふ。又陣の座[125]にて、宮[126]を作る国充を定め、杣[127]に入るべき日・作造初めの日を勘申せしむ。返し給ひて弁に下す。検校[128]は太皇太后宮大夫[129]・右大弁朝経[130]、行事の弁は資業[131]、史は行信[132]なり。後、御前に参上するに、仰せて云はく、御譲位[133]有るべき日、勘申せしめよ、てへれば、殿上に着し、資平朝臣を以て、吉平[134]に仰せて勘申[135]せしむるに、正月二十九日[136]、てへり。早朝[137]、宿所に山階寺権別当少僧都扶公[138]・少僧都林懐[139]・已講明空[140]・日観[141]・融碩[142]・五師の法師等、来たりて云はく、大内[143]の四十の御賀の御仏・御経・巻数・和歌等を持ち参る、てへれば、僧綱等と相会す。御仏等、頭中将資平を以て覧じ奉らしむるに、御仏・御経等は返し給ひ、寺に候ずべき由を仰せらる。巻数[144]・和歌は御所に留む。仰せて云はく、厳寒の間、法師ら参着の由、悦び[145]尊び給ふ、てへり。各禄を賜はるに、僧都は大褂一重、已講・五師は黄衾各一条、雑色人は信濃(布)各二端。三人なり。退出す。

**二十九日**、乙巳。此の月の中旬、小鳥[146]群がりて北に飛ぶこと数日、午後より晩景に及ぶ。

（1） **御文初めの文人等を相定む** 「文初《ふみはじめ》」は、天皇・皇太子をはじめ皇族・貴族の男子が初めて漢籍の読み方を教えられる儀式。「書初」「書始」とも表記し、また「読書始」とも書く。使われる漢籍は平安時代中期には、ほとんど『孝経』で、しかも唐の玄宗皇帝の『御注孝経』であった。極めて形式的な儀式で、博士(侍読)と尚復が本人の前に着し、尚復の「文《もん》」という発声により、博士が「御注孝経序」と五文字を読み上げ、尚復が「ここまで」と声をかけ、尚復がもう一度「御注孝経序」と読み上げる。その後本人が読むこともあったが、この敦良親王の場合は発声していない。第二皇子の敦成親王の場合(長和二年十一月二十八日)も当日の『小右記』によれば本人の発声はない。『西宮記』第十一、皇太子書始に「尚復、唱文。博士読御注孝経序。尚復云、此許《ここまで》。次尚復読五字如先」、『江家次第』第十七、御書始に「次尚復称『文』、次博士開文読曰『御注孝経序』(漢音、此寛和例也)、次尚復云『已々万天』、次尚復又読曰『御注孝経序』」とある。中心の儀式はこれが全てである。その後、饗宴・管弦・作詩などが催される場合があった。敦良親王の読書始めの儀は、この年十一月九日に日時定めがあり、二十八日に博士・文人らの定めが既にあった(『御堂関白記』十一月九日・十三日・二十八日条)。この日の文人等の定めは補充的なものであったか。『小右記』十二月四日の読書始めの当日の記事に文人として、四位の為政・通直・如正、五位の輔尹・敦信・挙周・章信・義忠、文章得業生の藤原国成と文章生の平定親の名が挙がっている。

（2） **庶政に給ふ** 庶政は藤原典雅男。少納言兼皇太后宮大進。『御堂関白記』長和二年十二月二十九日条に「少納言庶政」、『小右記』長和五年正月二十九日条に「少納言庶政」、『御堂関白記』本年十一月十五日条に「従皇太后宮、大進庶政朝臣、先日経供養日雑物送文持来」、『小右記』長和五年六月二日条に皇太后宮大進二人として「藤原庶政、源行任」と見える。敦良親王の母としての皇太后宮彰子へ、この日決定された文人の名簿が道長から渡された。

（3） **三宮** 一条天皇第三皇子、敦良親王。母皇太后宮彰子。寛弘六年十一月二十五日生まれであるので、この年七歳。七歳の読書始めの例は、村上天皇(承平二年二月二十二日)・一条天皇(寛和二年十二月二日)・小一条院(長保二年十二月二日)・敦康親王(寛弘二年十一月十三日)・敦成親王(長和三年十一月二十八日)など多い。『源氏物語』桐壺に「七つになりたまへば、読書始《ふみはじめ》などをせさせたまひて」とある。

(4) **午上** 「午後」との対で午前のこと。『御堂関白記』長和五年七月四日条に「通夜雨降。従暁方風雨。午上如此。辰時許渡一条。此間猶風雨。午時還参」とある。

(5) **東対の南面二間・母屋の一間西面** 東対は、土御門第の東対。「南面二間」は分かりにくい。『小右記』によれば「母屋南一間、設皇子座」とあり、東対の母屋の部分の最も南の東西二つの柱間の内の西側部分が、敦良親王の座が設けられたことになる。

(6) **繧繝端畳二枚・土敷二(枚)を(敷く)、茵一枚** 敦良親王の座。『小右記』には「畳二枚、上敷二枚、茵西面」とある。繧繝端の畳は、天皇・皇后・親王などの料。高麗端の畳より高級である。「地敷《つちしき》」は『小右記』の「上敷」と同じ。繧繝端の畳の上にさらに同じ繧繝端の畳が二枚重ねられ、その上に薄い座布団様の茵が置かれた。

(7) **文机** 『小右記』は「黒漆案」とする。

(8) **御文・点の葉子** 親王の座の西面に置かれた机の上に載せられていたもの。『小右記』には「置御注孝経并点袋」とある。御文は『御注孝経』の恐らく巻子本である。点の葉子は、ヲコト点を示した点図の複数の枚。綴じられた冊子であったのか枚のままであったのか形態は不明。『小右記』当日条にいう「点袋」からすると、綴じられないままに複数枚が袋に入れられていたと考えることができる。『中右記』天永二年十二月十四日条に「昼御座立案、其上敷紙、置御注孝経一巻并点図、件点図在良朝臣進上、件小造紙有点図」、同大治二年十二月二十五日条に「置点図小草子」、『兵範記』仁安二年十二月九日条に「件点図五枚、先例或三枚」、『台記別記』久安三年十二月十一日条に「置点図色紙、小草子六枚許」、『小右記』長和三年十一月二十八日条に「是(置)御注孝経并点袋等」など、点図には綴じられた冊子と綴じられない枚のままのものとがあったことが窺える。「御文」は読書始めに用いられるテキスト。平安時代中期には、ほとんど『孝経』が使用され、それも必ず唐の玄宗皇帝の『御注孝経』が用いられる例になっていた。この日も『御注孝経序』の巻子本が置かれたはずである。

(9) **南唐廂** 東対の南の孫廂(角田文衞『紫式部の身辺』二三頁、昭和四十年)。

(10) **南廊に殿上(人)の座を敷く**　南廊は、東対から南へ、東中門に延びている廊。『小右記』当日条には「殿上人并文人座東廊」として、「東廊」と称しているが同じ場所である。『御堂関白記』寛仁二年十一月九日条に「此日左大将女子二人着袴、此暁渡、東対母屋立彼家帳、懸壁代、唐廂儲上達部座、其南廊敷殿上人(座)、(中略)其後数献後、召伶人東廊西簀子敷、数曲」と『小右記』同日条「伶人座敷対南庭、大殿云、可敷南廊西簀子者、伶人着座」は、土御門第の東対で行われた教通女子の生子(五歳)と真子(三歳)の着袴の式を伝えている。『御堂関白記』の中でも同じ場所を「南廊」と「東廊」の両方に言っている。この時の、唐廂に上達部の座、南廊に殿上人の座という室礼は、この日の敦良親王の読書始めの儀と同じである。

(11) **母(屋)の御簾の中**　『小右記』当日条に「母屋北隔二間東行懸御簾・壁代、副御簾立御几帳、其内母后御在所」とあり、母屋の北側二間を東西に御簾・壁代を懸け隔て、御簾の内側に几帳を立て並べて母后彰子の座と兄東宮の敦成親王の座とした。

(12) **皇(太)后并びに東宮渡御す**　皇太后宮彰子は土御門第の寝殿が、または東宮は西対が、それぞれ在所であった。

(13) **早朝に女方参入す**　女方は道長室倫子。道長とともにこの間の住まいは土御門第と同じ敷地内の小南邸であった。そこから参入したということ。

(14) **西廂の二間**　敦良親王の装束所。『小右記』は「同対西廂、従南第三間歟」とする。

(15) **御装束了んぬ**　この「御装束」は、東対の室礼のこと。

(16) **御装束し**　この「御装束」は、敦良親王の装束。当日の『小右記』によれば、親王はみずらを結った。

(17) **御座に当たれり**　『小右記』は、博士と尚復の座については「西廂南第一間北柱下少南去敷博士座菅円座、当其座少進北簀子敷尚復菅円座」としている。博士は西廂に、尚復の座は簀子に置かれたのであるが、『御堂関白記』によれば、二人の座は親王の座のある柱間に置かれていたということになる。

(18) **博士・尚復、五字を読む**　博士がまず「御注孝経序」の五文字を読み、その後尚復がまた「御注孝経序」の五文字を読み上げたということ。

(19) **文、又ここまでを言はず**　東宮敦成親王の読書始めを伝える『小右記』長和三年十一月二十八日条には「次尚復揚声云、文、次博士読云、御注孝経序、預開御書御覧、尚復云、古々万天、次尚復読云、御注孝経序」とあり、東宮の読書始めの際には「文」と「ここまで」を尚復は唱えている。『西宮記』巻十一、親王書始に「尚復不唱文・此許」とあり、『小右記』十二月四日条にも「尚復不称文及古々万天、天子・皇太子外不称云々、存前(例)歟」とあって、天皇や東宮の場合を除いては、尚復は「文」と「ここまで」を唱えないのが例であった。

(20) **了りて退出す**　一通りの正式の儀が終わった時点で、道長は儀式の場から退いた。

(21) **御台は六基**　『小右記』にも「六本、用銀器」とある。台は高坏のこと。『御堂関白記』長和二年八月二十五日条(禎子五十日)「御台六本、用銀器」、同十月二十日条(禎子百日)「御台六本、以沈香作之、有螺鈿」など、通過儀礼の本人の御膳は、高坏六本の例が多い。『源氏物語絵巻』の柏木第三段、薫の五十日の祝いの場面の絵にも、高坏六本が描かれている。

(22) **資平朝臣**　藤原懐平男。母源保光卿女。実資養子。正四位下左近衛中将兼備後権守・蔵人頭。三十歳。

(23) **文章博士通直朝臣**　大江澄江男。『大日本史料』長和元年十二月二十五日条に引く『元秘別録』の『小右記』逸文に「文章博士」として名が見え、寛弘九年の改元に当たり「長和」を勘申している。「文人・儒者として作文会の序を作り、献題し、呪願文の作成や宋天台山への返牒など、「御堂」「小右記」にその活躍はしばしば見える」(槇野廣造『平安人名辞典—長保二年—』、高科書店、平成五年)。

(24) **先朝の第三皇子、初めて御注孝経を読むに侍す**　第一皇子敦康親王の読書始め(寛弘二年十一月十三日)の題は「冬日陪於飛香舎、聴第一皇子始読御注孝経」(『小右記』『本朝麗藻』)であった。

(25) **為政朝臣**　慶滋保章男。『小右記』長和三年十月二十五日に「河内守」と見え、同長和四年四月二十二日に「内蔵頭」と見える。

(26) **広業朝臣**　藤原有国男。寛弘五年十月三十日に文章博士となっているが、寛弘六年正月二十八日に病のため辞任している。長和元年十月二十八日、任式部大輔。学才・詩才に優れる。この儀式の折は現職の文章博士ではなかったが「博士」を勧めたことは、『御堂関白記』の後文で明らかである。

(27) **大夫**　皇太后宮大夫の源俊賢。寛弘八年十二月十八日に皇太后宮大夫になっている。

(28) **是れ前例なり**　『小右記』当日条には「今日儀式依天徳九条記所行云々、是邑上先朝第四皇子例也」とあり、藤原師輔の日記の村上天皇第四皇子為平親王の読書始めの儀(天徳四年三月十九日)を準拠として行われたことが分かる。

(29) **立ち明かしは近衛の官人を用ゐる**　『小右記』当日条には「初主殿寮秉燭、依相府命、以近衛官人令改秉、給疋絹、計也主殿寮遺恨歟」とあり、初めは主殿寮の役人が立明を勤めることになっていたのを、道長の指示によって近衛の官人に替えられたことが分かる。そのことで、主殿寮の役人に遺恨の情があったと実資は記している。主殿寮の役人より近衛を用いることで儀式の格が高くなると道長が判断したものか。

(30) **未前に大内より孝経を賜はる**　儀式の始まる前に三条天皇から『御注孝経』が届けられた。『小右記』当日条には「此間蔵人頭資平為勅使参入、御注孝経 以銀作書形、以金為軸、中納言行成応召以、墨書外題云々 裏象眼 青色 、付五粒松枝、盛蒔絵筥蓋、小舎人持之、資平只執御書」とあり、『御堂関白記』の記事と合わせると、字は銀で書かれ、藤原行成筆の外題のある、金の軸の巻子本で、青色の羅で包まれ銀整の五葉の松の枝に結ばれている豪華なものであったようである。『小右記』は「聖主五体不悦之間、以無例之銀書賜書(始)所如何、無興之比歟、又管弦之事、識者不甘心歟」として、三条天皇の不例の続く折に、前例のない銀書が届けられたことや管弦会の催されたことを批判している。

(31) **平定親**　平理義男。二十一歳。後に正四位下。文学博士・右大弁・式部大輔に進む。

(32) **主上**　三条天皇。三十九歳。寛弘八年十月十六日即位。

(33) **御悩**　この時の三条天皇の病気が眼病であったということは有名。三条天皇は眼病の他、寛弘元年には霍乱、長和三年には歯病も患っている(『御堂関白記』)。

(34) **内**　道長第の枇杷殿。三条天皇は九月二十日に新造なった内裏に遷御したばかりであるが、その新造内裏が十一月十七日に焼亡し、道長の枇杷殿を仮皇居としていた。

(35) **日来、御心地…**　三条天皇の眼病が非常に悪化してきた。三条天皇の眼病が悪化の兆しを見せるのは長和三年三月頃からで、同年三月一日には「近日片目不見、片耳不聞」(『小右記』)という状態となり、本年四月十三日には「今日所悩給御目殊暗云々」(『御堂関白記』)、さらに同年八月二日には天皇の眼疾の間、道長に官奏を見るべき旨の仰せ(『御堂関白記』)があるまでに至った。そして、この十二月には天皇の目は最悪の状態となり、道長の圧力もあり、遂に翌年一月に譲位を行う。

(36) **陣の座** 仗座とも言われる。平安時代の中頃からは、政務は左右近衛の陣に公卿が着座して審議する陣定(仗議)の形式が一般的となっていた。左近衛陣は宜陽殿の西庇、右近衛陣は校書殿の東庇に設けられていた。この時は『小右記』に「左仗」とあり、左近衛陣で行われたことがわかる。

(37) **文** 陣座で取り扱う陣申文を指す。審議の手はずとしては、公卿会議を行い、申請された文書を上卿が上奏し、摂政または大臣が天皇の意見を仰ぎ、宣下する。そのまま処理して良いものには大弁に加署させて官符を作成させるというのが一般的であった。また、『西宮記』によると、大納言・中納言の上卿と、一上に申す文について挙げており、諸寺別当の補任・改姓・神位授与の文は大納言・中納言の上卿に、位禄・王禄・大粮、異国人来着の文に関しては一上となっている。この時の陣の申文は『小右記』同日条によると、各官庁の下級職員に支給される食料についての大粮文であったことがわかる。すなわち、一上が取り扱う申文であった。

(38) **此の院** 道長第の枇杷殿。十一月十七日の内裏焼亡により、三条天皇は十一月十九日に太政官朝所から枇杷殿に遷っている。なお、長和三年四月の内裏焼亡の際にも三条天皇は枇杷殿に遷御している。

(39) **女方** 道長室倫子。

(40) **内より** 前日候宿しているから、早朝に自邸に帰った。この時の道長の居所は土御門第である。

(41) **東宮** 敦成親王。母道長娘彰子。八歳。東宮は十一月十七日の内裏焼亡により、一時太政官朝所へ、十九日に道長の土御門第へ遷っている。なお、土御門第には東宮の母である彰子も居住している。

(42) **頼任** 藤原頼任。文章生から蔵人・内記・右衛門佐・検非違使などを歴任している。『小右記』長和四年五月十一日条には「右衛門権佐」と見える。道長娘の妍子の中宮権大進、同じく妍子の皇太后権大進を勤仕する。妍子が死去した際には遺骨を抱いて木幡まで行っている。

(43) **公卿給** 年官のこと。年官は皇族・公卿に与えられた官職の推薦権・任命権で、給付された人物には任料が入った。俸禄の一種。建て前としては京官の給付は行われなく、地方官が充てられた。『除目抄』には「内給　掾二人、目三人　太政大臣　目一人、一分三人　左大臣目一人、一分二人」と記されている。

(44) **元規**　源元規。詳細については不明であるが、本年十二月二十六日に行われた法性寺での道長五十賀の法会では堂童子を勤めている(『江家次第』)。

(45) **神今食**　六月十一日と十二月十一日の月次祭の夜に行われる行事で、通常は中和院で催される。天皇が神とともに神饌を食する儀式。『本朝月令』によれば、霊亀二年より始まるというが、史料として確実なのは延暦頃からと思われる。

(46) **左兵衛督**　藤原実成。公季男。この時は権中納言左兵衛督・検非違使別当。

(47) **参るべき…**　実成が神今食の上卿として参上すべき旨を言っていたのであるが、急遽、穢により参上出来ないと言ってきた。

(48) **仰せて云はく…**　ここからは元規の報告を聞いた道長の指図。

(49) **宰相を以て…**　この時、実成は権中納言である。その権中納言に故障が生じたのであるから、参議が神今食の上卿を行った例があるかどうかを問うた。

(50) **長徳四年…**　長徳四年、藤原斉信が参議春宮大夫の時に、一人で神今食の上卿を勤めた例があることを、元規が道長に報告した。長徳四年の例については、『御堂関白記』『小右記』『権記』などにはなく、『日本紀略』に見える。『江家次第』などによると、神今食は、正式には納言クラスの上卿、その下に参議・弁官などが行事を勤めたようで、「上卿一人例」「参議一人例」などが異例として記載されている。また、長徳三年十二月十一日の神今食も参議一人が上卿を勤めたようで、「神今食参議一人着行之例希有也」(『小右記』同日条)とある。

(51) **即ち…**　ここでは道長の指図。参議一人の上卿の例のあることを天皇に奏上し、勅許があれば、右大弁を以て執行させなさい、の意。

(52) **右大弁**　藤原朝経。朝光男。長和元年右大弁、長和元年右大弁、長和四年参議。

(53) **大将**　頼通。この時、権大納言左兵衛大将。

(54) **日来…**　『小右記』によれば、頼通は十二月八日頃より「頭打身熱」という状態になり、十二日に「万死一生」の重体に陥った。

(55) **時行**　疾病・流行病のこと。長和四年は三月・六月に疾病が猛威を振るい、「天下咳病、又疫癘屢発、死者多矣」(『日本紀略』長和四年三月二十七日条)、「近日疫死者不可計盡、路頭死骸連々不絶、五位已上及十余人、亦病輩多有其聞、自賤及貴歟」(『小右記』長和四年六月十一日条)と見える。

(56) **彼の家は物忌**　『小右記』同日条によれば、「彼家有犬死穢」と見え、犬死穢であったことがわかる。

(57) **門**　この時の頼通の邸宅は土御門南・高倉西に位置した高倉第。元は高階業遠の邸宅であったものを道長が購入し、頼通の中心的な邸宅となった。

(58) **案内…**　頼通邸は物忌で入ることが出来なかったので門の外で容態を聞いたところ、やはり重体とのことであった。

(59) **帥宮**　一条天皇の第一皇子、敦康親王。母中宮定子。定子の死後は彰子が養育していた。また頼通室隆姫の妹と結婚していた関係もあってか、頼通の高倉邸に同居していたようで、「被坐同家」(『小右記』寛仁二年十二月十七日条)、「年来同家」(『小右記』寛仁二年十二月二十四日条)などと見える。この十二日の条によれば、その居所は高倉邸内の西門付近であったことがわかる。

(60) **馬**　『小右記』同日条によれば、「櫪馬」すなわち道長邸の厩にいた馬を頼通の病気平癒を祈るために遣わしたとある。

(61) **春宮大夫**　藤原斉信。為光男。正二位権大納言。四十九歳。寛弘八年六月十三日、敦成親王の東宮大夫となっている。

(62) **荷前使**　荷前は毎年、諸国から貢献された産物などを幣物として、天皇の山陵に献じる儀式。清和天皇の頃より、十陵四墓ないし八陵に固定したようであるが、対象となる山陵は現天皇との関係などから変化がある。この日は道長が斉信に命じて、その使を定めさせた。『小右記』同日条によれば、「藤原斉信・藤原公任・藤原行成・源経房・藤原通任・源頼定・藤原公信・藤原朝経」が荷前使に定められているが、故障を申し立てる者も多く、勤めたのは結局「斉信・公任・通任・朝経」の四人であった。

(63) **邪気**　頼通の病気については、単に「時行」のみではなく、安倍吉平の占いによると、「時行と邪気が交ざるか」ということで、物の怪・怨霊のようなものも原因であるとされている。その怨霊については藤原伊周という説(『小右記』長和四年十二月十二日条)や、三条天皇皇女禔子内親王の頼通への降嫁話を恨む故具平親王(頼通室隆姫父)という説もある(『栄花物語』巻十二)。

(64) **人に遷す** 『小右記』には「霊気移人被調伏」とある。当時、邪気・霊を他人に移して、一種の依りましとして、霊自身に恨みの根源を話させたり、退散を呼び掛けたりする方法がよく用いられた。その際、霊を移される人間は「うつすべき人」などと表現されている。『枕草子』の「前の木高う、庭ひろき家」の段は、特に霊を移す様子について詳細である。

(65) **塔を立つべき** 頼通の病気平癒のために塔を立てる願を思い立った。実際の大きさなどは不明。

(66) **巡方の帯** 男子の袍の上からする革帯で、飾りに付けた石の形によって、巡方(四角)と丸鞆(丸形)に分かれ、それぞれに有文と無文とがあった。

(67) **一両の帯を以て** 巡方の帯一、二を価に代えて、塔を立つ費用とした。

(68) **其の心地宜し** 種々の祈りの効果が現われたのか頼通の病状は快方に向かった。『小右記』も「左将軍病已平復」(長和四年十二月十四日条)と記している。

(69) **大将の心地** 大将は藤原頼通。当時、正二位権大納言・左兵衛大将・春宮権大夫。二十四歳。頼通の病気については本年十二月十二日条参照。

(70) **問ひ来たる人数有り** 『小右記』十二月十四日条によれば、この日、少なくとも資平は頼通邸を訪れていたことが推測できる。

(71) **内より度々仰せ有り** 三条天皇から頼通の病状についてお尋ねがあった。

(72) **還り来たる** 道長が頼通邸から自邸に戻った。この時の頼通邸は高倉第であるが、一方道長は、本年十一月十七日の内裏焼亡によって、同十九日に天皇が枇杷殿に、東宮敦成親王が皇太后彰子の御所である土御門第に遷ったため(『御堂関白記』)、土御門第内の小南第を居所としていた(『小右記』長和四年十二月二十四日条他)。

(73) **大内** 前註に記したように、この時の内裏は枇杷殿(鷹司南・烏丸東)。

(74) **荷前使** 毎年十二月、諸国から貢納される調・庸などを特定の陵墓に奉献をする儀。天皇の直接の祖先にあたる陵墓に対する「別貢幣」と、それ以外の「常幣」に分かれるが、本条の「荷前使」は前者に派遣される参議以上の使者を指す。『御堂関白記』十二月十三日条に春宮大夫藤原斉信が上卿となって荷前使を定めたとあり(『小右記』同日条も同じ)、『小右記』同日条は荷前使について、「大納言斉信・公任、中納言行成・経房、参議通任・頼定・公信・朝経、班幣所左大弁道方」と記し、さらに『小右記』十六日条に、「今日公家荷前、後聞、中納言行成・経房、参議頼定・公信申障、只大納言斉信・公任、参議通任・朝経四人勤使節云々」とある。

(75) **外づ** 古写本では「外」の右傍に「レ」という疑問符を付しているが、寛弘二年三月二十七日条「申外内印諸司不具由」(自筆本)、寛仁元年正月二十七日条「外穏座」(古写本)などの例から分かるように、『御堂関白記』ではしばしば「外」が「出」と同じ意味に用いられている。

(76) **二条** 道長の二条第。藤原教通の大二条殿(二条南・東洞院東の南北二町)の北、二条北・東洞院西の一町を占める邸宅。藤原威子の入内(寛仁二年三月七日)に備えて修造され、道長から威子に伝領、その後威子の女章子内親王、大江匡房へと伝領された(野口孝子「道長の二条第」『古代文化』第二十九巻第三号、昭和五十二年)、川本重雄「小二条殿と二条殿—道長の二条殿と教通の二条殿—」(『古代文化』第三十三巻第三号、昭和五十六年))。修造の記事は『御堂関白記』長和二年十月十三日条から見え、長和四年に入ると三月二十四日条をはじめ、道長が作事を見に行く記事が頻出する。本条もその一つであるが、結局道長が二条の新宅に渡ったのは寛仁元年十一月十日であった(『御堂関白記』同日条)。

(77) **大内の秋季の御読経** 『江家次第』巻五、季御読経事に「季御読経、春秋二季、請百僧於南殿、読大般若経、其内定御前僧廿口、於御殿読仁王経、納言・参議各一人、着南殿行事、自余皆候御殿、貞観御時毎季行之、元慶天皇践祚之後、二季修之」とあり、通例は二月・八月に行うが、本条のようにずれる場合も多かった。今回の結願は二十一日(『小右記』同日条)である。

(78) **春宮大夫** 藤原斉信。

(79) **皇太后宮の春秋の御読(経)** 皇太后は道長女彰子。二十八歳。註(70)に記したように、当時の御所は土御門第で、東宮敦成親王と同居していた。『御堂関白記』二十四日条に「皇太后宮御読経結願、春秋御読経一度被行之」とあり、二季分の御読経を合わせて行ったことが分かる。

(80) **例講**　毎月十八日もしくは晦日に行われる例講。初見は長和二年三月十八日条。ここでは十月・十一月・十二月の三か月分を一度に行っているが、このような例としては、他に寛仁二年五月三十日条(三か月分)、同年八月二十九日条(二か月分)がある。但し、講師二人という例は他に見えない。

(81) **指し相ひて**　差し支えがあって、の意。

(82) **地獄変の御屏風画**　地獄変相(地獄の様々な姿)を描いた屏風。『政事要略』巻二十八、御仏名事に引く蔵人式(寛平蔵人式か)によれば、仏名会当日の清涼殿の舗設として「孫廂南第一間至第六間立御屏風六帖、亦南妻立一帖、並地獄御屏風」とあり、二十一日から始まる仏名会のために準備されたものらしい。

(83) **画師**　『西宮記』巻六、御仏名の蔵人による準備に関わる記述に「画所、御屏風」とあり、これが地獄変の屏風であるとすれば、蔵人所管下の画所に所属する画師ということになる。

(84) **官奏**　本年十月二十七日に、三条天皇の眼病により、道長が摂政に准じて除目・官奏等を行うようにという宣旨が下され(『御堂関白記』『小右記』同日条)、その後十一月二十八日に初めて実際に官奏を覧ている(『御堂関白記』同日条・『小右記』十一月二十七日条)。なお摂政に対する官奏の作法については、『西宮記』巻七、官奏や『江家次第』巻九、官奏に、弁官が摂政の宿所或いは里亭に赴き、文書を奏するとある。

(85) **御仏名**　「三却三千諸仏名経」に基づき、毎年十二月中旬の三昼夜にわたり、内裏清涼殿で過去・現在・未来の三千仏名を唱え、その年の罪障を懺悔し、国家の安寧、皇室の息災などを祈願した法会。年中行事として定着したのは、承和五年元興寺僧静安の発願で、清涼殿において願安・実敏・道昌らにより三昼夜にわたって内裏仏名懺悔が行われてからである。仁寿三年従来行われていた十二月十五日から十七日を、十九日から二十一日に改め、以後恒例となった。貞観十三年に静安の弟子賢護は、仏名会のために一万三千仏を描いた画像七十二幅を作り、内裏・太政官や五畿内七道諸国に分置し、仏名会の本尊として祈修された(『日本史大事典』平凡社、平成五年、堀池春峰氏執筆)。なお期日については、『北山抄』巻二、御仏名事に「十九日、御仏名事、今日以後三ヶ日間、択吉日始行」とあるように、十九日以降の吉日から始められることになっており、必ずしも十九日開始とはされていない。各日の行事はそれぞれ初夜・半夜・後夜からなり、請僧が一定の基準で導師・唄・散花などの諸役を勤めた(『西宮記』巻六、『江家次第』巻第十一等)。また、東宮や中宮・諸家でも仏名会が行われており、本年は十七日に太皇太后宮藤原遵子(『小右記』)、二十四日に中宮藤原妍子(同)、二十六日に皇太后宮藤原彰子(『江家次第』巻第二十所引『左経記』)、二十八日に東宮敦成親王(『小右記』)の御仏名が行われている。

(86) **慈徳寺** 現京都市山科区北花山にあった寺。東三条院藤原詮子により長保元年八月二十一日落慶供養(『小右記』同日条)。詮子は同三年閏十二月二十二日に没したが、以後道長は詮子の忌日に結願を併わせて、慈徳寺で法華八講を行っている。

(87) **寺の別当実誓律師** 天台宗延暦寺僧。左京の人。天台座主覚慶・院源の弟子。当時四十四歳。寛弘八年四月二十七日、院源僧都の譲りにより権律師に任じられ(興福寺本『僧綱補任』)、長和元年九月二十二日慈徳寺別当となる(『御堂関白記』同日条)。長和年間以降、道長家の例講や法華三十講などの講師をしばしば勤めている。

(88) **御導師の闕** 導師は法会で衆僧の首座として儀式を主催する僧。『西宮記』巻六、御仏名に「頭於御前、定御導師・次第僧、御導師三人、次第三人、御導師有闕之時、竟夜、頭仰一御導師、或兼載請書」とあり、定員は三名だったようだが、『江家次第』巻第十一、御導師僧名定文書様によれば、この内一名は権御導師とする場合もあったらしい。御導師に欠員が生じた場合、上に掲げた『西宮記』に「御導師有闕之時、竟夜、頭仰一御導師」とあるように、三日目の夜に欠員を補充した。この時期の実例としては、『小右記』永観二年十二月二十一日条、『権記』長保五年十二月二十五日条、『御堂関白記』寛弘元年十二月二十一日条、『小右記』万寿元年十二月二十二日条などがある。

(89) **事了りて後** 御導師の闕を三日目の夜のどの時点で補したかについて、『政事要略』巻二十八、御仏名事に引く『清涼記』は「結願之後、王卿侍臣行香如常、若有御導師闕、或此間被補之」とし、『小右記』同日条では

「入夜資平来云、今夜可被補御導師、其事申左相府、欲退出之時仰之者、先例不然、法用彼〔後〕仰之、但左右只可随彼命之由仰之、(中略)後資平云、阿闍梨慧寿今年始召、被補御導師、給禄後仰一御導師、伝仰其由、慧寿執草座着野臥上者、法用後即可仰歟」とある。『西宮記』によれば、仏名会の三日目の式次第は、梵唄・散花・梵音→仏名・教誨・拝経・礼仏等→錫杖(ここまでが『小右記』のいう「法用」と考えられる)・御導師への被綿→王卿による行香→僧への賜禄・退出→名謁→宴となっており、『清涼記』や実資によれば、行香の前に補すべきものと考えられていた。『御堂関白記』でも、行香の前にこの記事があるので、一見『清涼記』等の見解に一致するが、『小右記』を見ると、実際には僧の賜禄の後に行われ、これが実資の批判するところとなったらしい。

(90) **阿闍梨慧寿** 『尊卑分脈』に藤原為国男、天台宗延暦寺僧とある恵秀と同一人か。但し、興福寺本『僧綱補任』では、長久元年法橋となった恵秀を少納言藤原朝典の子とする。いずれにしても慧寿は、仏名会の御導師として諸記録に頻繁に現われ、『春記』長暦二年十二月二十四日条・同二十六日条・同三年閏十二月二十一日条・長久元年十二月二十六日条などでは「第一定額」とされている。これについては、『江家次第』巻第十一、御仏名の頭書・裏書に、「御導定額一、定額二」「初夜御導師一二、唄三、散花次第一二」などと記されており、御導師の序列を示すものらしい。『春記』長久元年十二月二十八日条では、長年御仏名御導師を勤めたことによって法橋上人位を望み、これが許されたとある。

(91) **野臥** 本来野臥は、山野に露宿して修業する僧のこと。野臥と仏名会との関係については、仏名会の発端に関する説話的史料である『帝王編年記』承和五年条に、仏名を聴聞に来て内裏の野芝の上に臥せていた僧を導師として召したという記事があり、他にも『権記』長保二年十二月十九日条・『小右記』寛弘八年十二月十九日条などに見える。この野臥と仏名との関係については、和歌森太郎「仏名会の成立」(『修験道史研究』所収、平凡社、昭和四七年)三七五頁以下、山中裕『平安朝の年中行事』(塙書房、昭和四七年)二八四頁以下を参照。

(92) **前の者より頗る宜し** 「前の者」とは欠員の原因となった御導師の前任者なのか、前年の仏名会に野臥として参加していた者なのかは未詳。『権記』長保二年十二月十九日条に「至于野臥非有定事、為試其能臨時所召也」とあることからすると、野臥は必ずしも毎年参加していたわけではないようであるが、註(87)に引用した『小右記』同日条の「阿闍梨慧寿今年始召、被補御導師、給禄後仰一御導師、伝仰其由、慧寿執草座着野臥上者」という記事からすると、この時期の仏名会には野臥の座が設けられており、慧寿はこれに今年初めて召されたと解することができるので、後説が妥当か。

(93) **行香**　註(87)にも記したように、『西宮記』巻六・『北山抄』巻二等によれば、錫杖文が誦され、御導師に被綿を賜わった後、王卿・侍臣が行香するとある。

(94) **皇太后宮**　藤原彰子。道長女。母源倫子。二十八歳。

(95) **御読経**　彰子の春秋の御読経は、十二月十八日から(『御堂関白記』)、彰子の在所である土御門第の寝殿で行われていた。なお、『小右記』には「仍参皇太后宮、未終許、卿相未参、仍参左相府号小南、即宮内、謁談、有御譲位・青宮等事、事可早々、李部宮可立給東宮、不可申左右、唯甚多不便事等者」とあり、興味深い。

(96) **春秋の…**　春と秋の季の読経を一度に行うという記事は『御堂関白記』には他に例がない。

(97) **秋季の御読経**　東宮の在所である土御門第の西対で行われた。『小右記』は当日の様子を「光景頗傾、又参皇太后宮、卿相着御前座、諸僧参上、日没行香、了着饗座、一献了参東宮御方、入昏御読経始、秉燭行香、卿相着殿上饗」と記している。

(98) **人々**　『小右記』によると「今日参入卿相、大納言斉信・公任、中納言俊賢・教通・経房・実成、参議通任、従皇太后宮早出、依皇后宮御読経歟、三位中将能信、参議頼定・公信」「今夜中宮御仏名、彼是可参入諸卿参相府、下官又不可参、独参中宮祗候可無便宜、仍触案内於彼宮大夫経房卿退出」とあるように、実資以外の諸卿は皆、東宮の御読経の後、中宮の御仏名には参加せず、道長のいる小南邸に行ったのである。

(99) **中(宮)**　藤原妍子。道長女。母源倫子。二十二歳。在所は枇杷殿。

(100) **足にて参る**　「足参」という表現は『御堂関白記』には他に一例、本年十一月十七日の内裏焼亡の記事に見える。「亥時許人為職、申云、有内裏火出来者（中略）馳参間、従南廊焼、宣陽門南方許焼、仍馳北陣方、入中重(中略)問御在所、御後涼殿西馬道口云、足参」と、「足参」が「馳参」と照応して用いられており、内裏の中での徒歩での移動を表している。両例ともに火事という状況において用いられているので、あわてて走っていくというようなニュアンスがあると考えられる。

(101) **懺法**　経を読誦して、自己の犯した罪障を懺悔する儀式。『源氏物語』御法巻には「やがて、このついでに、不断の読経懺法など、たゆみなく尊き事どもをせさせたまふ。御修法は、ことなる験もみえでほど経ぬれば、例の事になりて、うちはへさるべき所どころ寺寺にてぞさせたまひける」と、紫上の病気平癒を願って行われている懺法の例が見られ、『栄花物語』巻第二十六、楚王のゆめでは、「法興院の北に、別当坊といふ屋に、御車ながらかき下しておはしませ給。（中略）殿の御前、御殿籠らぬままに、うちおはしましつる御車の前板といふ物に押しかかりて、何事にかあらん、うち泣きて泣く泣く宣はせつつ明させ給。その後、暁には懺法、夜さりには御念仏と、さるべき僧ども具しつつ、御車をまはらせ給ふ。」と、亡くなった嬉子の往生浄土のために懺法が行われている。また、『御堂関白記』には「以僧五口初懺法、依可今年慎、年内可修也、是為滅罪生善也」（寛弘八年三月二十一日条）と、滅罪生善のためとする例もある。このように、病気平癒・往生浄土・滅罪生善の願いをこめて営まれる懺法を、道長はしばしば行っている。『御堂関白記』には、道長の修した懺法は当条以外に五例見られ、中でも、寛弘七年十二月二十二日条と長和元年十二月二十二日条は、当条と同じく秋季の読経とともに行われていて注目される。

(102) **季は堂**　道長の秋季の読経は土御門第の堂で行われたのである。

(103) **住所**　道長の住まいは土御門第と同じ敷地内の小南邸。

(104) **行香の上達部**　『小右記』によると「中納言俊賢・行成・懐平・教通・頼宗・経房・貫成、参議兼隆・通任、三位中将能信、参議頼定・朝経」である。『小右記』には「参相府読経、被出客亭、暫清談、着仏前座、行香了欲退出之間、以左衛門督被示参来之事、下官独身参内、卿相不参内云、相府御読経亦於堂被行、可会彼読経始者、余不可趁両所、仍参内耳」とあり、懺法の後秋季の読経が行われ、諸卿は道長第の秋季の読経に参加するため参内せず、実資一人参内したことがわかる。

(105) **其の後**　懺法が終わって、秋季の読経が始まるのを見届けた後、の意。

(106) **官奏の事**　准摂政として、道長が直廬で行った官奏。『小右記』には「左大弁道方一人参入、今日可有官奏者、左相府被参入云々」とあり、道方がこの日の官奏に大弁として奉仕していたことがわかる。

(107) **経通**　藤原懐平男。母源保光女。正四位下左中弁春宮亮播磨権守。三十四歳。経通は長和四年十一月二十八日の道長の准摂政としての初めての官奏にも「初外記庁政、依先日宣旨、見官奏文、如摂政儀、宿所東面見之、左中弁経通以広業令申奏由」(『御堂関白記』)と、奏者の弁として奉仕している。『江家次第』巻第九、摂政時官奏によって奏者の弁経通の当条での職務内容をまとめると以下のようになる。①大弁とともに結政所か床子の座において官奏の文を見る。②史とともに摂政の宿所に赴き、官奏のことを摂政に伝える。③史から渡された文書を摂政に奉る。④摂政が見終わった文書を受取る。⑤文書を一通ずつ開き、結申する。⑥摂政が裁可を下すと称唯し、その文書を巻く。⑦全文書について⑤⑥を繰り返す。⑧全文書を巻き束ね退下する。⑨史に文書を渡す。⑩東庇において、奏された文書を史から受取る。⑪一通ずつ文書を開いて見た後、史に渡す。⑫史が文書を開いて弁の気色を伺うのに対して奏報を仰す。⑬全文書について⑪⑫を繰り返す。⑭史は文一枚を開いて「成レル文某枚」と申す。⑮史に結緒を渡す。

(108) **供養法**　密教において仏・菩薩・天部などへの供養のために行われる行法。『御堂関白記』では、「読経結願、供養法請僧例年多以闕、而今年初日廿口来、是如本意進道、心中願已満足」(寛弘元年十一月二日条)、「読去年秋季読経、供養法」(長和元年八月十九日条)、「家読経初、件読経去年秋季也、有供養法」(本年三月二十九日条)と、全て道長第の秋季の読経で行われている。

(109) **興福寺**　道長四十賀の時にも「従興福寺賀巻数并経四十巻・筥・下机覆等具」(『御堂関白記』寛弘二年十二月二十八日条)と、興福寺から巻数等が贈られている。また、『御堂関白記』本年十二月二十七日条には、三条天皇の四十賀に興福寺が巻数等を奉っている記事が見える。『小右記』長和四年十二月二十四日条には「事次申山階別当事、命云、道理雖在僧都林懐、必有不治歟、権別当僧都扶公有修治之称者、頗有猶豫気、又命伝、賀事故定澄僧都云、只委扶公所令行也、定澄遷化後、弥在扶公、此間任他人、事有脱漏歟、仍不任之間、又多思慮者、今見気色、林懐已雖当道理、深有不治疑歟」とあり、道長は算賀に支障があることを恐れて、興福寺の別当の補任を躊躇していたことがわかる。

(110) **五十賀** 道長は康保三年生まれ。本年十月二十五日には彰子による五十賀の法会が行われていた(『御堂関白記』)。

(111) **巻数** 願主の依頼に応じて読誦した陀羅尼・経文の名目と度数を書いた目録。『小右記』長和四年十二月二十九日条に、延暦寺から贈られた道長五十賀の巻数に関して「巻数文宣義作、納筥、裹唐牙眼、付五粒松枝云々」とあり、参考になる。

(112) **使の僧** 『小右記』によると三綱一人。

(113) **褂一重** 道長四十賀の時の興福寺の使の僧への禄は、法性寺等他の寺の使の僧と同じく「僧一人単重、今一人疋見」(『御堂関白記』寛弘二年十二月二十八日条)であった。『小右記』長和四年十二月十七日条には「資平伝左相府命云、山階寺賀使禄事不知前例、在清慎公御記歟、可写送者、略書出奉之」とあり、道長が興福寺の使の僧への禄に気を配っていたことがわかる。

(114) **法性寺…** 法性寺は、藤原忠平が創建した寺。極楽寺は藤原基経が建立を始め、時平が父の遺志を継いで完成した寺。寛弘二年十二月の道長四十賀の時も、法性寺は二十日、極楽寺は二十三日に巻数を贈っている。

(115) **慧心院** 藤原兼家が父師輔の遺志を継いで建立した延暦寺の塔頭。後に源信がここに住した。道長四十賀の時には、『御堂関白記』に慧心院からの巻数の記事はなく、法興院から巻数が贈られたことが記されている(寛弘二年十二月二十日条)。

(116) **天台** 延暦寺は『御堂関白記』では「山」と記されることが多く、「天台」と書かれているのは、他に寛弘二年十二月二十日条(道長四十賀)だけである。『小右記』には「延暦寺無奉内御賀并左大臣賀之聞、如何、可尋」(十二月二十六日条)、「後日聞、去二十七日、延暦寺俄以百口僧、為左相府、令奉読寿命経五千巻、則是賀五十算、今日奉巻数」(十二月二十九日条)とあり、延暦寺からの巻数は、二十六日ではなく、二十九日に贈られたことがわかる。長和五年正月四日には「従今日、以山座主令行修法者、其次有座主事等、既有和解気、遷有褒誉、年来多不快、今被平和歟」(『小右記』)と和解しているが、

『小右記』長和四年八月二十二日条に「日来左府依普賢院事、（普賢院、故関白北方建立処也、）与山座主御中不宜、座主解却彼院別当之事也」とあるように、普賢院別当のことにより、道長と慶円が不和になっていたことが、延暦寺の巻数だけが遅れてしまった原因だと考えられる。『小右記』長和五年正月十四日条に「天台座主光臨、清談次云、昨日左相国修善結願、深有和解、又云、去十二月廿七日為賀左相国五十算、俄以百口僧、奉転読寿命経五千巻、晦日奉巻数」とある慶円の言葉からも、道長と慶円の確執が、延暦寺の道長五十賀に関する対応に関わっていることを確認できる。実際は二十九日に贈られた巻数を、二十六日に贈られたと記している『御堂関白記』の記述は明らかに誤りであるが、道長の慶円に対する年来の不快の念を考えるならば、不愉快な出来事をありのままに記したくないという思いからの、意図的な誤記とも考えられる。

(117) **官司**… 法性寺五大堂において行われた太政官による道長五十賀の様子は、『江家次第』巻第二十、太政官賀執柄算事に詳しい。大弁以下少納言、外記史、外記史生、左右弁官、史生、官掌等が参会し、法性寺の座主慶命僧都を講師として行われた賀の次第を、『江家次第』によってまとめると以下の通りである。①未刻打鐘。②参会者仏前の座に着座。③導師慶命礼盤に着す。④堂童子花筥を配り散花。⑤左大弁以下行香。⑥左少弁白褂一重を導師に施し、右少弁白褂一重を咒願賀算に施す。⑦巻数を書く。また『江家次第』には「中宮於法性寺五大堂始従今日、可被修五十ケ日御修法、同為殿下御賀也」と、他の記録に見られない記事がある。

(118) **右少弁資業** 藤原有国男。母橘仲遠女徳子。蔵人左衛門権佐。二十八歳。『江家次第』には、「右少弁令持弁侍則成持参左府、備中前司国平朝臣奉覧」とある。また、『江家次第』によると、資業がこの日の諷誦文を草案し、左大弁道方が署名を加えた。

(119) **大褂** 『江家次第』には「以白大褂一領給弁」とある。

(120) **勧学院** 勧学院による藤氏長者への算賀の例としては、『日本紀略』延喜十九年十二月二十五日条に、藤原忠平の四十の賀について「勧学院賀右大臣四十算」とある他、同延長七年十二月十四日条に左大臣忠平の五十の賀、天徳三年十二月十五日条に左大臣実頼の六十の賀の例がある。また『御堂関白記』寛弘二年十二月二十一日条に「従勧学〔院脱カ〕賀巻数持来。六位別当行信賜被物」とあるのは、本条の十年前の道長四十賀の記事。但し、本条は算賀当日の記録ではなく、『小右記』長和四年十二月二十六日条に「今日、所々奉左大臣五十賀云々。太政官・勧学院・興福寺・法性寺・極楽寺・慧心院云々」とあるように、勧学院での算賀自体は前日に行われているので、その時の巻数・経などが、翌二十七日になって道長の許にも齎れたということか。

(121) **有官別当**　勧学院の別当には、大納言が補せられる公卿別当一人、弁別当一人、六位別当二人があり、全て藤原氏から選ばれたが、六位別当の内、諸司丞(判官)を帯官するものを有官別当、蔭子・蔭孫・学生など無官のものを無官別当と呼び、各一名が置かれた。『西宮記』(神道大系本)臨時五、諸院には「勧学院。藤氏学生別曹。長者及公卿別当、弁・有官無官別当、行院事。」とある。弁別当の下で実務を担当する有官別当は、南都に使として派遣されることも多く、本条での道長邸に対する使もこれに類するものといえる。有官別当の帯官の例としては、弾正忠・式部丞・治部丞・民部丞・勘解由判官・玄蕃允・少内記・大舎人允・大膳進・内匠允・大学允などがあり、特に民部丞が多い。但し、民部丞については、『官職秘抄』上、八省丞に「民部、弾正忠・勘解由判官・少内記等為重代輩、勧学院有官別当任之」とあり、有官別当に補せられて後に民部丞となる場合もあったらしい。以上、勧学院有官別当については、桃裕行『上代学制の研究(修訂版)』(思文閣出版、平成六年)一八八〜一八九頁を参照。

(122) **敦舒**　藤原氏。忠厚養子(実父未詳)。『尊卑分脈』長良卿孫、敦舒の項の註記に「従五位下、肥後守」とあり、また「文民」との記載から、文章生から民部丞を経て従五位下肥後守となったことが知られる。民部大丞から叙爵され、民部の巡により受領を拝したのであろう。本条の時点で、敦舒が既に民部丞であったかは不明(註(120)参照)。『御堂関白記』長和五年正月十九日条に「勧学院有官敦舒、遣興福寺、令取出礼服装束」とあり、『小右記』治安元年八月二十二日条では、右大臣藤原実資第への勧学院歩に際し、「有官別当民部大丞敦舒」が知院事以下、学生らを率いて見参したことが見える。なお桃裕行『上代学制の研究(修訂版)』(前掲註(120))一九〇〜一九一頁が説くように、道長が氏長者であった一条天皇頃より、勧学院六位別当は、おおむね院の創立者たる冬嗣の子長良の流、特にその子遠経の子孫が世襲するようになり、院政期には「重代」たる者の任ぜられる世襲の職となった(『中右記』康和四年七月一日条など参照)。敦舒は遠経の玄孫に当たり、敦舒の孫挙実も氏院別当となっている(『尊卑分脈』)。また敦舒の兄致孝も、一条朝の長徳四年に、蔭子として勧学院無官別当に補せられ(『権記』長徳四年九月二十六日条)、後、勧学院有官別当勘解由判官としても見える(『小右記』治安三年十一月二十五日条)。桃氏作成の系図(前掲書一九〇頁)によれば、以後の六位別当は、前述の挙実を除くとほとんど致孝の子孫で、世襲は敦舒ではなく兄の致孝の流れで行われたらしい。いずれにせよ、官職世襲化の摂関期における端緒を示すものとして、興味深い事例である。

(123) **大内に参り…** 当日の政務として、『御堂関白記』は直物と陣定(造内裏国充定)、入杣日・作造初日勘申、御譲位日勘申しか記さないが、『小右記』などからは、小除目・臨時叙位の他、禎子内親王への准三宮宣下と、それに対する道長以下藤氏公卿の奏慶が行われたことがわかる。『御堂関白記』に禎子内親王関係の記事が一切ないことは、道長と三条天皇・禎子内親王との関係を考える上で注目されよう。

(124) **直物** 『小右記』長和四年十二月二十八日条に「資平云、(中略)被行直物事、其次被任諸陵允一人、彼院作料参議公信叙従三位、造宮行事賞、有勅勘当漏勧賞、今有優恩歟。」、『公卿補任』長和四年に「藤公信三十九美作権守。十二廿七従三位(造宮行事賞追叙)。」とあるように、この日には、諸陵允一人の任命(小除目)と藤原公信への従三位賞叙(臨時叙位)も行われた。

(125) **陣の座にて……定め** 古写本では、この行の頭に「ㇷ」という符号がある。同様の例としては長和五年二月二十六日条・三月二十一日条・四月十六日条があり、四例ともに「大殿」(道長の孫、師実)の筆とされる古写本で、しかも長和四年末から長和五年四月までの間に集中している。行頭に付された「○」の符号などと同様に、古写本に散見する符号の一種と考えられるが、性質・意味等は不明。

(126) **宮を作る国充** 『御堂関白記』長和五年正月二十日条で「又作宮定所々、渡殿・中重垣等充国々」と国充が追加されていることから、ここでの国充は、内裏の殿舎に関するものか。なお国充については、大津透『律令国家支配構造の研究』(岩波書店、平成五年)第二部第三章第二節の三「造内裏役と大垣役」を参照。

(127) **杣に入るべきの日・作造初めの日を勘申せしむ**　『小右記』長和四年十二月二十八日条には「資平云、（中略、前日の伝聞）於陣座被定造宮事、入杣等被注送、在哀〔裏〕、作〔衍カ〕事等同注送、如資平申。」とある。なお、『御堂関白記』長和五年四月七日条には「又太皇太后宮大夫来被示、初造宮木作参来者、資業事初参不国々勘文持来」とあり、『小右記』『左経記』『日本紀略』同日条などからも、作造初めの日付が、長和五年四月七日であったことがわかる。『大日本史料』第二編之十、長和五年四月七日条、造内裏木作始の項も参照。

(128) **検校は…、行事は…**　以下に見える行事官の構成について、『小右記』長和四年十二月二十八日条は「行事大納言公任・参議朝経・右少弁資業・史如〔行〕信。」と、全体を「行事」の語で一括するのに対し、『御堂関白記』では、公卿からなる「検校」と、弁・史からなる「行事」に二分して記す。道長の用いた「検校」の語は、大嘗会の悠紀・主基行事所を統括する大・中納言と参議について用いられる例があり（『儀式』巻第二、践祚大嘗祭儀上、『日本三代実録』元慶元年四月二十六日条など参照）、大規模な行事所の参議以上を指す、どちらかと言えば古い用語のようである。

(129) **太皇太后宮大夫**　藤原公任。頼忠男。母厳子女王。正二位権大納言兼太皇太后宮大夫。五十歳。

(130) **右大弁朝経**　藤原朝光男。母重明親王女。正四位下参議右大弁兼大蔵卿。元蔵人頭。四十三歳。

(131) **資業**　藤原有国男。母橘仲遠女徳子。従五位上右少弁兼左衛門権佐・東宮学士・備中介。蔵人。二十八歳。

(132) **行信**　紀氏。『類聚符宣抄』第一、広瀬龍田祭使の項に載せる左弁官下文（長和四年三月二十九日）の日下に「少史紀朝臣行信」とあり、『小右記』長和四年四月十四日条・同二十一日条・同二十四日条に「史行信」と見える。また『小右記』長和四年十二月二十八日条（註(127)）の「史如信」は、『大日本古記録』の校訂註のごとく「行信」の誤りとすべきであろう。

(133) **御譲位**　三条天皇が譲位を決意するまでの過程は『小右記』長和四年八月以降の記事に詳しく、道長が、三条の眼疾を理由に譲位を要求し、また、一条皇子の敦良親王を東宮に推したため、三条が譲位を拒否したことなどが見える。詳しくは『大日本史料』第二編之九、長和四年八月是月・同十月二日・十月十五日・十二月二十七日の各条を参照。史料はいずれも『小右記』。『御堂関白記』での関連記事は本条が初出で、これ以前には全く言及がない。

(134) **吉平**　安倍清明男。主計頭。陰陽師。六十二歳。

(135) **勘申**　『小右記』長和四年十二月二十八日条に「其後大臣候殿上、以資平召吉平・文高等於蔵人所、令勘申御読経（譲位カ）日時」とあるように、この時の勘申には陰陽頭惟宗文高も加わっており、また吉平・文高らが召されたのは蔵人所であった。

(136) **正月二十九日**　『小右記』長和四年十二月二十八日条に「申云、正月十三日・廿九日、件両日間者、申相府、但両日間如何者、申云、十三日御斎会歟。相府云、尤然事也。可勘申廿九日者」とあり、当初、十三日と二十九日が候補として挙げられたが、十三日が御斎会にあたるため、道長の決定により二十九日と勘申されたことがわかる。

(137) **早朝**　『小右記』長和四年十二月二十八日条には「今日山階寺奉御賀卌、仏・経・巻数・和歌、僧綱二人林懐扶公・已講三人・五師等参入」とあり、本条での「早朝」は二十七日ではなく、一夜明けた二十八日のそれか。しかし、『小右記』同二十六日条には「山階権別当扶公来云、（中略）明日可奉内御賀御経等、寺司及僧綱・五師等相率可参入内裏」とある。『大日本史料』第二編之九は、当該記事を十二月二十七日条にかける一方で、末尾に「興福寺、御賀ノ巻数等ヲ上ル日、諸書異同アリ、今、御堂関白記ニ拠リテ掲書ス」と註記している。

(138) **山階寺権別当少僧都扶公**　法相宗。興福寺。真言僧正入室。左衛門督藤原重扶（『尊卑分脈』は重輔に作る。顕忠男。時平孫）四男。寛弘八年四月二十七日任興福寺権別当。長和三年十月二十八日任権少僧都。五十歳。なお本条には「少僧都」とあるが、転正は二年後の寛仁元年十二月二十五日。彰考館蔵二冊本僧綱補任には、寛弘八年の興福寺権別当就任について「超律師林懐・明憲等二人任之」とあり、註(139)後掲の林懐ら、上席の者を超えて任じられたことが知られる(以上、『僧綱補任』参照)。扶公は事務的能力に優れていたらしく、『御堂関白記』寛弘二年七月十七日条には「大安寺別当律師平超替定申可然僧等者、諸卿定申云、法橋扶公是為元興寺別当、尤能治者也。以彼可被兼補。（中略）以広業奏聞此由、被仰云、七大寺別当兼任例如何、諸卿申云、諸国受領有其例。以能治者被兼補、無可難者、即被仰云、以扶公可兼補者」とあり、元興寺別当の能治をもって大安寺別当も兼補せられている。また、『興福寺別当次第』にも「長和三年十月廿八日、依為元興寺司興福寺権別当并帯法橋、超前已講仁也、并上階律師明憲・教静・朝寿・懐寿・実誓・尋円・永円七人、任権少僧都」とあり、権少僧都就任に際しても、多くの上階の僧を超えて抜擢されたことが知られる。

(139) **少僧都林懐**　法相宗。興福寺。伊勢国人。大中臣興身男。僧正法印大和尚位真喜入室弟子。寛弘八年四月二十七日任権少僧都。六十歳(『僧綱補任』)。『小右記』長和四年十一月九日条に「興福寺権別当扶公云、別当事達左相府、已有可補僧都林懐之命者」とあり、興福寺別当への就任が予定されていたが、同長和四年十二月二十四日条では「事次申山階別当事、命云、道理雖在僧都林懐、必有不治歟。権別当僧都扶公有修治之称者。頗有猶予気。又命云、賀事故定澄僧都云、只委扶公所令行也。定澄遷化後、弥在扶公。此間任他人、事有脱漏歟。仍不任之間、又多思慮者。今見気色、林懐已雖当道理、深有不治疑歟。多事難記、光景頗傾」とあるように、道長はその事務能力に不安を持ち、また算賀(三条天皇のそれか)の事務が扶公に一任されていたこともあり、事態の混乱を恐れ、人事が見送られた。結局、算賀終了後の翌長和五年五月十六日、興福寺別当となる(『御堂関白記』『小右記』同日条。『僧綱補任』『興福寺別当次第』は十五日とする)。

(140) **已講明空**　法相宗。興福寺。真喜僧正資。長和二年二月二十六日講師。六十歳。〔或本五十八歳〕(『僧綱補任』)。

(141) **日観**　法相宗。興福寺。伊勢国人。寛弘八年十二月二十五日講師。六十三歳(『僧綱補任』)。

(142) **融碩**　法相宗。興福寺。伊勢国人。長和四年三月二十二日講師。五十二歳(『僧綱補任』)。

(143) **大内の四十の御賀の御仏・御経・巻数・和歌等持ち参る**　興福寺による天皇算賀の祝いとしては、『続日本後紀』嘉祥二年三月庚辰(二十六日)条が著名で、聖像四十体を造り、金剛寿命陀羅尼経四十巻を写してから四万八千巻転読し、天人・浦島子・吉野女などの像も作り、長歌一首を添えて奉献したとある。本条での行事の詳細は不明だが、僧綱らの持参したものから見て、ほぼ同様のことが行われたのであろう。

(144) **巻数・和歌は御所に留む**　『西宮記』臨時八、天皇御賀に見える延長二年正月二十五日の例(醍醐天皇四十賀)

では、巻数は施米賑給書などの吉書と合わせて緘《ふばこ》に納められ、覆や敷物とともに机の上に置かれている。また『小右記』長和四年十二月二十九日条にも、延暦寺が道長五十賀に奉った巻数について、「今日奉巻数。々々文宣義作、納筥、褁唐牙眼、付五粒松枝云々」とある。算賀の巻数は、通常、箱に納められ、様々な装飾や趣向を凝らして献上されたらしい。一方、和歌については、橋本不美男「算賀と和歌—装飾歌・屏風歌と盃酌歌—」(『王朝和歌史の研究』所収〔笠間書院、昭和四十七年〕)二七三〜二七四頁が指摘するように、贈品そのもの、或いはその納器・容器の装飾州浜等につけられ、屏風に書かれる屏風歌をはじめとして、その多くは葦手書で模様化され、或いは布地に刺繍されて献上されたという。ここでの和歌も、巻数の箱と一体となった装飾であったとも考えられるが、和歌は別に献上された可能性もあり、即断はできない。

(145) **悦び尊び給ふ**　原文の「比」を、ここでは仮名の「ひ」として読んでおく。「比」を仮名として用いる例を自筆本で探ると、寛弘八年正月六日条の「比か事」(僻事)、長和元年二月五日条の「比女」(姫)、寛仁二年五月九日条の「比女宮」(姫宮)などがあり、道長の用字法と見て問題ない。本条は古写本によるが、古写本では「比」字の右に符号(判読不能)を記す。自筆本を書写する過程での疑問符かとも思われるが、未詳。

(146) **小鳥群がりて北に飛ぶ**　『扶桑略記』長和四年十二月十六日条に「小鳥群飛、覆天北行、近日連々如此」(『日本紀略』同日条もほぼ同文)とある。また『日本紀略』同年四月二十日・十一月六日条には地震のことが見え、或いはこれに関係するか。『大日本史料』第二編之九、長和四年年末雑載、自然の項を参照。

## 校訂表（本文中・印を付した箇所）

| 頁 | 日付 | 行 | 校訂 | 底本 |
|---|---|---|---|---|
| 長和四年正月 | | | | |
| 4 | 十四 | 1 | 齋 | 齊 |
| | 十六 | 1 | 仗 | 丈 |
| 同年三月 | | | | |
| 32 | 廿五 | 1 | 仗 | 丈 |
| 同年四月 | | | | |
| 49 | 四 | 2 | 鷹 | 竹司 |
| 50 | 七 | 2 | 壺 | 子 |
| | | 6 | 姫宮 | 加共 |
| | | 8 | 一 | 二 |
| 51 | 十三 | 1 | 仗 | 丈 |
| | 十五 | 1 | 通 | 道 |
| | 廿一 | 1 | 齋 | 齊 |
| | | 1 | 狹敷 | 狹食 |
| | 廿一 | 3 | 裝(東) | 裝 |
| | | | 白 | 自 |
| 55 | | 3 | 銀 | 劔 |
| | | 4 | (御)衣 | 衣 |
| | 廿三 | 2 | 小 | 少 |
| | 廿四 | 1 | 敷 | 食 |
| 同年五月 | | | | |
| 77 | 二二 | 2 | 堀 | 掘 |
| 78 | 廿六 | 2 | 右 | 左 |
| | | 3 | 鈦 | 鈇 |
| 同年閏六月 | | | | |
| 109 | 五 | 1 | 仗 | 丈 |
| | 十 | 1 | 戊 | 戌 |
| 110 | 十四 | 2 | 科 | 課 |
| | 十七 | 1 | 齋 | 齊 |
| | | 2 | 内 | 大 |
| | 廿 | 1 | 楊 | 揚 |
| | 廿三 | 2 | 齋 | 齊 |
| 111 | | 4 | 春 | 東 |
| | 廿六 | 2 | 彼 | 御 |
| 同年七月 | | | | |
| 135 | 五 | 1 | 六 | 八 |
| | 七 | 1 | 内 | 大 |
| | 十五 | 1 | 濟 | 齊 |
| 136 | | 7 | 鈿 | 蚰 |
| | | 21 | 照 | 昭 |
| 137 | | 23 | 預 | 領 |
| | 廿三 | 1 | 政 | 正 |
| | 廿七 | 2 | 新 | 析 |
| | 廿八 | 1 | 月 | 同 |
| 同年八月 | | | | |
| 157 | 二 | 1 | 小 | 少 |
| | 十二 | 1 | 已 | 乙 |
| 158 | | 1 | 喰 | 蝕 |
| | 廿三 | 1 | 貢 | 貳 |
| | 廿七 | 1 | 介 | 守 |
| | | 1 | 少 | 小 |
| | 廿八 | 3 | 預 | 領 |

| | | | | |
|---|---|---|---|---|
| | 廿九 | 1 | 孵 | 還 |
| 同年九月 | | | | |
| 172 | 廿 | 2 | 書 | 書 |
| | | 7 | 簿 | 薄 |
| | | 8 | 内 | 大 |
| 173 | 廿六 | 2 | 陳 | 延 |
| | 卅 | 1 | 救 | 久 |
| | | 1 | 饌 | 選 |
| 同年十月 | | | | |
| 196 | 廿一 | 1 | 春 | 東 |
| | | 4 | 列 | 例 |
| | 廿三 | 1 | 春 | 東 |
| | 廿五 | 3 | 衲 | 納 |
| | | 4 | 新 | 析 |
| | | 4 | 廂 | 座 |
| 197 | | 6 | 鐘 | 鍾 |
| | | 6 | 簀 | 箐 |
| | | 8 | 簀 | 箐 |
| | | 17 | 絹 | 見 |
| | | 17 | 授 | 受 |
| | | 18 | 新 | 析 |
| | | 18 | 撒 | 敷 |
| | | 18 | 他 | 也 |
| 198 | 廿七 | 3 | 妻 | 妾 |
| 198 | 廿八 | 6 | 授 | 受 |
| | | 7 | 授 | 受 |
| 199 | | 12 | 有者 | 者者 |
| | | 12 | 怱 | 勿 |
| 同年十一月 | | | | |
| 235 | 一 | 1 | 絹 | 見 |
| | 三 | 1 | 良 | 能 |
| | 八 | 1 | 智 | 望 |
| 236 | 十四 | 1 | 雪 | 雨 |
| | 十五 | 1 | 絹 | 見 |
| | | 2 | 鈿 | 蛔 |
| | | 2 | 子 | 上 |
| | 十七 | 1 | 内 | 大 |
| | | 1 | 寄 | 奇 |
| | 十八 | 1 | 出 | 外 |
| 237 | 廿七 | 2 | 敷 | 就 |
| | | 2 | 陪 | 倍 |
| | | 3 | 揷 | 挟揷 |
| | | 3 | 坐 | 直 |
| | | 4 | 樂 | 遊 |
| | 廿八 | 2 | 寄 | 奇 |
| 同年十二月 | | | | |
| 257 | 四 | 3 | 度 | 渡 |
| | | 6 | 文 | 問 |
| | | 6 | 殿上 | 上殿 |
| | | 9 | 人 | 文 |
| | | 10 | 小 | 少 |
| | | 11 | 羅 | 羅 |
| | | 11 | 絹 | 見 |
| 258 | 十一 | 3 | 即 | 卿 |

| | | | | |
|---|---|---|---|---|
| 259 | 十七 | 1 | 出 | 外 |
| | 廿四 | 1 | 秋 | 我 |
| | 廿五 | 1 | 堂 | 堂 |
| | 廿六 | 1 | 掌 | 常 |
| | | 1 | 絹 | 見 |

㊟なお、太内の太は大内、皇大后宮の大は太后、いづれも左に・を付して表に配列せねばならぬものであるか、太・大についてあまりに多いため表には省くことした。御了承されたい。

# 担当一覧

一月一日〜五日……植村真知子
一月六日〜二十八日……中島和歌子
二月四日〜三月十日……飯沼　清子
三月十一日〜二十五日……野村　倫子
三月二十六日〜四月四日……齋藤　融
四月六日〜九日……松本　宏司
四月十日〜十三日……福嶋　昭治
四月二十四日〜五月十三日……西山　恵子
五月十五日〜二十六日……花井　滋春
五月二十七日〜六月十四日……丸山裕美子
六月十九日〜二十八日……近藤　好和
六月二十九日〜閏六月十日……上島　享
閏六月十一日〜二十二日……福嶋　昭治
閏六月二十三日〜閏六月二十六日……高橋　照美
閏六月二十七日〜七月十四日……片山　剛
七月十五日〜七月二十一日……佐々木恵介
七月二十三日〜八月一日……古尾谷知浩
八月二日〜八月二十日……栗林　史子
八月二十一日〜九月六日……福嶋　昭治
九月八日〜九月十五日……福長　進
九月十六日〜九月二十日……川村　佐和
九月二十一日〜十月三日……福嶋　昭治
十月四日〜十月十七日……近藤　好和
十月十八日〜十月二十四日……古藤　真平
十月二十五日……上島　享
十月二十六日〜十月二十七日……植村真知子
十月二十八日〜十月二十九日……五島　邦治
十一月一日〜十一月十三日……飯沼　清子
十一月十四日〜十一月十七日……上杉　和彦
十一月十八日〜十一月二十九日……齋藤　融
十二月二日〜十二月四日……福嶋　昭治
十二月八日〜十二月十三日……西山　恵子
十二月十四日〜十二月二十三日……佐々木恵介
十二月二十四日〜十二月二十六日……川村　佐和
十二月二十七日〜十二月二十九日……大隅　清陽

**執筆者一覧**（五十音順・2003年7月現在）


飯沼　清子（いいぬまきよこ）成城大学講師
上島　　享（うえじますすむ）京都府立大学助教授
上杉　和彦（うえすぎかずひこ）明治大学教授
植村真知子（うえむらまちこ）神戸学院女子短期大学助教授
大隅　清陽（おおすみきよはる）山梨大学助教授
片山　　剛（かたやまごう）金蘭短期大学教授
川村　佐和（かわむらさわ）深沢高等学校教諭
栗林　史子（くりばやしふみこ）元明治大学助手
五島　邦治（ごしまくにはる）園田学園女子大学助教授
古藤　真平（ことうしんぺい）古代学研究所講師
近藤　好和（こんどうよしかず）神奈川大学大学院講師
齋藤　　融（さいとうとおる）神田外語大学講師
佐々木恵介（ささきけいすけ）聖心女子大学教授
高橋　照美（たかはしてるみ）立命館大学講師
中島和歌子（なかじまわかこ）北海道教育大学札幌校助教授
西山　恵子（にしやまけいこ）宇治市源氏物語ミュージアム館員
野村　倫子（のむらみちこ）大阪府立茨木高等学校教諭
花井　滋春（はないしげはる）東北福祉大学助教授
福嶋　昭治（ふくしましょうじ）園田学園女子大学教授
福長　　進（ふくながすすむ）神戸大学教授
古尾谷知浩（ふるおやともひろ）名古屋大学助教授
松本　宏司（まつもとこうじ）
丸山裕美子（まるやまゆみこ）愛知県立大学助教授

**編者略歴**

山《やま》中《なか》　裕《ゆたか》

大正10年1月生まれ。

東京大学史料編纂所教授・関東学院大学文学部教授・調布学園女子短大教授などを歴任。文学博士

**主要著書**

『歴史物語成立序説』(東京大学出版会)、『栄花物語』(岩波書店、共編)、『平安朝の年中行事』(塙書房)、『平安朝文学の史的研究』(吉川弘文館)、『平安人物志』(東京大学出版会)、『平安時代の歴史と文学』(吉川弘文館、編著)、『年中行事の歴史学』『年中行事の文芸学』(弘文堂、共編)、『和泉式部』(吉川弘文館)、『栄花物語研究』(既刊3集、髙科書店、編著)、『平安時代の古記録と貴族文化』(思文閣出版)、『藤原道長』(教育社)、『摂関時代と古記録』(吉川弘文館、編著)、『王朝歴史物語の世界』(同)、『古記録と日記　上・下』(思文閣出版、編著)、『源氏物語を読む』(吉川弘文館、編著)

御堂関白記全註釈　長和四年　　第2期 第1回配本

2003(平成15)年8月10日　発行

定価：本体6,000円(税別)

編　者　山中　裕

発行者　田中周二

発行所　株式会社思文閣出版

〒606-8203 京都市左京区田中関田町2－7

電話 075－751－1781(代表)

印　刷
製　本　株式会社 シナノ



ISBN 4-7842-1158-6 C1321

*思文閣出版刊行図書案内*

---

平安時代の古記録と貴族文化［**思文閣史学叢書**］　山中裕著

古記録・儀式書・かなの日記・歴史物語等の根本史料を基に、摂関政治の本質および年中行事を主とする平安貴族文化の実態を説かんとする。第1篇で藤原師輔と源高明をとりあげ、第2篇では御堂関白記を中心に道長の政治を論じ、また史実と歴史物語の関係を検討し、第3・4篇で、平安時代の有職故実を解明する。

●A5判・510頁／**本体8,800円**　ISBN 4-7842-0857-7

源氏物語の史的研究［**思文閣史学叢書**］　山中裕著

王朝文化・有職故実研究の第一人者が源氏物語を史的に読み解く。紫式部の生涯と後宮／源氏物語と時代背景／源氏物語の内容と時代性／源氏物語の準拠と史実、の4篇と付篇からなり、特に第3・4篇は、摂関制・年中行事・準拠と史実などの面から論じた、著者の面目躍如たる一書。

●A5判・470頁／**本体9,200円**　ISBN 4-7842-0941-7

古記録と日記［**上・下**］　山中裕著

古記録と日記文学は同じ日記とはいえ、まったく異なる分野であり、従来の研究は古記録を歴史学、「かな」の日記を国文学の分野で扱ってきたが、本書においては日記という大きな見地から平安朝の古記録と日記文学の本質を明らかにすることを主眼としている。挿入図版60余点。

●A5判・上：250頁・下：260頁／**本体各2,900円**　(上)ISBN 4-7842-0752-X
(下)ISBN 4-7842-0753-8

日記が開く歴史の扉　平安貴族から幕末奇兵隊まで　京都大学総合博物館編

京都大学の所蔵する日記のコレクションを中心に、平安期から幕末まで、書く・写す・用いる・伝来など日記のさまざまなすがたを大型図版でビジュアルに明かす。

総合博物館の所蔵する『兵範記』の断簡が初めて公開されることでも注目される。

●A4判・180頁／**本体1,600円**　ISBN 4-7842-1152-7

宮 城 図［**陽明叢書記録文書篇・別輯**］　村井康彦・瀧浪貞子解説

本宮城図（重要文化財）は現存する内裏図としては最古の写本。史料的価値の重要度から原本に忠実な複製を折本仕立てで作成。解説は宮城図の成立と伝存について考証し、内裏図変遷史に新しい研究成果を盛り込む。

●A4判・複製篇：表紙付折本 解説篇：230頁／**本体18,000円**
ISBN 4-7842-0917-4

禁裏・公家文庫研究　第一輯　田島公編

近世の天皇家の文庫すなわち禁裏文庫を継承した古典籍や古文書が約六万部収蔵されているといわれているが、勅封のため全容が不明であった東山御文庫を中心に、近世の禁裏文庫収蔵の写本や、公家の諸文庫収蔵本に関する論考・史料紹介・データベースを収載。

●B5判・380頁／**本体9,800円**　ISBN 4-7842-1143-8

---

表示価格は税別